D1573663

# Cocktails

# Cocktails

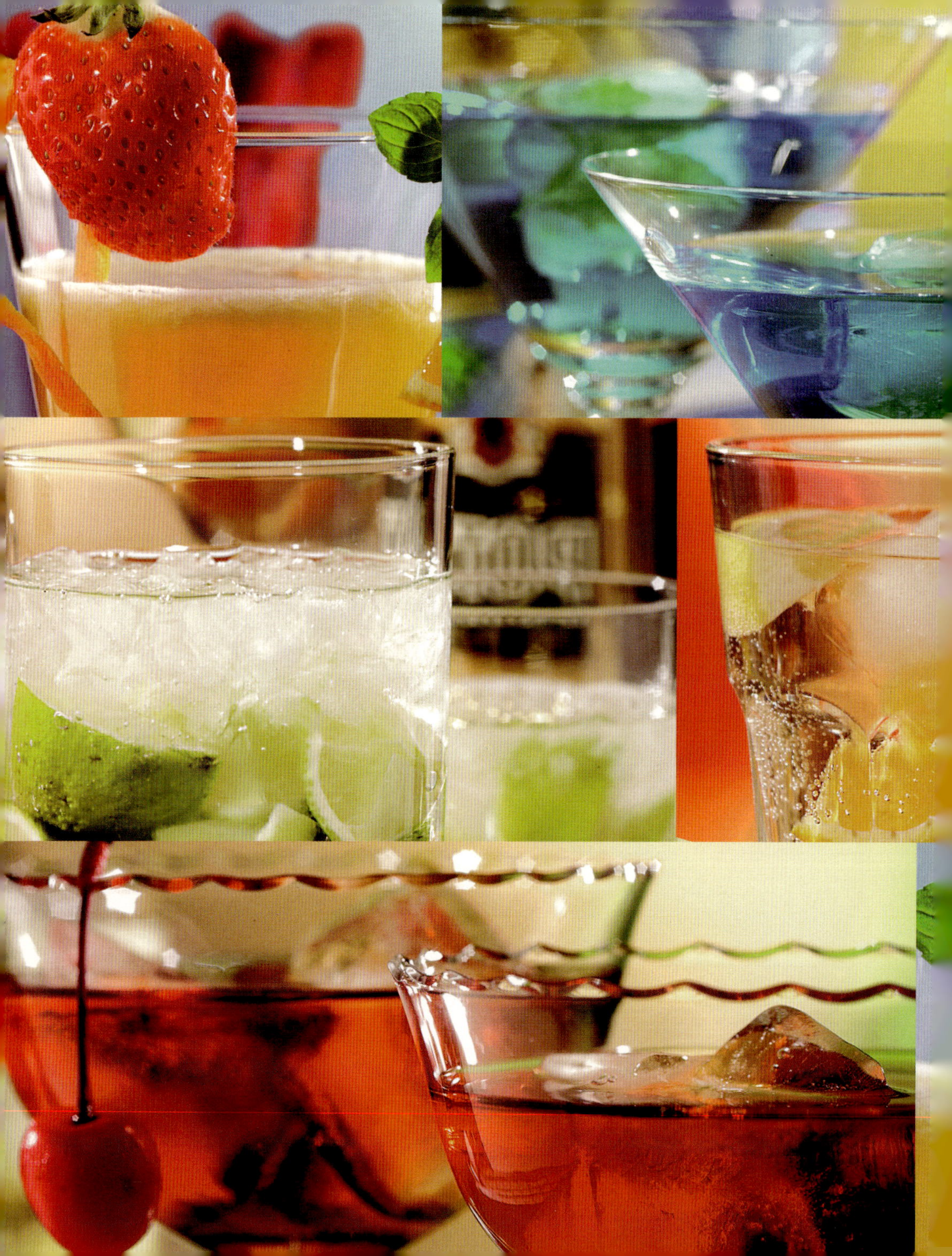

# Inhalt

| | |
|---|---:|
| Alles für die Bar | 6 |
| Rum | 26 |
| Cognac, Weinbrand & Brandy | 40 |
| Gin | 56 |
| Wodka | 80 |
| Whisky | 92 |
| Likör & Tequila | 110 |
| Sekt & Champagner | 126 |
| Cocktails & Longdrinks ohne Alkohol | 142 |
| Bowle & Punsch | 176 |
| Fitnessdrinks | 190 |
| Milch-Mix | 206 |
| Flips | 222 |
| Kaffee, Tee & Co. | 232 |
| Register | 254 |

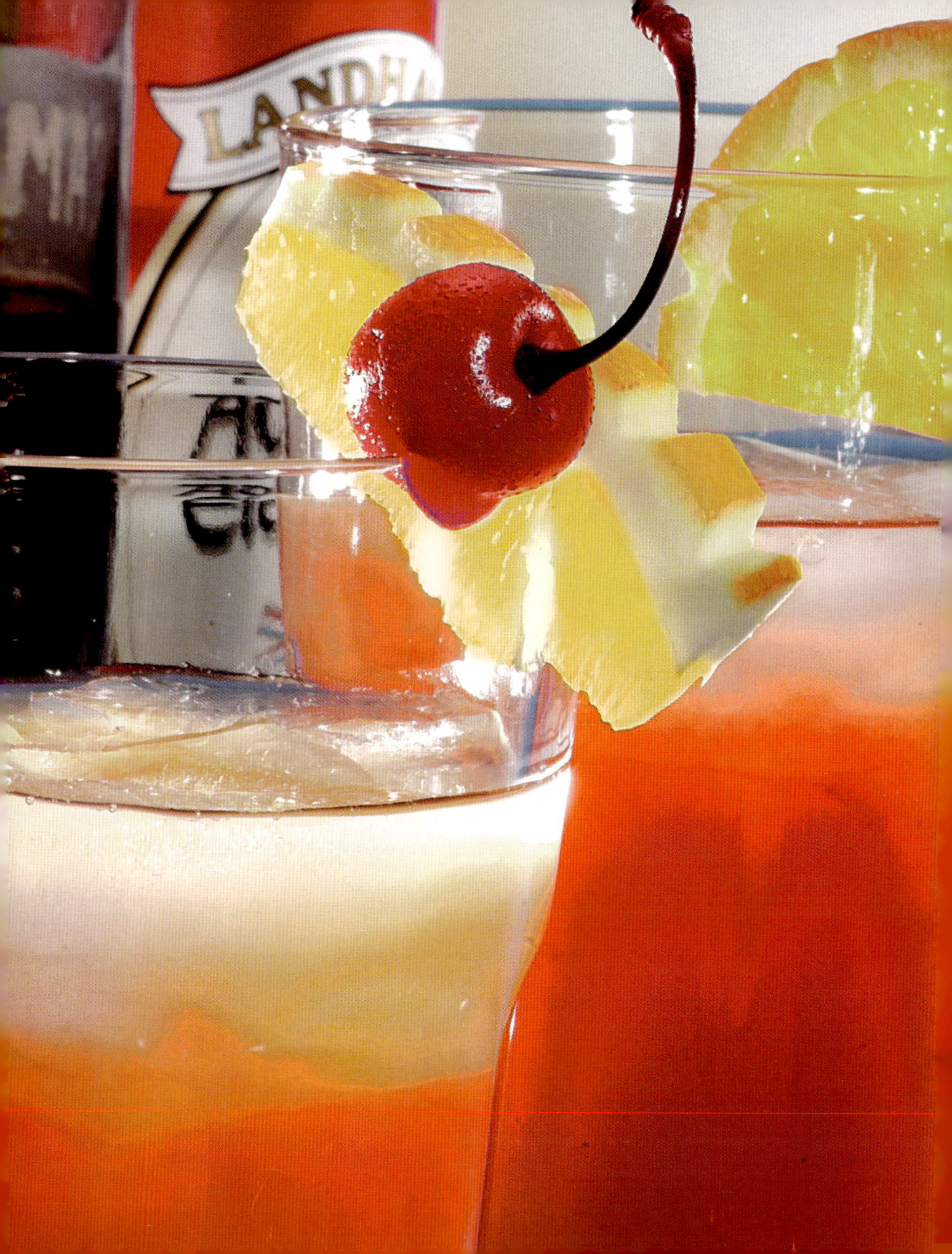

# Alles für die Bar

Die Eiswürfel klirren in den Gläsern, der Shaker wird geschüttelt, aus Sekt und Campari, Brandy und Curaçao, Tequila und Limetten entstehen farbenfrohe, exotische Drinks mit geheimnisvollen Namen. Ob Cocktailempfang, Pianobar-Atmosphäre oder After-Work-Party, ob mit oder ohne Alkohol – kein Zweifel – die Cocktailparty ist im vollen Gange.

# ALLES FÜR DIE BAR

Auch (und gerade) für alkoholfreie Cocktails und Drinks ist eine gut ausgestattete Hausbar mit den richtigen Hilfsmitteln unentbehrlich.

**Eisbehälter**
Die meisten Drinks werden eiskalt serviert. Der Eisbehälter garantiert Ihnen, dass Ihr Eiswürfelvorrat nicht dahinschmilzt.

**Eiszange**
Mit der Eiszange haben Sie jeden Würfel fest im Griff.

**Boston-Shaker**
Er besteht aus einem größeren Metallbecher und einem etwas kleineren Rührglas.

**Barlöffel**
Spezielle Barlöffel erleichtern Ihnen das Umrühren.

**Shaker**
Ein Shaker sorgt dafür, dass alle Zutaten eines Drinks optimal durchgeschüttelt werden.

**Messbecher**
Wer sichergehen will, verlässt sich nicht auf sein Augenmaß. Die meisten Messbecher fassen auf der einen Seite 2cl und auf der anderen Seite 4cl.

**Flaschenöffner**
Ein gut funktionierender Flaschenöffner muss immer zur Hand sein.

**Barmesser**
Sehr hilfreich ist ein Barmesser. So lassen sich Früchte leichter schneiden, schälen und aufspießen.

**Barzange**
Die Barzange ist ein sehr praktisches und vielseitiges Utensil.

**Barsieb**
Auf ein Barsieb, auch Strainer genannt, sollte man nicht verzichten. Es passt sich jeder Shaker- oder Glasöffnung an und hält beim Eingießen das Eis zurück.

**Ausgießer**
Flaschen mit Ausgießer erleichtern die Dosierung der Mixflüssigkeiten, besonders des Sirups, da es meist um vergleichsweise geringe Mengen geht.

**Korkenzieher**
Mit so genannten Glocken- oder Hebelkorkenziehern lässt sich jeder Korken ohne Kraftakt sauber entfernen.

**Kellnermesser**
Ein Gerät mit drei Funktionen: Korkenzieher, Flaschenöffner und kleines Messer.

**Trinklöffel**
Praktisch für Mixgetränke mit Eis oder Früchten: ein Löffel mit integriertem Strohhalm.

**Cocktailspieß**
Kleine Cocktailspieße gibt es aus vielen Materialien und in vielen Farben.

**Sekt- und Weinkühler**
Ein Tischkühler ist für alkoholfreien Wein und Sekt zu empfehlen, da der Geschmack von Weißwein und Sekt ohne Alkohol von einer lang anhaltenden Kühlung besonders profitiert.

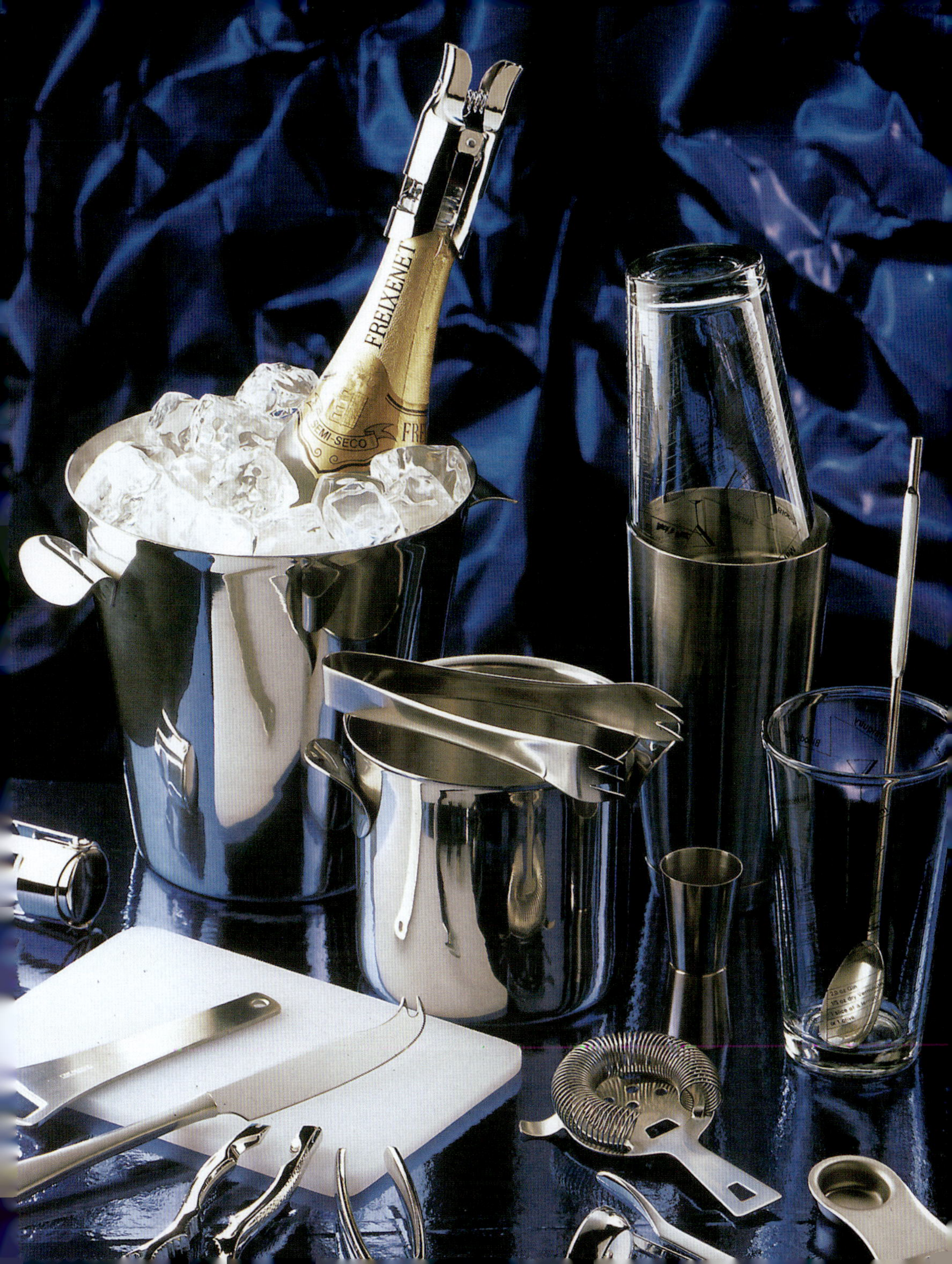
FREIXENET
SEMI-SECO

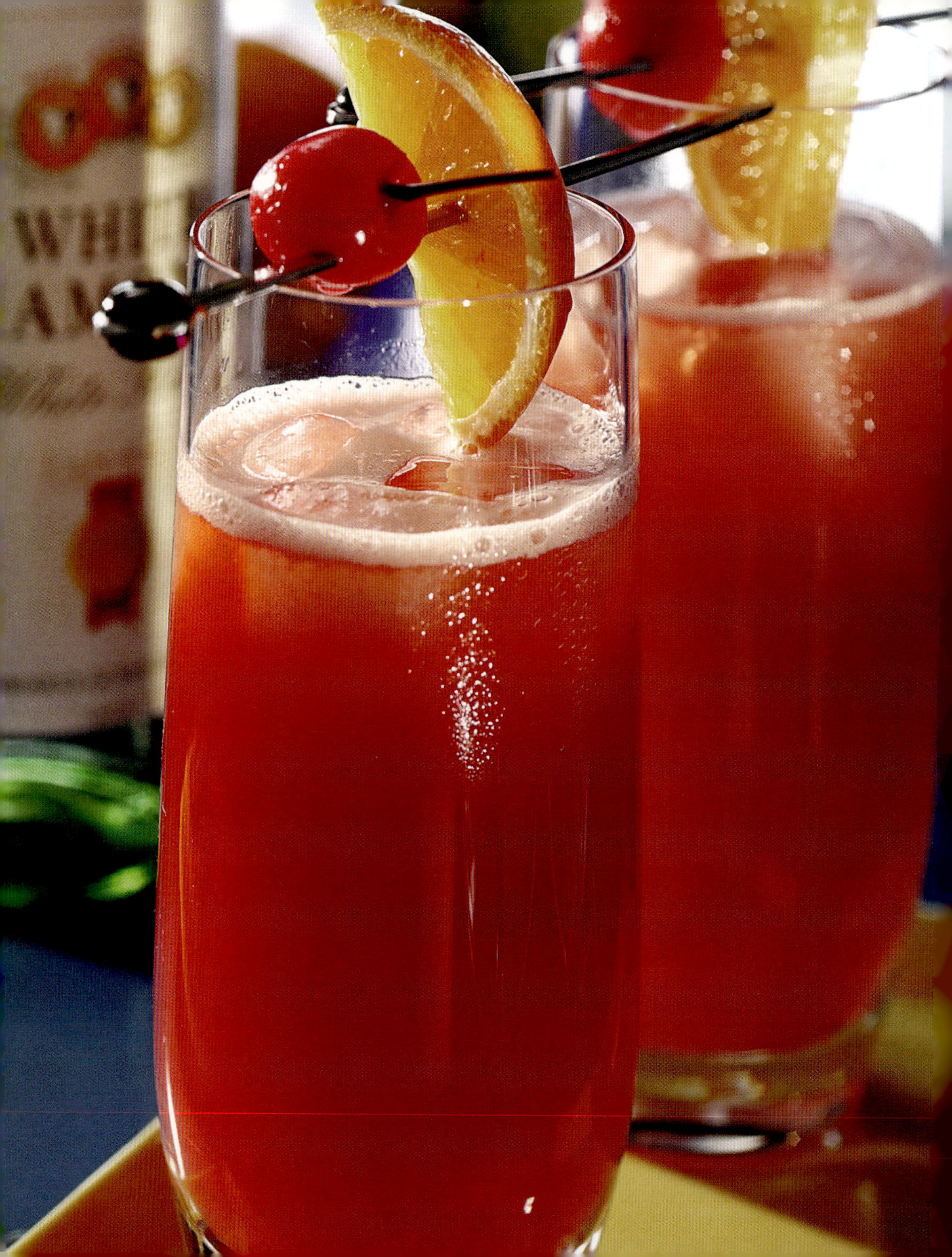

## DIE BAR

# ALKOHOLISCHE ZUTATEN

**Brandy, Cognac, Weinbrand**

Drei Worte, ein Begriff? Die Franzosen und Cognac-Experten würden energisch protestieren. Brandy ist die englische Bezeichnung für Weinbrand, während als Cognac grundsätzlich nur der Weinbrand bezeichnet werden darf, der aus den Weinen des Anbaugebiets Cognac im südfranzösischen Département Charente gewonnen wird. Weinbrand hingegen ist die geschützte Bezeichnung für Qualitätsbranntwein aus Wein, der in Deutschland hergestellt ist. In Frankreich wird Wein schon seit dem 16. Jahrhundert gebrannt, während in Deutschland die ersten Weinbrennereien vor etwa hundert Jahren entstanden. Die Herstellung von Weinbrand und Cognac unterliegt strengen Vorschriften. Entscheidend für Qualität, Geschmack und Preis eines Weinbrands bzw. Cognacs sind nicht nur die verwendeten Rebsorten und das Destillationsverfahren, sondern vor allem die Art und Dauer der Reife. So muss ein Weinbrand mindestens sechs Monate (mit Qualitäts- oder Altersprädikat mindestens zwölf Monate) und ein Cognac mindestens zwei Jahre in kleinen Eichenholzfässern lagern. Das ursprünglich farblose Destillat verbindet sich mit den holzeigenen Stoffen und nimmt mit der Zeit eine goldgelbe bis goldbraune Farbe an. So haben das für die Fässer verwendete Holz und die Dauer der Lagerung entscheidenden Einfluss auf Farbe, Aroma und Geschmack von Weinbrand und Cognac. Der Mindestalkoholgehalt von Weinbrand liegt bei 38% Vol.

**Gin**

Gin darf in keiner Hausbar fehlen, ist er doch die Basis für unzählige Cocktails und Longdrinks. Auch wer sich bisher kaum mit dem Thema Mix-Drinks befasst hat, kennt den Gin Tonic und den Gin Fizz. Vor über zweihundert Jahren entwickelten die Engländer die Rezeptur für Gin. Der holländische Genever hatte sie auf den Geschmack gebracht. Gin und Genever – beide Namen sind abgeleitet von „genièvre", dem französischen Wort für Wacholder. Gemeinsam ist beiden der Wacholdergeschmack, der jedoch beim Gin durch eine zweite Destillation und die Kombination mit verschiedenen Gewürzen (Koriander, Kardamom, Orange, Angelikawurzel etc.) nicht so ausgeprägt ist. So eignet sich Gin im Gegensatz zum Genever hervorragend zum Mixen und gilt international als „Herz des Cocktails", da er sich mit vielen anderen Zutaten verträgt.

**Rum**

Die Heimat des Rums sind die Inseln im Karibischen Meer: Kuba, Jamaica, Haiti, Puerto Rico, Guadeloupe, Martinique, Barbados und Trinidad. Im tropischen Klima dieser Inseln wächst das Zuckerrohr, bei dessen Verarbeitung neben Zucker Melasse, eine dickflüssige Substanz, zurückbleibt. Sie ist der Grundstoff jeden Rums. Die Geschmacksunterschiede

# DIE BAR

der verschiedenen Rum-Typen ergeben sich durch die weitere Behandlung, wie zum Beispiel die Zugabe von spezieller Hefe, die Destillation und die Dauer der Lagerung (sechs Monate bis zu mehreren Jahren). Sie erfolgt wie beim Weinbrand und Cognac in Fässern aus Eichenholz. Die Farbskala des Rums reicht von Weiß über Gold bis zu tiefdunklem Braun. Je dunkler der Rum, desto intensiver ist das Aroma. Weißer Rum (37,5% Vol) eignet sich daher besonders zum Mixen von leichten Cocktails und Longdrinks, während hochprozentiger, dunkler Rum (bis 75% Vol) ideal ist für heiße Mixgetränke wie Grog und Punsch.

## Whiskey & Whisky

Das „e" im Whisky ist ein Hinweis, dass er aus Irland oder den USA stammt. Unterschiedlich wie die Schreibweise ist auch der Geschmack der verschiedenen Whisk(e)y-Sorten. Keine gleicht der anderen, auch wenn die Grundlage immer ein Getreidebranntwein ist. Selbst Scotch ist nicht gleich Scotch, obwohl er ausschließlich in Schottland hergestellt wird. Der Grain (Getreide)-Whisky ist milder als der Malt (Malz)-Whisky. Der rauchige Geschmack entsteht durch das Trocknen des Malzes über schwelendem Torffeuer. Irish Whiskey wird nicht über offenem Feuer gedorrt (getrocknet), ist mild und hat einen intensiveren Malzgeschmack. Bourbon Whiskey, meist nur Bourbon genannt, wird in den USA aus einer Getreidemischung hergestellt, die zu mindestens 51 Prozent aus Mais besteht. In Amerika und Kanada wird der überwiegend aus Roggen bestehende schwere Rye Whisk(e)y gebrannt, während der leichte Canadian Whisky zu 51 Prozent aus Roggen besteht. Deutscher Whisky hat den leicht rauchigen Geschmack des Blended Scotch Whisky. Der Alkoholgehalt von Whisky liegt in der Regel bei 40% Vol. Das Wort Whisky ist übrigens abgeleitet von dem gälischen „uisge beatha", zu deutsch: Lebenswasser. Ob wir dieses Lebenswasser nun den Schotten oder Iren zu verdanken haben, ist bis heute nicht eindeutig geklärt.

## Wodka

Keine Zweifel über die Urheberschaft gibt es beim Wodka – dem russischen Nationalgetränk. Mit den russischen Emigranten kam er in den Westen. Für die Herstellung von Wodka wird das Destillat aus Getreide oder Kartoffeln durch aktive Holzkohle gefiltert. Während die Russen ihren Wodka pur genießen, ist er – neutral in Farbe und Geschmack – im Westen vor allem als ideale Basis für Cocktails und Longdrinks beliebt. Wodka-Mixgetränke wie „Bloody Mary" und „Screwdriver" trinkt man heute weltweit gern. Der Alkoholgehalt von Wodka liegt bei 40–45% Vol.

## Likör

Likör gibt es in unzähligen Geschmacks- und Farbvarianten. Hergestellt wird er aus Branntwein, Zuckerlösung, Fruchtsäften und Aromastoffen, die hauptsächlich aus Kräutern, Gewürzen und Früchten gewonnen werden. Kein Likör besteht aus nur einem Aroma. Es handelt sich immer um eine Komposition. Man unterscheidet zwischen Zitruslikören, Fruchtsaftlikö-

## DIE BAR

ren, Fruchtaromalikören, Kakao-, Kaffee- und Teelikören, Emulsionslikören (Eier-, Schokoladen-, Sahne- und Milchlikör), Kräuterlikören und Honiglikören. Hinzu kommen die Individualisten unter den Likören wie beispielsweise Drambuie und Grand Marnier, die sich keiner der genannten Gruppen zuordnen lassen. Bei „Crème de ..." bzw. „Cream" handelt es sich um besonders süße und dickflüssige Liköre. Der Alkoholgehalt eines Likörs liegt immer zwischen 15 und 30% Vol.

### Sekt und Champagner

Bis zum Ende des Ersten Weltkriegs wurde jeder Schaumwein als Champagner bezeichnet. Erst seit 1919 ist dieser Begriff allein Produkten aus der Champagne vorbehalten. Und er wird nach wie vor nach der sehr aufwendigen „Méthode Champenoise" hergestellt. Dennoch sollten Sie ihn nicht allzu lange hüten. Da Champagner – das gleiche gilt für Sekt – beim Verlassen der Kellerei die optimale Reife erreicht hat, kann er durch lange Lagerung nur verlieren.

Champagner und Sekt gibt es in den Geschmacksrichtungen brut (herb), extra brut bzw. dry (extra herb bzw. trocken), sec (trocken) und demi-sec (halbtrocken). Für Mixgetränke und Bowlen sind trockene Sorten am besten geeignet. Im Übrigen sollten Champagner und Sekt zwar kühl, aber nie eiskalt serviert werden. Bei zu niedrigen Temperaturen erfriert die Blume.

# SPIRITUOSEN – ABC

**Amaretto:** Italienischer Kräuterlikör auf Mandel- und Aprikosenbasis (28% Vol)

**Angostura:** Aromatischer Kräuterbitter, ursprünglich aus Ciudad Bolivar, dem früheren Angostura, heute aus Trinidad (44% Vol)

**Anisette:** Französischer Kräuterlikör

**Aperol:** Italienischer Bitter-Apéritif mit Ingredienzen wie Rhabarber, Chinarinde, Enzian, Bitterorangen und anderen Kräutern (11,5% Vol)

**Apricot Brandy:** Fruchtaromalikör, hergestellt aus Aprikosen, Aprikosengeist und Weinbrand

**Aquavit:** Trinkbranntwein mit Kümmelaroma

**Bénédictine:** Goldfarbener französischer Likör auf Branntweinbasis, der nach dem Rezept eines Benediktiner-Mönchs aus 27 Pflanzen und Kräutern hergestellt wird (43% Vol)

**Blackberry Brandy:** Fruchtsaftlikör aus Brombeersaft und -geist

**Calvados:** In Frankreich hergestellter Apfel-Branntwein (40% Vol)

**Campari:** Italienischer Bitter, der häufig für Mix-Drinks verwendet wird (25% Vol)

**Cassis:** Französischer Likör aus dem Saft schwarzer Johannisbeeren

**Chartreuse:** Ein Likör, der aus 135 Kräutern hergestellt wird. Chartreuse verte (grün) enthält 55% Vol. Alkohol, Chartreuse jaune (gelb) 43% Vol

**Cherry Heering:** Dänischer Kirschlikör mit Bittermandelgeschmack (25% Vol)

**Cointreau:** Französischer Curaçao-Likör, hergestellt aus Schalen von grünen und bitteren Orangen (40% Vol)

**Crème de Bananes:** Weißer oder gelbbrauner Likör mit Bananengeschmack

**Crème de Cacao:** Weißer oder brauner Likör mit Kakaogeschmack

**Crème de Framboise:** Himbeerlikör

**Crème de Menthe:** Weißer oder grüner Pfefferminzlikör

**Curaçao:** Süßer Likör, der aus der Schale der grünen Curaçao-Orange hergestellt wird. In Weiß, Blau, Orange und Grün. Curaçao Triple Sec ist farblos und etwas herber

**Drambuie:** Scotch-Whisky-Likör mit Kräutern und schottischem Heidehonig (40% Vol)

**Dubonnet:** Französischer Likörwein auf Pflanzen- und Kräuterbasis

**Edelobstbranntwein:** Er wird ausschließlich aus einer Frucht- bzw. Beerensorte ohne jeden Zusatz hergestellt

**Escorial grün:** Deutscher Kräuterlikör

**Galliano:** Italienischer Kräuterlikör

## DIE BAR

**Grand Marnier:** Französischer Likör aus Cognac und dem Aroma von Bitterorangen (40% Vol)

**Kahlúa:** Mexikanischer Kaffeelikör

**Kroatzbeere:** Likör, der aus wild wachsenden Brombeeren hergestellt wird

**Maraschino:** Farbloser italienischer Likör, der aus halb reifen Maraschinokirschen und Gewürzen hergestellt wird

**Marsala:** Italienischer Süßwein

**Peach Brandy:** Pfirsichlikör mit Weinbrand

**Pernod:** Französischer Branntwein, der aus Anis-Essenz und verschiedenen Kräutern hergestellt wird

**Sambuca:** Italienischer Anislikör

**Southern Comfort:** Bourbon-Whiskey-Likör (40% Vol)

**Tequila:** Farbloser bis goldbrauner Agavenschnaps

**Tia Maria:** Auf der Basis von Jamaica Rum hergestellter Likör mit Kaffeearoma

**Vermouth (Wermut):** Eine Mischung aus Wein, Alkohol und zahlreichen Kräutern. Vermouth gibt es in vier Geschmacksrichtungen: Bianco, Dry, Rosso und Rosé

## DIE BAR

# SPASS OHNE ALKOHOL

Autofahrer, Kinder und Freunde eines klaren Kopfes wissen sie gleichermaßen zu schätzen: die alkoholfreien Alternativen zum klassischen Cocktail, die auf einer Party oder in einer zwanglosen Runde an warmen Sommerabenden jedem schmecken und viel Spaß machen – ohne gleich die Körperbeherrschung oder Hemmschwellen zu mindern!

Hier beweisen wir Ihnen, dass der Mixspaß ohne Alkohol (fast) keine Grenzen kennt.

Durch leckere, vitaminreiche Säfte, Tee, Kaffee, Milch, Sahne, Eis und ein mittlerweile fast unerschöpfliches Angebot an aromatischen Sirupsorten können Sie sich mit diesem Buch einfach jeden Cocktailtraum erfüllen – ganz ohne Schnaps und Likör!

Bei einigen Cocktails und Longdrinks werden alkoholfreier Wein und Sekt verwendet. Bitte bedenken Sie, dass auch bei diesen Getränken noch ein geringer Anteil an Restalkohol enthalten ist, der sich jedoch auf maximal 0,2–0,5 Prozent beläuft.

# NICHTALKOHOLISCHE MIX-ZUTATEN

## Eier

Mit Eiern gemixte Cocktails – man nennt sie Flips – erfreuen sich besonderer Beliebtheit. Wichtig ist aber gerade bei der Verwendung von rohen Eiern, dass sie absolut frisch sind. Die beste Garantie sind Eier aus der näheren Umgebung. Bei einem aufgeschlagenen Frischei ist das Dotter hochgewölbt und zeigt einen festen, dicken Eiweißring. Mit zunehmendem Alter flacht der Dotter ab, und das Eiweiß verläuft dünnflüssig.

## Kaffee

Kaffee beflügelt Geist und Fantasie. Der schwarze Muntermacher schmeckt jedoch nicht nur solo. Als Mixdrink serviert – heiß oder kalt, mit oder ohne Schuss –, wird er zum Hochgenuss. Allerdings hängen Qualität und Geschmack von vielen Faktoren ab. Da wäre zunächst die Kaffeesorte. Sie haben die Wahl zwischen milden und kräftigen Mischungen bis hin zum Mokka und Espresso. Für den Kannenaufguss sollte er mittelgrob gemahlen sein, für Filterkaffee mittelfein und für Espresso und türkischen Mokka sehr fein. Für die meisten Kaffee-Mix-Getränke ist löslicher Kaffee (auch Instant oder Extrakt genannt) ebenfalls bestens geeignet. Er wird ausschließlich aus Röstkaffee unter Verwendung von Wasser hergestellt. Ob löslicher oder Röstkaffee – der Geschmack hängt wesentlich von der Qualität des Wassers ab. Zu weiches Wasser betont die Säure des Kaffees (etwas Kochsalz hinzugeben), während zu hartes Wasser den Kaffee „verschleiert" und fad werden lässt. Eine Alternative ist die Verwendung von Mineral- oder Heilwasser. Löslichen Kaffee im Gegensatz zu Röstkaffee mit heißem, aber nicht sprudelnd kochendem Wasser aufgießen. Pro Tasse nimmt man bei Röstkaffee 6 bis 8 g (ein gestrichenes Kaffeelot) und bei löslichem Kaffee ca. 1,8 g (ein bis zwei Kaffeelöffel). Für kalte Mix-Getränke den Kaffee immer schnell abkühlen, da sonst Aromastoffe verloren gehen. Bewahren Sie das Pulver in einem gut verschlossenen Behälter auf – am besten im Kühlschrank.

## Milch

Milch enthält fast alle Nährstoffe, die der Mensch zum Leben braucht: Milcheiweiß, Milchzucker, Milchfett, wertvolle Mineralstoffe (Calcium und Phosphor) sowie eine Vielzahl von Vitaminen. Und Milch lässt sich vielseitig mit Frucht- und Gemüsesäften, Obst und Kräutern mixen – ganz nach Geschmack süß oder pikant, kalt oder heiß, mit oder ohne Alkohol. Immer erst die Milch und dann die Zutaten in das Gefäß geben und kräftig mixen,

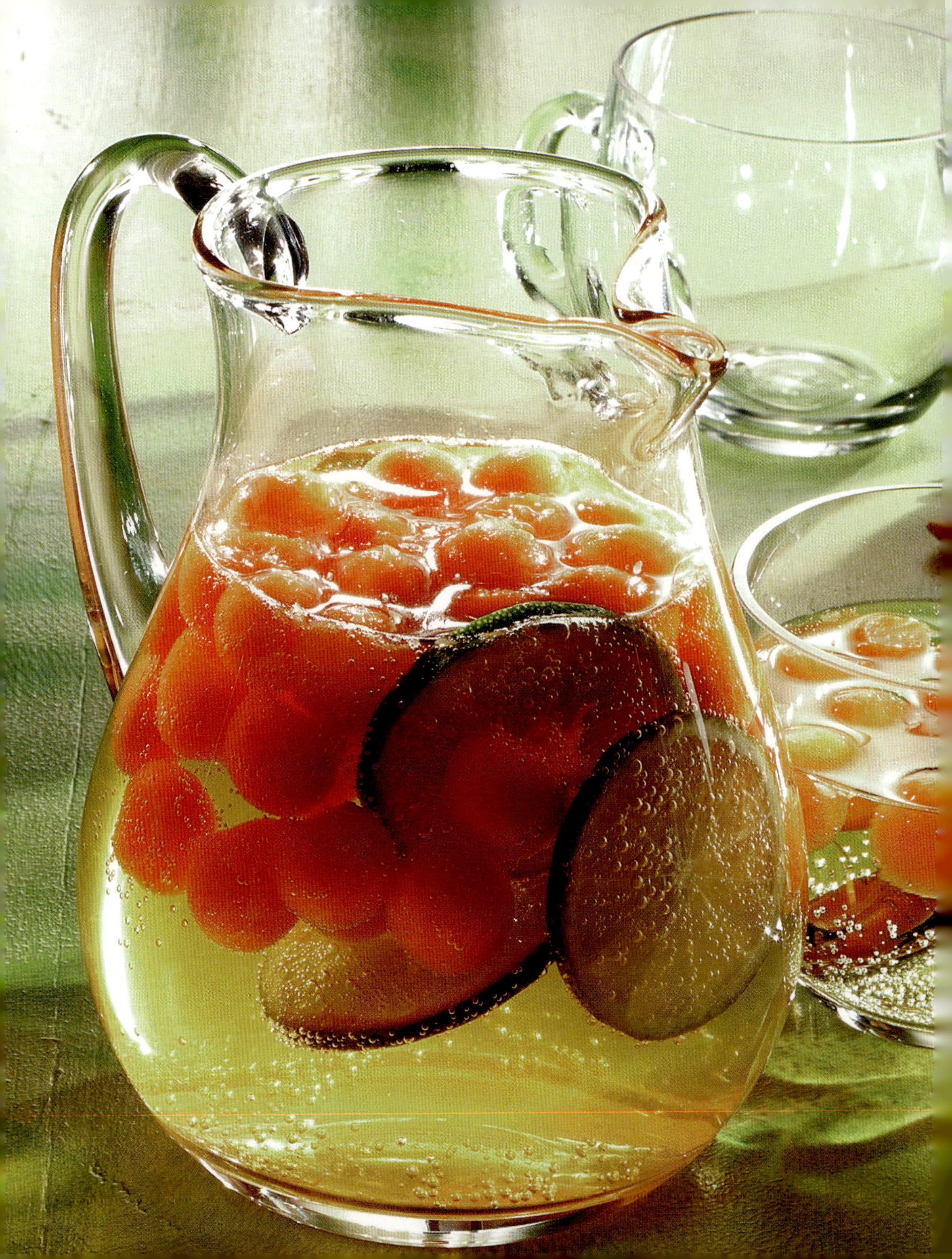

damit die Milch nicht gerinnt. Milchprodukte gibt es in verschiedenen Fettgehaltsstufen. Da sie leicht Fremdgerüche annehmen, wärme- und lichtempfindlich sind, sollte man sie immer gut verschlossen, kühl und dunkel (im Kühlschrank) aufbewahren. Und hier noch einige Tipps: Wenn Sie den Kochtopf mit kaltem Wasser ausspülen, brennt die Milch nicht so leicht an. Und wenn Sie die Milch nach dem Aufkochen mit einem Eiswürfel abschrecken, bildet sich keine Haut.

## Säfte und Limonaden

Fruchtsaft, Nektar, Fruchtsaftgetränk und Limonade – wo liegt der Unterschied? Fruchtsaft besteht grundsätzlich und ausschließlich aus dem Saft frischer Früchte. Er enthält keinerlei Konservierungs- oder Farbstoffe und ist ohne Zuckerzusatz hergestellt. Fruchtnektar heißen Getränke, die einen Mindestgehalt von Fruchtsaft und Fruchtmark – er liegt je nach Frucht zwischen 25 und 50 Prozent – haben und mit Wasser und Zucker bzw. Honig hergestellt werden. Auch Nektar gibt es aus einer Fruchtart, mehreren Früchten und mit zusätzlichen Vitaminen angereichert. Außerdem wird Diät-Fruchtnektar angeboten, der anstelle von Zucker Süßstoff enthält. Auch Nektar wird ohne Konservierungsstoffe hergestellt. Für Fruchtsaft und -nektar gilt: Geöffnete Flaschen und Packungen kühl und lichtgeschützt aufbewahren und innerhalb von vier Tagen aufbrauchen! Fruchtsaftgetränke enthalten Fruchtsaft, Fruchtsaftkonzentrat, Fruchtmark und Fruchtmarkkonzentrat. Der Mindestfruchtsaftgehalt liegt zwischen 6 und 10 Prozent. Kalorienarme Fruchtsaftgetränke sind mit Süßstoff gesüßt. Limonaden enthalten Aromen (Essenzen) mit natürlichen Aromastoffen und in der Regel Zitronensäure, Weinsäure, Milchsäure oder Apfelsäure sowie deren Salze. Tonic Water, Bitter Lemon und Bitter Orange erhalten ihren bitteren Geschmack durch Chinin, Ginger Ale wird mit Ingweressenz hergestellt. Beim Mixen von Cocktails und Longdrinks spielt vor allem Zitronensaft eine große Rolle. Wenn Sie Zitronen auspressen, ergibt eine Frucht etwa 4 cl Saft. Etwas saurer und kleiner als Zitronen sind Limetten.

## Sirup

Sirup wird aus mit Zucker verkochten natürlichen Früchten bzw. Fruchtsäften hergestellt. Durch die hohe Zuckerkonzentration ist kein Konservierungsstoff erforderlich. Bewahren Sie angebrochene Flaschen im Kühlschrank auf. Besonders beliebt in Cocktails und Longdrinks ist Sirup aus exotischen Früchten wie Kokosnuss, Mango, Maracuja, Guave usw. Ganz obenan steht Grenadine, der orangerote, süße Sirup aus Granatäpfeln und Kräutern.

## Tee

„Tee regt an, aber nicht auf", behaupten überzeugte Teetrinker. Der Grund: Das mit dem Koffein vergleichbare Teein wirkt nicht über Herz und Kreislauf, sondern über das Nervensystem. Die belebende Wirkung stellt sich langsamer, aber dafür anhaltender ein. Länger als fünf Minuten sollte schwarzer Tee nie ziehen, da zu viele Gerbstoffe einen bitteren Geschmack erzeugen. Zieht er dagegen zu kurz, kann sich sein Aroma nicht entfalten. Darjeeling Tee, der aus den hochgelegenen indischen Anbaugebieten am Himalaya stammt, ist sehr mild, Ceylon-Tee hat einen frisch-herben Geschmack, während der aus dem Norden Indiens stammende Assam-Tee dunkler, sehr kräftig und würzig ist. Außerdem werden aromatisierte Tees in vielen verschiedenen Geschmacksvarianten angeboten. Hinzu kommen Kräuter- und Früchtetees. Wie bei Kaffee spielt auch bei der Zubereitung von Tee die Qualität des Wassers eine entscheidende Rolle. Ist es zu weich, zu hart oder stark gechlort, sollten Sie daher besser Mineral- oder Heilwasser verwenden. Wichtig ist, dass Sie Tee immer mit sprudelnd kochendem frischen Wasser aufgießen. Teekenner geben die Teeblätter (ca. 1,5 g = 1 gehäufter TL pro Tasse) direkt in die vorgewärmte Teekanne, in ein Teenetz oder einen Teefilter. Übrigens sollte man die Teekanne nur mit heißem Wasser ohne Spülmittel reinigen. Der entstehende Belag soll den Geschmack des Tees fördern.

## Wasser

Insgesamt werden rund 400 Sorten natürliches Mineralwasser und 65 Sorten Heilwasser aus deutschen Brunnen angeboten. Gemeinsam ist ihnen, dass sie absolut kalorienfrei sind. Sehr verschieden hingegen ist die Zusammensetzung und Konzentration von Mineralien und Spurenelementen, die über Wirkung und Geschmack des Wassers entscheiden: Natrium aktiviert Nerven und Muskeln, Kalium ist wichtig für das Wachstum der Zellen, Kalzium ist ein wichtiger Baustein von Knochen und Zähnen, Magnesium regt die Muskeltätigkeit an und stärkt die Knochensubstanz, Eisen ist ein Teil des roten Blutfarbstoffs, Chlorid sorgt für Salzsäurebildung im Magen, Sulfat regt die Gallenfunktion an und stärkt die Leber, Hydrogencarbonat reguliert den Säurespiegel des Blutes und fördert die Magen-Darm-Funktion. Tafel (Soda)-Wasser ist eine Mischung aus Trink-, Quell- und natürlichem Mineralwasser, das mit natürlichem Salz- und Meerwasser vermengt werden darf. Professionelle Mixer produzieren es mit Hilfe eines Siphons selbst.

## Zucker

In Cocktails und Longdrinks wird Zucker überwiegend als Sirup verwendet, da er sich schneller als Kristallzucker mit den übrigen Zutaten verbindet. Zuckersirup können Sie leicht selbst herstellen: 500 Gramm Zucker mit einem halben Liter Wasser unter Rühren so lange sprudelnd kochen lassen, bis sich der Zucker aufgelöst hat, abkühlen lassen, in eine Flasche

## DIE BAR

oder ein Glas füllen, fest verschließen und im Kühlschrank aufbewahren. Unentbehrlich ist Zucker für den so genannten Crustarand, den Sie durch Verwendung von braunem oder Hagelzucker variieren können. Zum Süßen von Heißgetränken ist Würfelzucker am besten geeignet, während Teetrinker Kandis bevorzugen. Braune Zuckersorten haben ein leichtes Karamellaroma. Wer aus gesundheitlichen Gründen oder aus Angst um die Linie keinen Zucker verwenden möchte, kann auch mit Süßstoff süßen, der flüssig (für kalte Drinks) und in Tablettenform (für Heißgetränke) erhältlich ist.

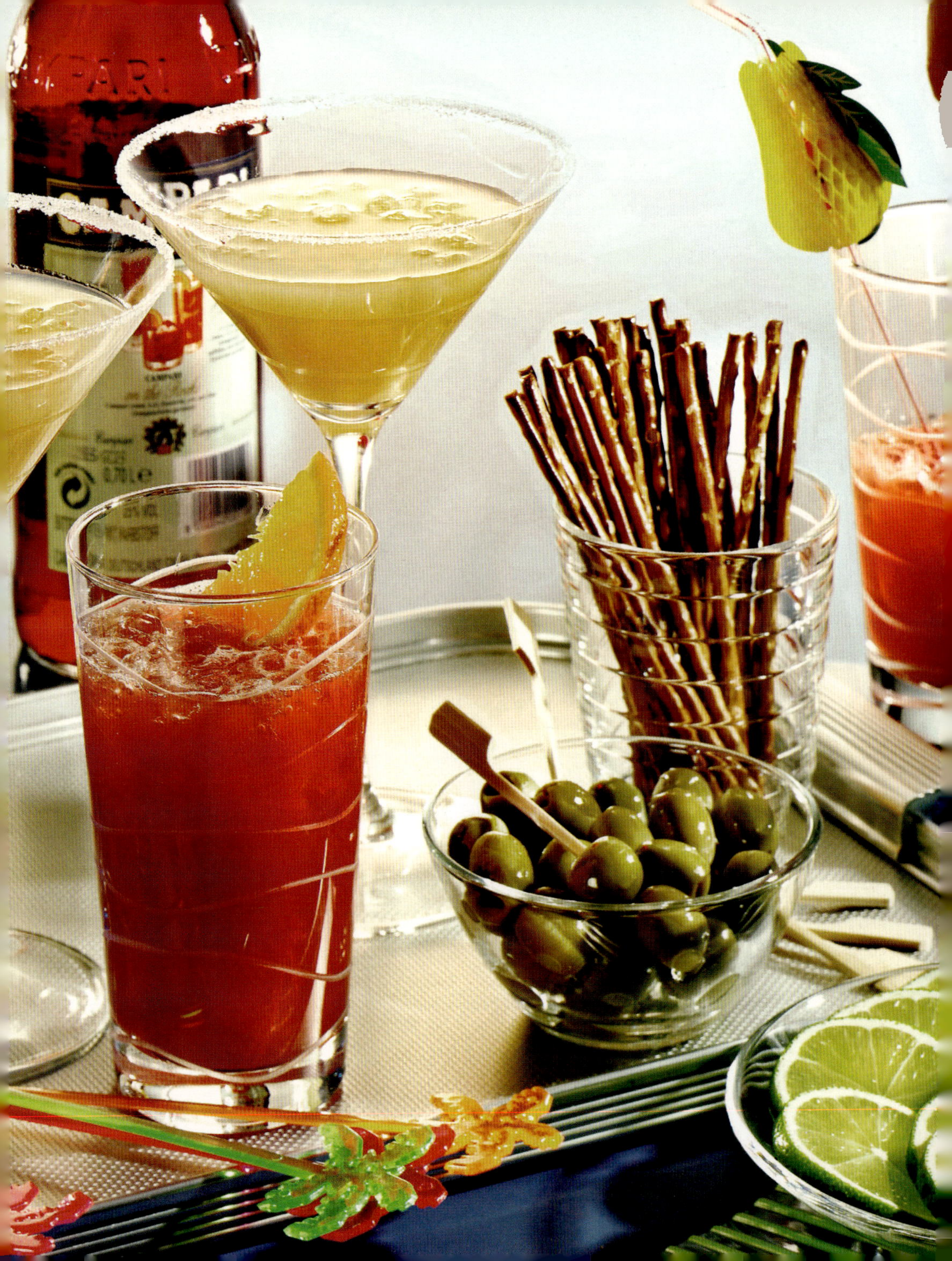

## DIE BAR

# VERZIERUNGEN

Man muss kein Künstler sein, damit aus dem Drink nicht nur ein Genuss für den Gaumen, sondern auch für das Auge wird. Je fruchtiger und erfrischender ein Longdrink ist, desto fantasievoller darf die Verzierung sein.

Der **Crustarand** ist nicht nur sehr dekorativ, sondern auch ganz einfach herzustellen: Den Glasrand mit einem Zitronenstück befeuchten oder direkt in Zitronensaft und dann in Zucker tauchen. Wenn Sie das Glas anschließend einige Minuten in den Kühlschrank stellen, wird der Crustarand haltbarer. Statt Zitronensaft können Sie auch Eiweiß, jeden anderen Fruchtsaft oder auch Sirup verwenden. Nehmen Sie zum Beispiel Grenadine, wenn ein roter Rand zum Inhalt des Longdrinks passt. Oder tauchen Sie den angefeuchteten Glasrand in gemahlene oder geraspelte Haselnüsse bzw. Mandeln. Eine andere interessante Variante ist der Kokosnussrand: Glasrand in Kokossirup oder -likör tauchen und dann in Kokosraspeln. Kaffee- und Schokoladendrinks können Sie verzieren, indem Sie den angefeuchteten Glasrand in braunen Zucker, Kaffee- oder Schokoladenpulver tauchen. Kinder sind begeistert, wenn ihnen das Mixgetränk mit einem Rand aus bunten Zuckerperlen serviert wird.

Der **Salzrand** für herzhafte Drinks ist so einfach wie der Zuckerrand: Befeuchten Sie den Glasrand ebenfalls mit Zitronensaft und tauchen Sie ihn dann in normales Speisesalz oder in Selleriesalz.

**Zitrusfrüchte** gehören zu den beliebtesten Verzierungen von Cocktails und Longdrinks. Verwenden Sie für diesen Zweck nur unbehandelte Zitronen, Orangen, Grapefruits und Limetten (die westindischen, sehr aromatischen Zitronen mit grüner Schale werden auch Limetten genannt). Immer unter fließendem Wasser gründlich abbürsten und anschließend trocken tupfen. Eine dekorative Zitrusspirale erhalten Sie, indem Sie mit einem Schälmesser dicht an der Oberfläche (oberhalb der weißen Innenhaut) rundum gleichmäßige Streifen herausschälen. Ganz schmale Streifen können Sie auch zusätzlich noch dekorativ verknoten. Selbst Zitrusscheiben, die in den Drink gegeben oder auf den Glasrand gesteckt werden, können Sie ganz einfach verzieren: Ritzen Sie, bevor Sie die Frucht in Scheiben schneiden, mit dem Schälmesser mehrere schmale Streifen in die Schale. Sehr effektvoll sind auch in Windungen auf Spießchen gesteckte Zitrusscheiben, die man mit Cocktailkirschen kombinieren kann.

## DIE BAR

**Tropische Früchte** wie die sternförmige Karambole (daher auch Sternfrucht genannt), die Kumquat (die Zwergorange wird mit Schale gegessen), die Physalis (Kapstachelbeere) sowie Papaya, Ananas, Kiwi, Melone und Banane machen – aufgespießt oder auf den Glasrand gesteckt – jeden Longdrink zur Augenweide. Und nicht zu vergessen die aus China stammende süß-saure Lychee, die man auch so schreibt wie man sie spricht: Litschi. Aber auch unsere einheimischen Früchte wie Erdbeeren, Kirschen, Pfirsiche, Äpfel und Trauben ergeben dekorative Verzierungen. Geschälte Bananen und Äpfel bitte sofort mit Zitronensaft beträufeln, damit sie sich nicht verfärben. Wichtig bei allen Früchten ist, dass sie frisch, reif und makellos sind. Bei Honigmelonen sollten Sie folgenden Test machen, da die Farbe nichts über die Reife verrät: Drücken Sie leicht auf die dem Stiel gegenüberliegende Seite. Wenn sie nachgibt, ist die Frucht reif. Reife Ananasfrüchte erkennen Sie an dem intensiven Duft, speziell am Stielansatz. Die Blätter sind übrigens auch eine hübsche Dekoration. Allerdings sollten Sie Ananas nicht zusammen mit Milchprodukten verwenden, sonst schmeckt sie bitter.

**Spießchen**, ins Glas gestellt oder über den Rand gelegt, bieten eine Vielzahl von Variationsmöglichkeiten: Melonenstückchen oder -kugeln, Kirschen und Erdbeeren, Orangen- oder Zitronenscheiben mit Kirschen, Kirschen und Ananasstückchen, Grapefruit-, Bananen- und Limettenscheiben, Ananas-, Kiwi- und Papayascheiben, Kirsche, Papaya- und Sternfrucht-scheiben, Kirsche, Pfirsich- und Kiwischeiben etc. Dekorativ sind aber auch Spießchen mit nur einer Fruchtsorte wie zum Beispiel hellen oder dunklen Trauben, Bananenscheiben, Kirschen oder Melonenkugeln. Wenn Sie keine Cocktailspießchen zur Hand haben, können Sie auch Zahnstocher verwenden.

**Zitronenmelisse** verleiht den Drinks nicht nur optisch ein frisches Aroma. Wenn Sie keinen Garten oder Balkon haben, können Sie frische Zitronenmelisse auch wunderbar im Blumentopf auf der Fensterbank ziehen. Falls Sie Zitronenmelisse im Bund kaufen, sollten Sie die Stiele sofort ins Wasser stellen. Auch zum Einfrieren ist Melisse geeignet: Waschen, trocken tupfen und im Gefrierbeutel ins Tiefkühlfach legen.

**Minze** ist ebenfalls sehr beliebt wegen ihres intensiven Aromas und sehr dekorativ. Auch sie lässt sich wunderbar im Garten, auf dem Balkon und mit ein bisschen Glück im Blumentopf auf der Fensterbank ziehen. Am intensivsten ist das Aroma kurz vor der Blüte im Juli/August.

**Eiswürfel** werden zur farbenfrohen Dekoration, wenn Sie Säfte oder Sirup pur oder gemischt mit kohlensäure-

## DIE BAR

armem Mineral- oder Heilwasser einfrieren. Legen Sie kleine Ausstechformen (Herzen, Sterne etc.) in die Eiswürfelschale, wenn Ihnen quadratische Würfel zu beliebig erscheinen. Kurz vor dem Servieren unter fließendes Wasser halten. Alternativ können Sie Eiskugelschalen bzw. -beutel verwenden. Überraschen Sie Ihre Gäste mit „Fancy-ice-cubes". Für die Fantasie-Eiswürfel brauchen Sie lediglich einige tadellose Früchte wie Erdbeeren, Kirschen, Himbeeren, Johannisbeeren, Weintrauben oder kleine Stückchen von Zitrusfrüchten: Die Früchte in die Eiswürfelschale verteilen und mit Mineralwasser auffüllen. Schon nach wenigen Stunden sind die schönen Würfel fertig. So machen Sie Ihre eigenen „Fancy-ice-cubes" mit noch mehr Farbe und Geschmack für fruchtige Sommerdrinks: Grenadine-, Waldmeister- und Maracujasirup mit kaltem Malvenblütentee und Mineralwasser mischen, in verschiedene Eiswürfelformen füllen, Kirschen mit Stiel, kleine Melissenzweige und Zitronenstücke hineingeben, mit Mineralwasser auffüllen.

**Trinkhalme** in verschiedenen Farben und Formen haben den Vorteil, dass die Gäste nicht versehentlich am Glas ihres Nachbarn nippen. Verwechslungen können Sie auch ausschließen durch fantasievolle Rührstäbe und originelle Dekorationen, die auf den Glasrand gesteckt werden. Kleine und große Gäste freuen sich über diese Souvenirs, die sie an einen fröhlich und festlich verbrachten Nachmittag oder Abend erinnern.

**Bild-Hinweis:**
Die ganzseitigen Fotos im Rezeptteil gehören immer zu dem oberen Rezept auf der gegenüberliegenden Seite.

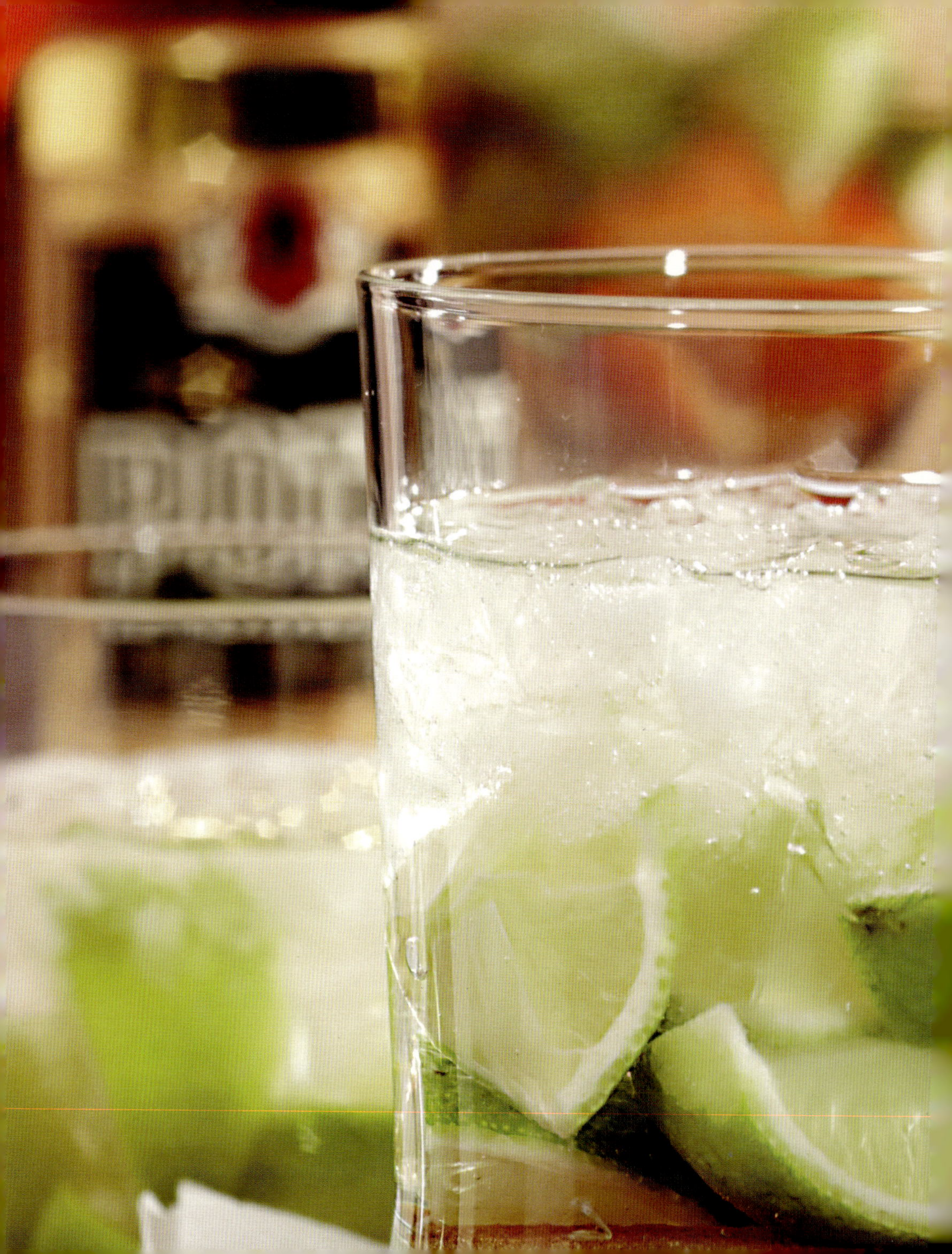

# Rum

Mit einem fruchtigen Rumcocktail versetzen Sie sich und Ihre Gäste in traumhaft karibische Urlaubsstimmung.

## RUM

## MOJITO

**FÜR 1 COCKTAIL**

1 Handvoll Minzeblätter
2 cl Limettensaft
1 cl Zuckersirup
Crushed Ice
4 cl weißer Rum
Sodawasser
Limettenscheibe

Die Minzeblätter in ein Longdrinkglas geben und mit dem Mörser zerdrücken. Limettensaft und Zuckersirup dazugeben und verrühren. Das Eis mit dem Rum ins Glas geben. Gut verrühren, dann mit Sodawasser auffüllen. Das Glas mit etwas Minze und Limettenscheibe dekorieren.

## CAIPIRINHA

**FÜR 1 COCKTAIL**

1 Limette
3 gehäufte TL brauner Rohrzucker
Crushed Ice
5 cl Cachaça

Die Limette achteln. Zusammen mit dem Rohrzucker in einen Tumbler geben. Die Limette mit einem Stößel zerdrücken und 2 Minuten ziehen lassen. Danach mit Crushed Ice auffüllen und den Cachaça darüber gießen.

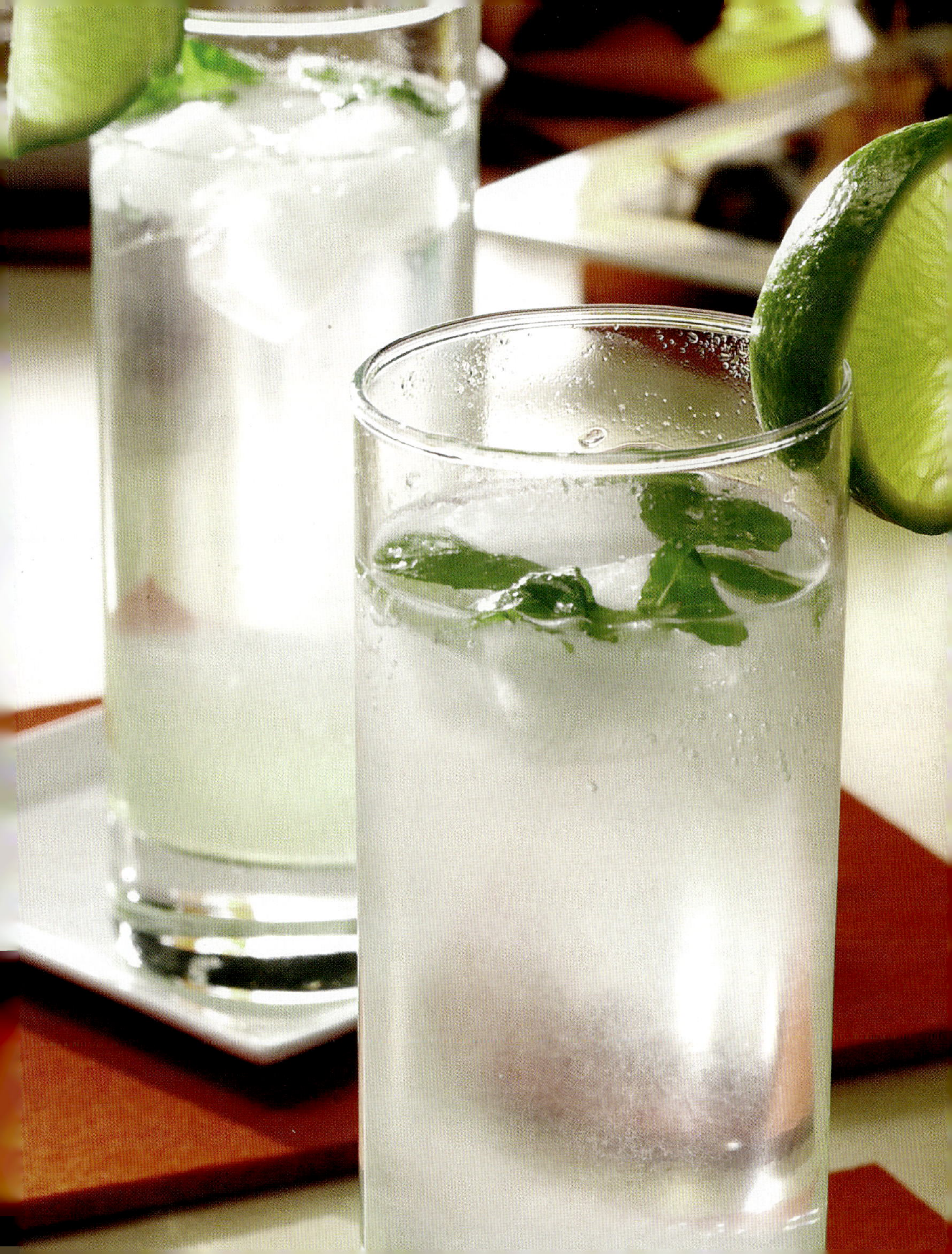

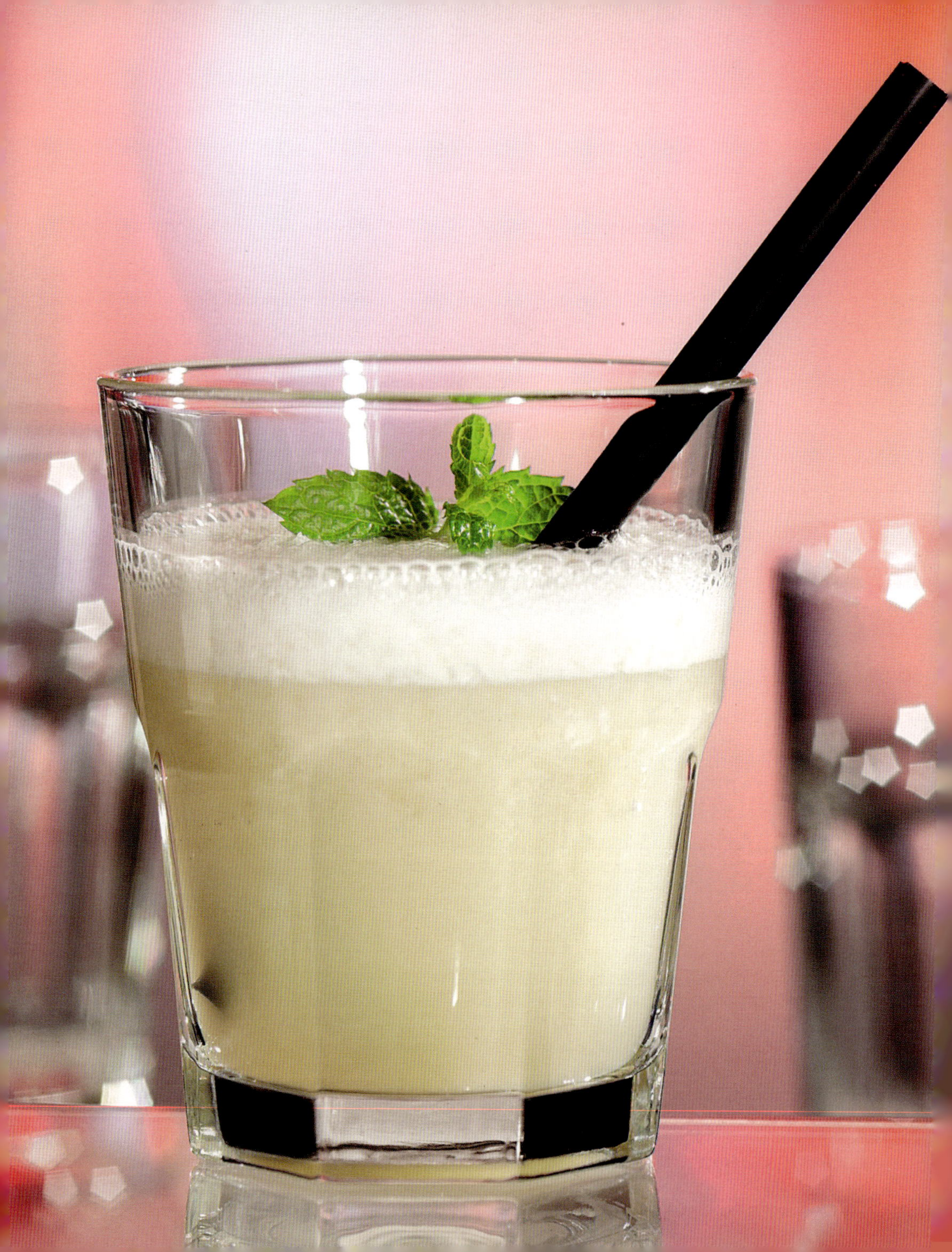

## RUM

## DAIQUIRI KEY WEST

**FÜR 1 COCKTAIL**

8 cl weißer Rum
1 cl Maraschino
4 cl Grapefruitsaft
2 cl Limettensaft
Crushed Ice

Alle Zutaten im Mixer mit Crushed Ice mixen. In einen Tumbler abseihen.

## RUM ORANGE

**FÜR 1 COCKTAIL**

4 cl weißer, brauner oder Jamaica Rum
Eiswürfel
Orangensaft
Orangenscheibe

Rum über Eiswürfel in ein Longdrinkglas gießen, mit Orangensaft auffüllen und Orangenscheibe hineingeben.

RUM

## RUM COLLINS

FÜR 1 COCKTAIL

1 TL Zuckersirup
Saft von ½ Zitrone
4 cl weißer Rum
Eiswürfel
Sodawasser
Cocktailkirsche
Zitronenscheibe

Sirup, Saft und Rum auf Eiswürfel in einen Tumbler geben, mit Sodawasser auffüllen und umrühren. Dann Cocktailkirsche und Zitronenscheibe hineingeben.

## RUM CRUSTA

Den Rand eines Cocktailglases in Zitronensaft und dann in Zucker tauchen. Zutaten im Shaker mit Crushed Ice kurz und kräftig schütteln, in das vorbereitete Cocktailglas abseihen und Zitronenspirale hineinhängen.

FÜR 1 COCKTAIL

4 cl weißer Rum
1 TL Curaçao Triple Sec
1 cl Zitronensaft
1 cl Ananassaft
Zitronenspirale
Für den Crustarand:
Zitronensaft
Zucker

RUM

## GREEN BANANA

Zutaten im Shaker gut schütteln und auf Eis in ein Ballonglas abseihen.

**FÜR 1 COCKTAIL**

3 cl Grüne-Banane-Likör
2 cl weißer Rum
8 cl Ananassaft
2 cl Kokosnusslikör
Eiswürfel

## SOUTHERN MAMA

Zutaten im Shaker auf Eis mixen und in hohes Longdrinkglas abseihen.

**FÜR 1 COCKTAIL**

5 cl weißer Rum
3 cl brauner Rum
3 cl Orangenlikör
4 cl Mangonektar
2 cl Maracujanektar
Saft einer Orange
Eiswürfel

RUM

## JAMAICA INN

**FÜR 1 COCKTAIL**

2 cl Grenadine
2 TL Zucker
5 cl brauner Rum
2 cl Zitronensaft
Ananas- und Aprikosennektar
Ananaswürfel
Aprikosenspalten

Rand eines Longdrink- oder großen Burgunder-Weinglases zuerst in Grenadine und dann in Zucker tauchen. Rum und Zitronensaft ins Glas gießen, 2 Eiswürfel hinzufügen und umrühren. Je zur Hälfte mit Ananas- und Aprikosennektar auffüllen. Aufgespießte Ananaswürfel und Aprikosenspalten über den Glasrand legen.

## BACARDI COCKTAIL

**FÜR 1 COCKTAIL**

4 cl weißer Rum
2 cl Limetten- oder Zitronensaft
½ TL Grenadine
½ TL Zuckersirup
Eiswürfel

Zutaten im Shaker über 3–4 Eiswürfel gut schütteln und in eine Cocktailschale abseihen.

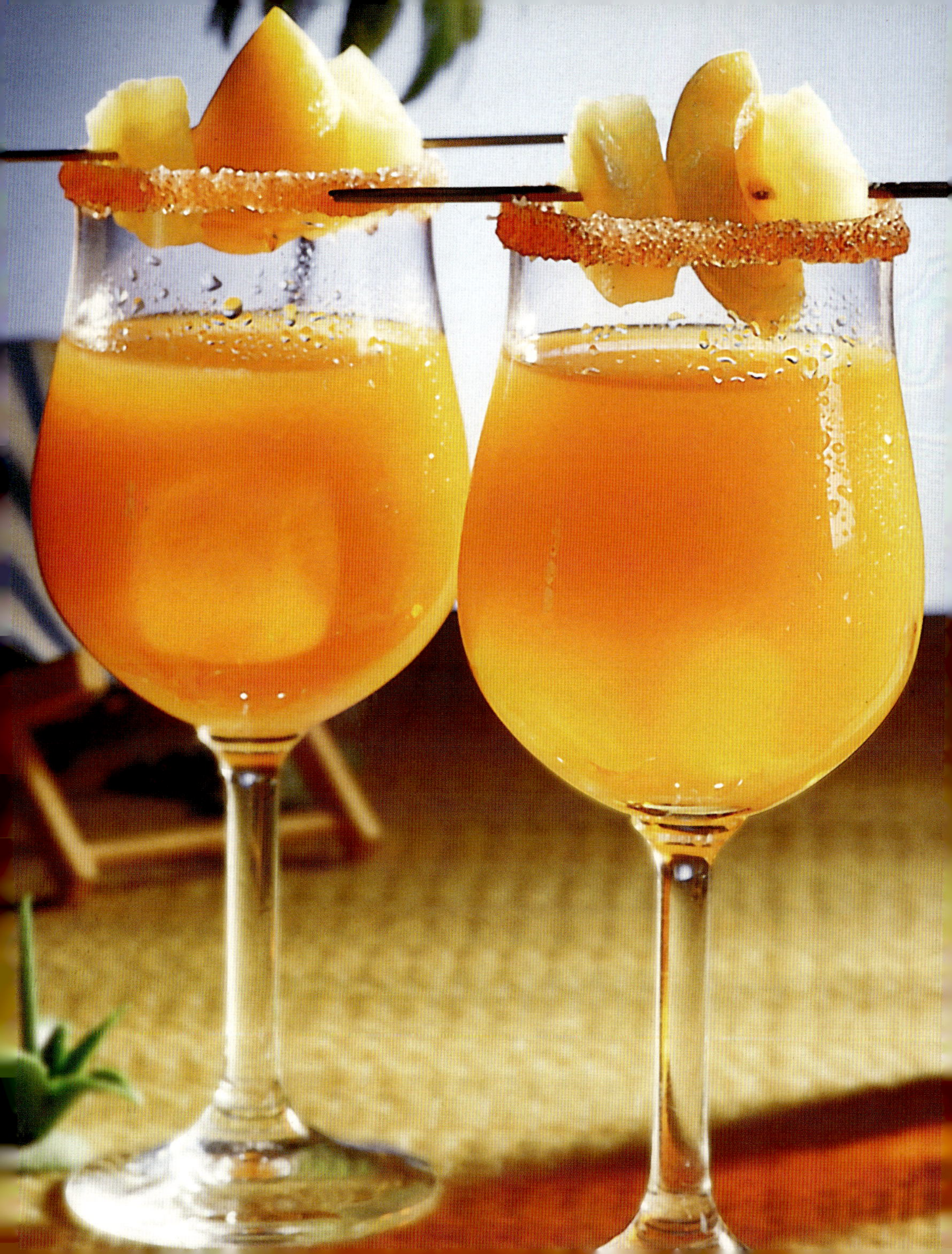

## RUM

# BAHIA

**FÜR 1 COCKTAIL**

6 cl weißer Rum
8 cl Ananas- oder Mangosaft
2 cl Cream of Coconut
Eiswürfel
Ananasscheibe
Orangenscheibe

Alle Zutaten mit Eis in einen Shaker geben und gut mixen. Dann in ein Longdrink- oder Ballonglas füllen. Mit den Früchten dekorieren.

# DAIQUIRI

Rum, Zitronensaft und Sirup im Shaker mit viel Eis kräftig mixen und in ein Cocktailglas abseihen. Zitronenscheibe hineingeben und mit Zitronenmelisse garnieren.

**FÜR 1 COCKTAIL**

5 cl weißer Rum
3 cl Zitronensaft
2 cl Zuckersirup
Eiswürfel
Zitronenscheibe
1 Zweig Zitronenmelisse

RUM

# PLANTER`S PUNCH

### FÜR 1 COCKTAIL

3 cl weißer Rum
3 cl brauner Rum
2 cl Limettensaft
2 cl Orangensaft
1 cl Zuckersirup
1 cl Grenadine
Eiswürfel
Orangenscheibe
Cocktailkirsche

Weißen und braunen Rum, Limettensaft, Orangensaft, Zuckersirup und Grenadine in ein Longdrinkglas geben und verrühren. Eiswürfel dazugeben und kurz verrühren. Orangenscheibe und Kirsche auf einen Holzspieß stecken und über das Glas legen.

### FÜR 1 COCKTAIL

2 cl weißer Rum
2 cl brauner Rum (75 Vol.-%)
1 cl Curaçao white
10 cl Mandelsirup
2 cl Limettensaft
4 cl Ananassaft
2 cl Orangensaft
Crushed Ice
Limettenschale

# MAI TAI

Das Ballonglas zur Hälfte mit Crushed Ice füllen. Anschließend Rum, Curaçao, Mandelsirup, Limettensaft, Ananassaft und Orangensaft darübergeben und verrühren. Den Glasrand mit Limettenschale dekorieren.

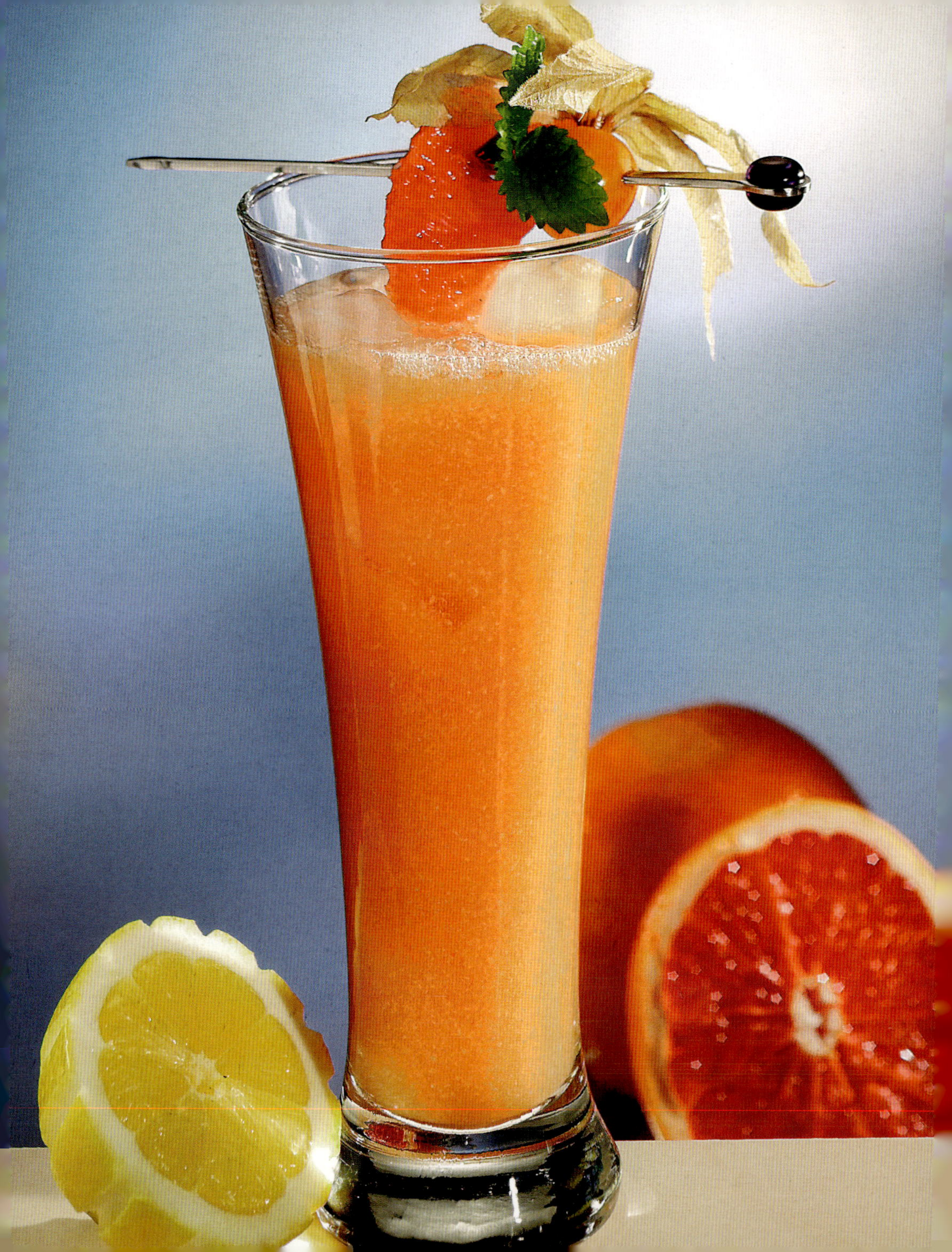

## RUM

# PINK ELEPHANT

**FÜR 1 COCKTAIL**

4 cl brauner Rum
1 cl Zitronensaft
1 cl Grenadine
2 cl Crème de Bananes
6 cl Grapefruitsaft
6 cl Maracujanektar
Eiswürfel

Alle Zutaten in einen mit Eiswürfeln gefüllten Shaker geben und kräftig schütteln. Über ein Barsieb in ein Longdrinkglas auf einige Eiswürfel abseihen. Nach eigenem Geschmack garnieren.

# CARIBBEAN NIGHT

**FÜR 1 COCKTAIL**

3 cl brauner Rum
1 cl Zitronensaft
3 cl Orangensaft
4 cl Ananassaft
1 cl Zuckersirup
Eiswürfel
Cocktailkirsche
Orangenscheibe

Alle Zutaten im Shaker auf Eis gut schütteln und in ein Longdrinkglas auf Eiswürfel abseihen. Mit Kirsche und Orangenscheibe dekorieren.

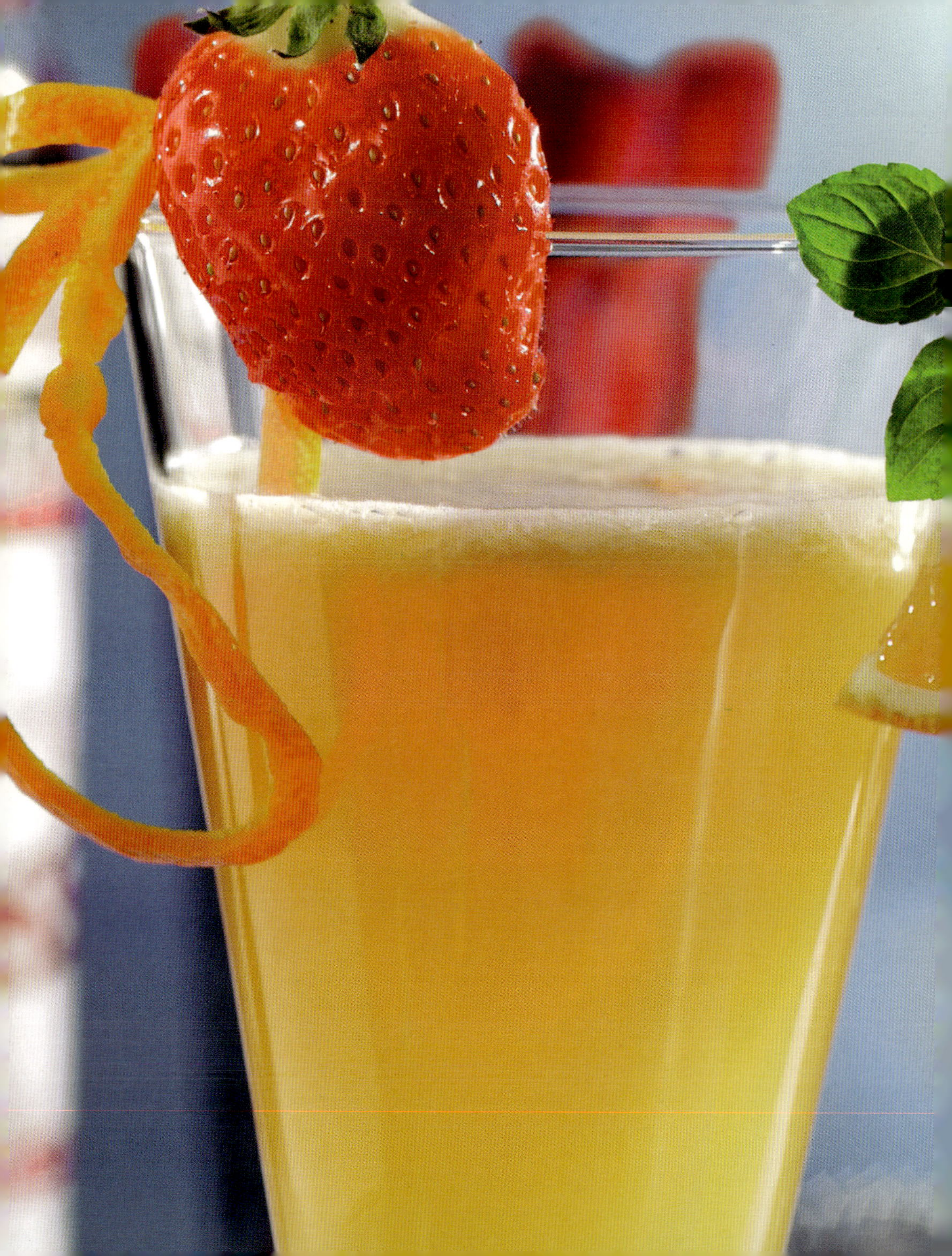

# Cognac, Weinbrand & Brandy

Ein kräftiger Weinbrand ist auch pur immer ein entspannender Genuss – aber erst im Einklang mit anderen Mixzutaten kommt seine aufregende Vielfältigkeit zum Vorschein!

## WEINBRAND

## SUNSET

**FÜR 1 COCKTAIL**

3 cl Weinbrand
2 cl Edelkirschlikör
6 cl Ananassaft
6 cl Orangensaft
Eiswürfel
Limettenscheibe
Erdbeere

Weinbrand, Likör und Säfte im Shaker auf Eis mixen und in ein Longdrinkglas auf Eiswürfel abseihen. Limette und Erdbeere auf den Glasrand stecken.

## COGNAC COLLINS

**FÜR 1 COCKTAIL**

2 TL Zuckersirup
Saft von ½ Zitrone
4–6 cl Cognac
Crushed Ice
4 cl Sodawasser
Zitronenscheibe
Cocktailkirsche

Sirup, Saft und Cognac mit fein zerstoßenem Eis im Longdrinkglas verrühren und mit kaltem Sodawasser abspritzen. Mit Zitronenscheibe, Kirsche und Strohhalm servieren.

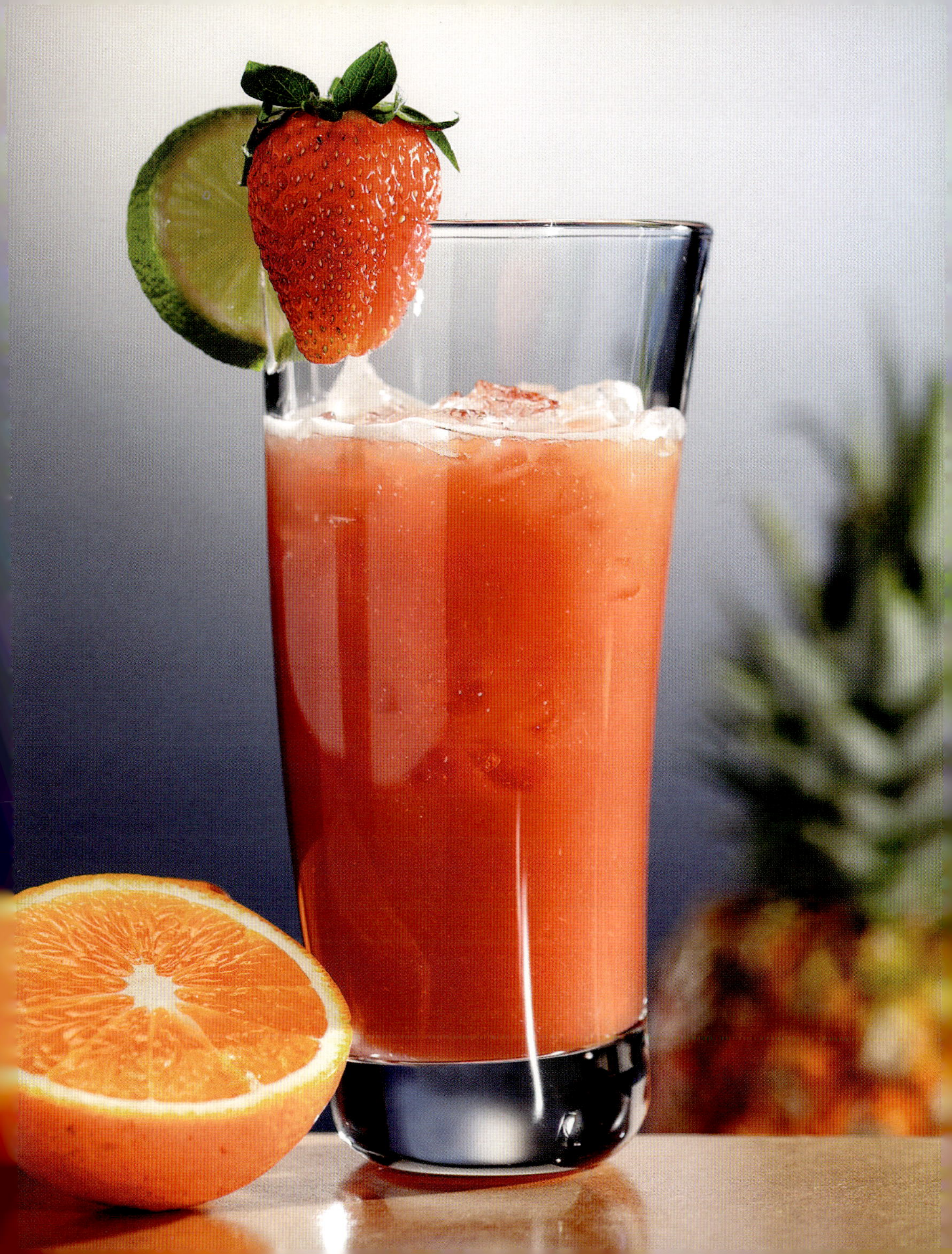

## WEINBRAND

# COGNAC COCKTAIL

**FÜR 1 COCKTAIL**

3 cl Cognac
1 cl Gin
1 cl Orangensaft
2 Spritzer Orangenlikör
Eiswürfel
Zitronensaft

Cognac, Gin, Orangensaft und Likör im Shaker auf Eis schütteln und in ein Cocktailglas abseihen. Mit etwas Zitronensaft beträufeln.

# PRIVATE LOVER

Weinbrand und Säfte im Shaker mixen und in eine Cocktailschale geben. Mit Sternfrucht und Erdbeere dekorieren.

**FÜR1 COCKTAIL**

3 cl Weinbrand
2 cl Pfirsichnektar
2 cl Grapefruitsaft
Sternfruchtscheibe
Erdbeere

## WEINBRAND

# BRANDY ALEXANDER

### FÜR 1 COCKTAIL

3 cl Brandy
3 cl Crème de Cacao braun
3 cl süße Sahne
Eiswürfel
1 Prise geriebene
Muskatnuss

Brandy, Crème de Cacao und Sahne auf Eis im Shaker mixen, in ein Cocktailglas abseihen und mit Muskat bestreuen.

### FÜR 1 COCKTAIL

2 cl Edelkirschlikör
2 cl Weinbrand
6 cl Sauerkirschnektar
6 cl Ananassaft
Sternfruchtscheibe
Erdbeere

# CARIBBEAN CHERRY

Likör, Weinbrand und Säfte im Shaker mixen und in ein Longdrinkglas geben. Mit Sternfrucht und Erdbeere dekorieren.

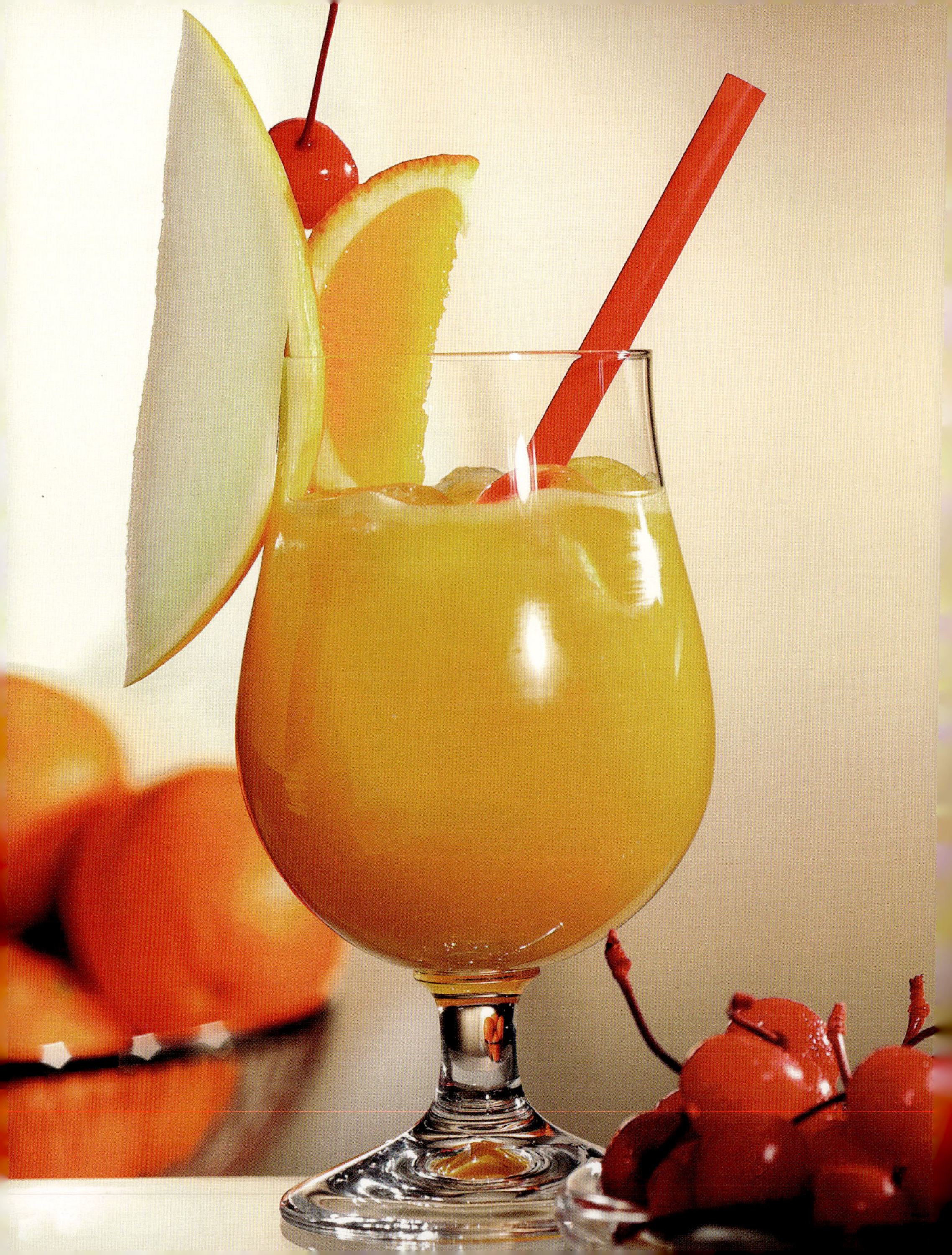

## WEINBRAND

# GOLDEN GLOBE

**FÜR 1 COCKTAIL**

3 cl Brandy
1 cl Galliano
2 cl Mangosirup
8 cl Orangensaft
6 cl Maracujasaft
Eiswürfel
Orangenstück
Melonenstück
Cocktailkirsche

Alle Zutaten im Mixer mit Eis mixen. In ein Ballonglas auf Eis abseihen. Mit den Früchten garnieren.

# CHÉRIE

**FÜR 1 COCKTAIL**

2 cl Weinbrand
2 cl Erdbeersirup
3 cl Ananassaft
Sternfruchtscheibe
Erdbeere

Weinbrand, Sirup und Saft im Shaker mixen und in eine Cocktailschale geben. Mit Sternfrucht und Erdbeere dekorieren.

## WEINBRAND

## COGNAC TROPICAL

**FÜR 1 COCKTAIL**

4 cl Cognac
2 cl Orangenlikör
2 cl frischer Zitronen- oder Limettensaft
4 cl Orangensaft
4 cl Ananassaft
Eiswürfel
1 Zweig frische Minze
Orangenscheibe
Ananasstück
1 Prise geriebene Muskatnuss

Cognac, Likör und Säfte im Shaker auf Eiswürfeln schütteln und in ein Longdrinkglas abseihen. Mit Minze, Orange und Ananas dekorieren und mit Muskatnuss bestäuben.

## STRAWBERRY

**FÜR 1 COCKTAIL**

3 cl Weinbrand
3 cl Erdbeersirup
6 cl Orangensaft mit Fruchtfleisch
6 cl Grapefruitsaft
Eiswürfel
Sternfruchtscheibe
2 Cocktailkirschen

Weinbrand und Säfte im Shaker gut mixen und auf Eiswürfel in ein Longdrinkglas abseihen. Sternfruchtscheibe und Kirschen aufspießen und über den Glasrand legen.

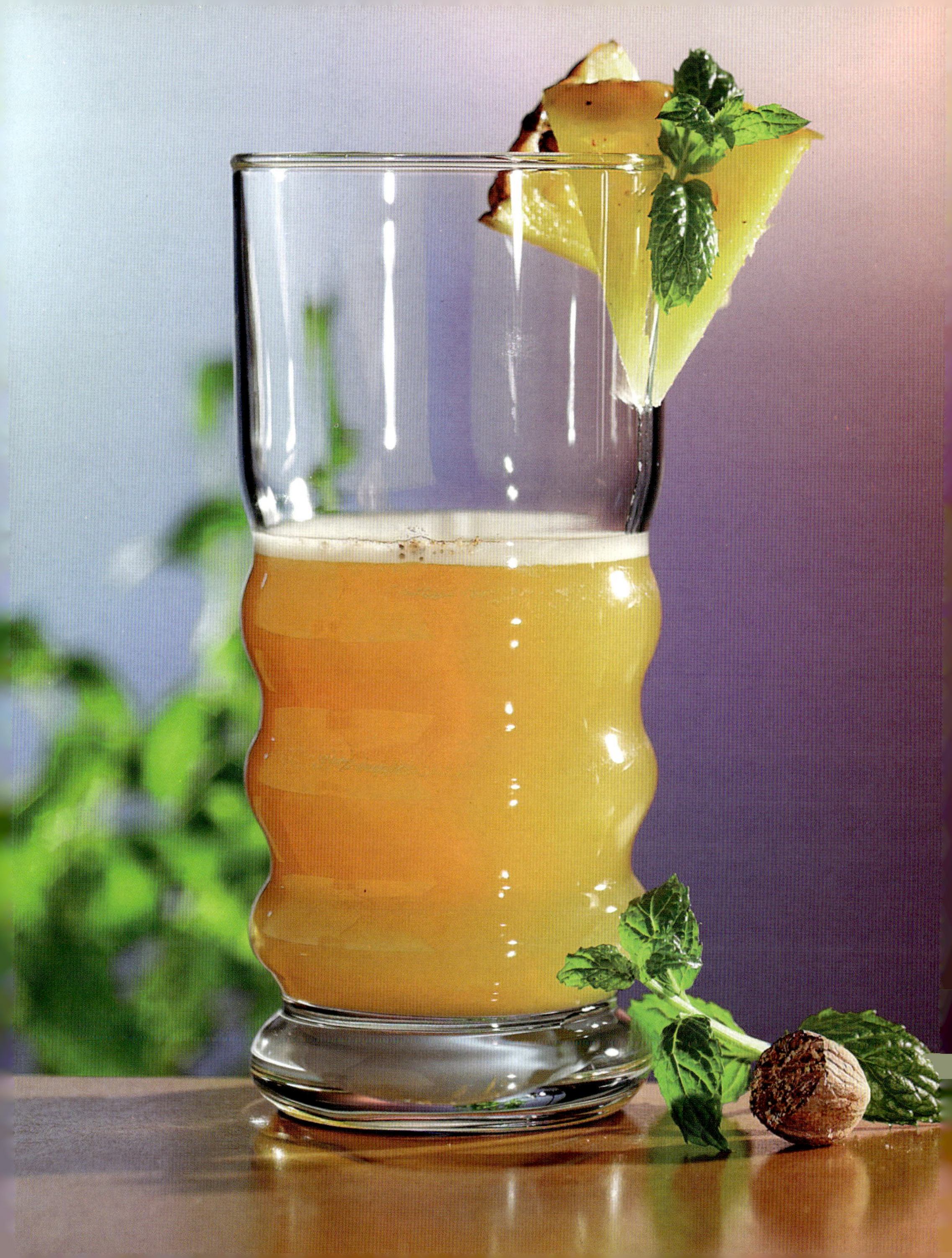

## WEINBRAND

## SIDECAR

**FÜR 1 COCKTAIL**

3 cl Brandy
3 cl Cointreau
3 cl Zitronensaft
Eiswürfel

Zutaten im Shaker auf Eis gut mixen und in ein vorgekühltes Cocktailglas abseihen.

## HAPPY MOTHER

Brandy und Kaffeelikör im Barglas mit viel Eis verrühren und in ein Cocktailglas seihen. Mit einer Cocktailkirsche servieren.

**FÜR 1 COCKTAIL**

3 cl Brandy
3 cl Kaffeelikör
Eiswürfel
Cocktailkirsche

## WEINBRAND

# B AND P

Brandy und Portwein in einen Cognac-Schwenker geben. Sie können den B and P auch auf Eis im Tumbler servieren. Mit Minzblättern dekorieren.

### FÜR 1 COCKTAIL

3 cl Brandy
3 cl Portwein
1 Zweig frische Minze

# COGNAC ORANGE

Cognac, Likör und Saft im Shaker auf Eis gut schütteln und in ein gekühltes Cocktail- oder Sektglas abseihen. Kirsche hineingeben.

### FÜR 1 COCKTAIL

4 cl Cognac
2 cl Orangenlikör
1 cl frisch gepresster Zitronensaft
Eiswürfel
Cocktailkirsche

## WEINBRAND

## BLOCK AND FALL

**FÜR 1 COCKTAIL**

2 cl Cognac
2 cl Cointreau
1 cl Calvados
1 cl Pernod
Eiswürfel

Zutaten im Shaker mit 3–4 Eiswürfeln kurz und kräftig schütteln und in ein Likör- oder Cocktailglas abseihen.

## GINGER GRAPE

**FÜR 1 COCKTAIL**

2 cl Cognac oder Weinbrand
10 cl roter Traubensaft
Ginger Ale
Traubenrispe
Zitronensaft
Zucker

Cognac bzw. Weinbrand und Traubensaft im Glas verrühren. Mit gut gekühltem Ginger Ale auffüllen. Für die Dekoration eine Traubenrispe in Zitronensaft und dann in Zucker wenden. Über den Glasrand hängen.

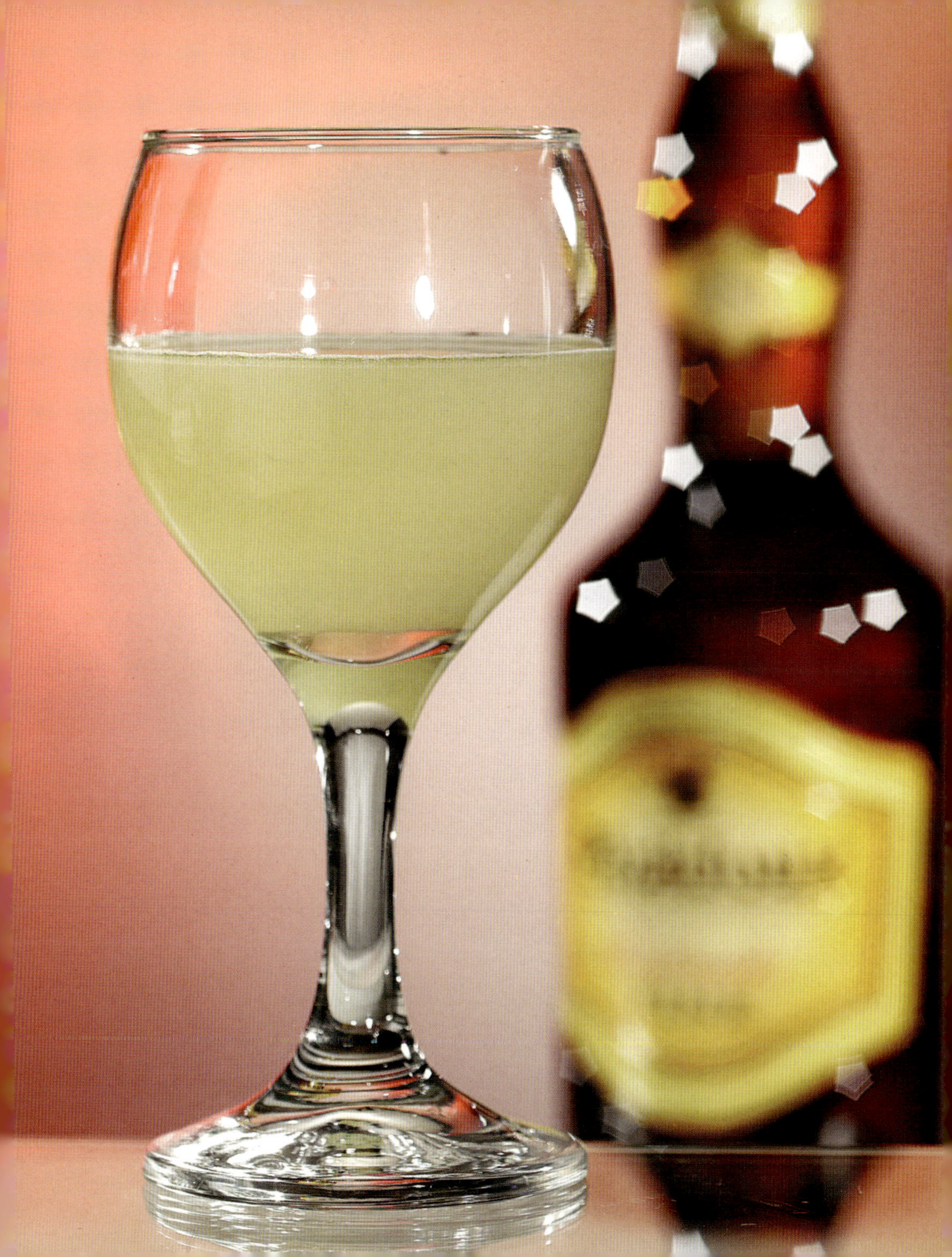

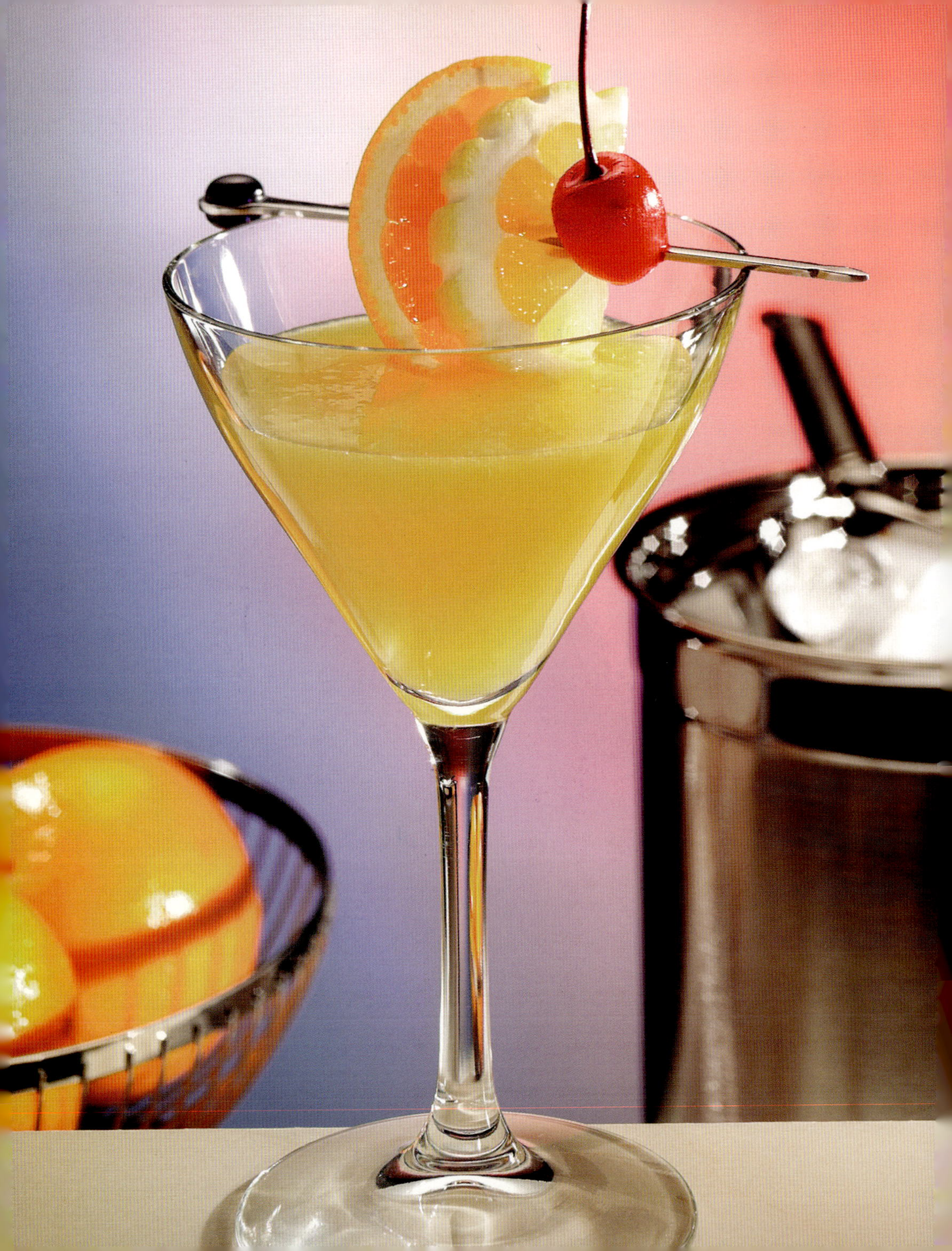

# WEINBRAND

## PLAYMATE

**FÜR 1 COCKTAIL**

2 cl Weinbrand
2 cl Apricot Brandy
2 cl Grand Marnier
2 cl Orangensaft
1 Spritzer Angostura
Eiswürfel
½ Orangenscheibe
½ Zitronenscheibe
Cocktailkirsche

Vermischen Sie im Shaker mit Eiswürfeln Weinbrand, Brandy, Grand Marnier, Orangensaft und einen Spritzer Angostura. Den Drink in ein Glas abseihen und mit je einer halben Orangen- und Zitronenscheibe und einer Cocktailkirsche servieren.

## COGNAC SOUR

**FÜR 4 COCKTAILS**

5 cl Brandy
2 cl Zuckersirup
3 cl Zitronensaft
3 cl Orangensaft
Eiswürfel
½ Orangenscheibe
½ Zitronenscheibe
Cocktailkirsche

Alle Zutaten im Shaker mit Eis gut schütteln und in ein Cocktailglas abseihen. Mit den Obststücken dekorieren.

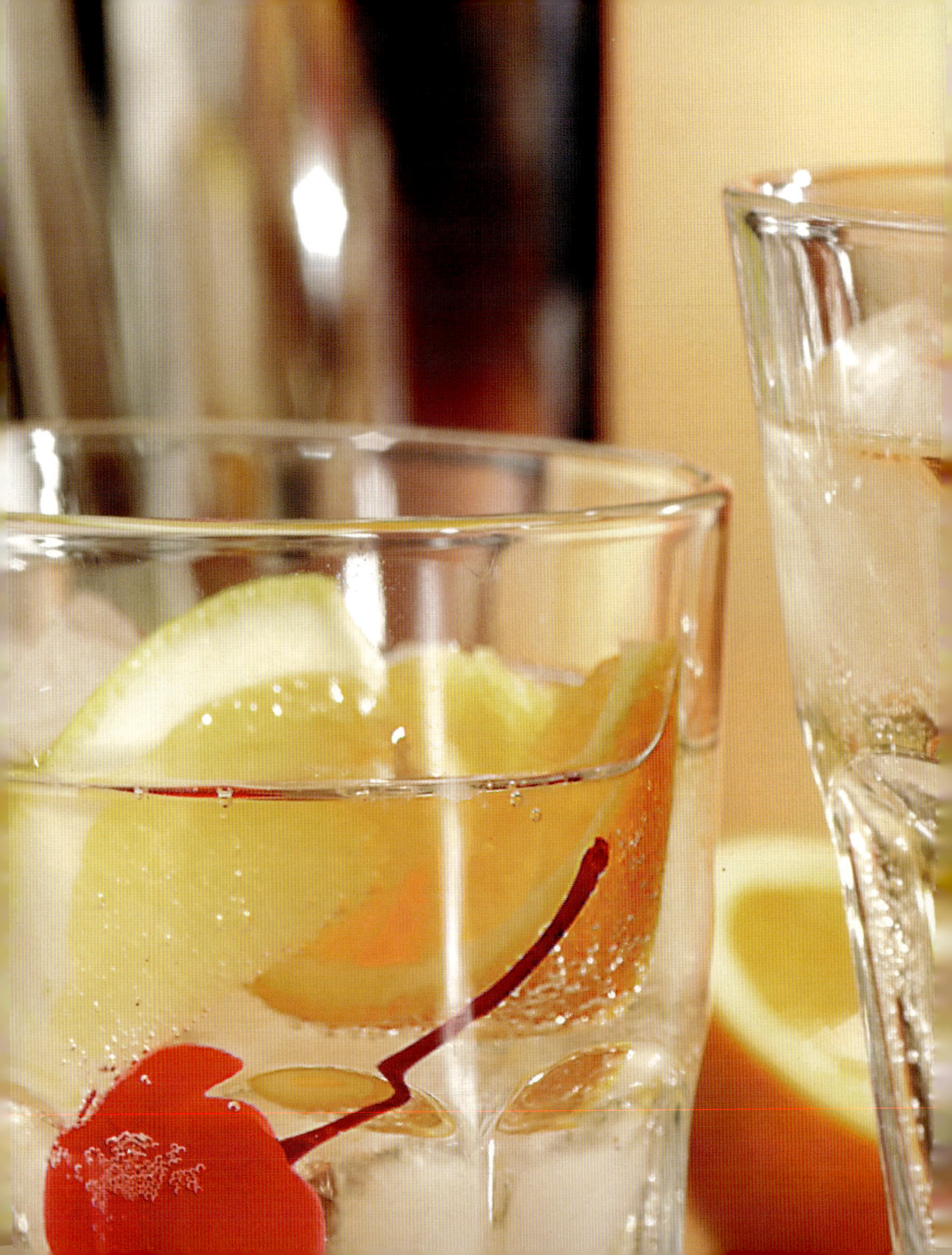

# Gin

Bahn frei für das Mixwunder Gin: Kaum eine andere Cocktailgrundlage ist so charakteristisch und so wandlungsfähig!

# GIN

## GIN ALEXANDER

**FÜR 1 COCKTAIL**

4 cl Gin
2 cl Crème de Cacao weiß
3 cl Sahne
Eiswürfel

Die Zutaten im Shaker mit Eis kräftig schütteln und in ein Cocktailglas abseihen.

## PINK PANTHER

**FÜR 1 COCKTAIL**

2 cl Gin
2 cl Wodka
1 cl Grenadine
1 cl Zitronensaft
1 Eiweiß
1 TL Zucker
Crushed Ice

Alle Zutaten im elektrischen Mixer mit Crushed Ice frappieren und in einem Cocktailglas mit Strohhalm servieren.

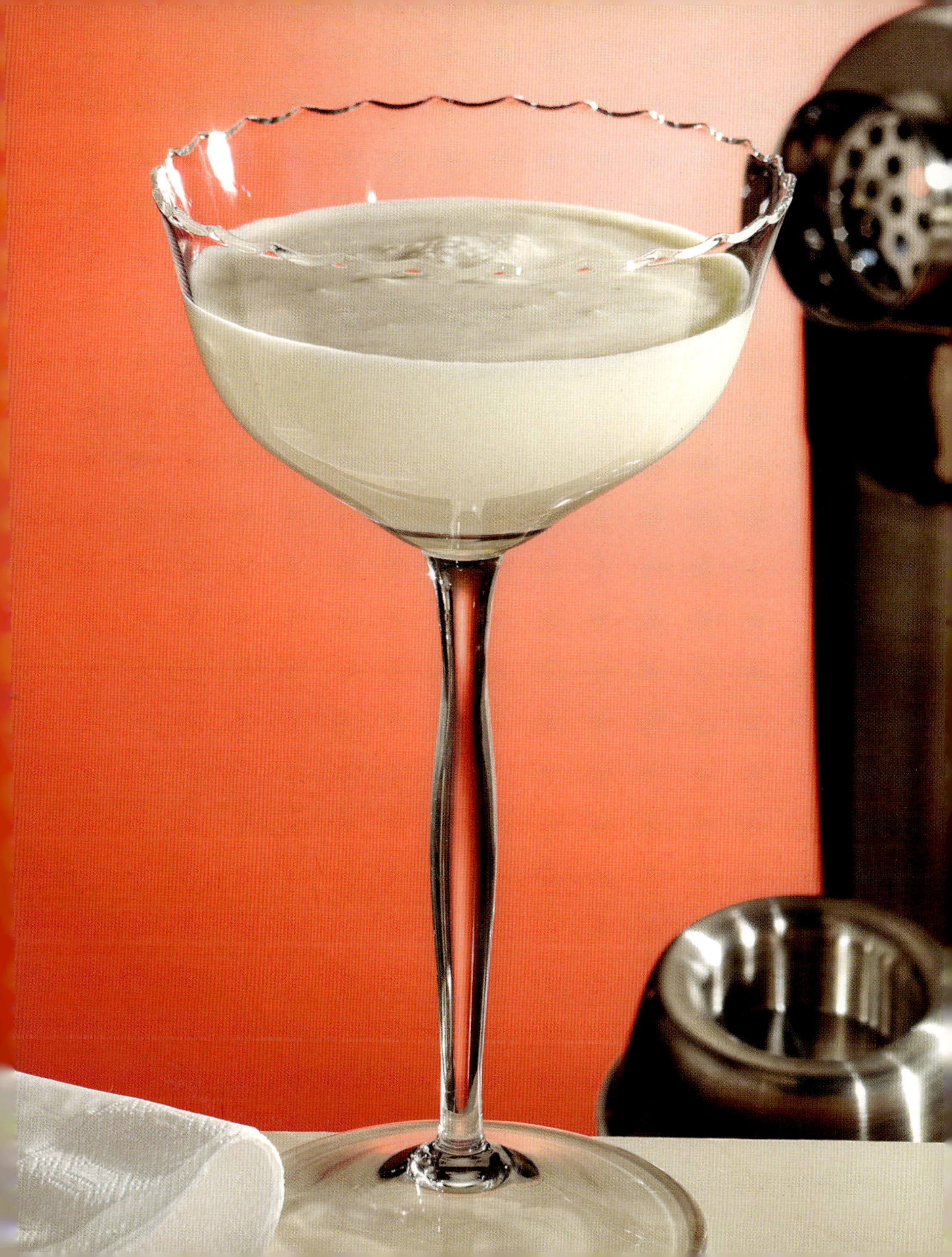

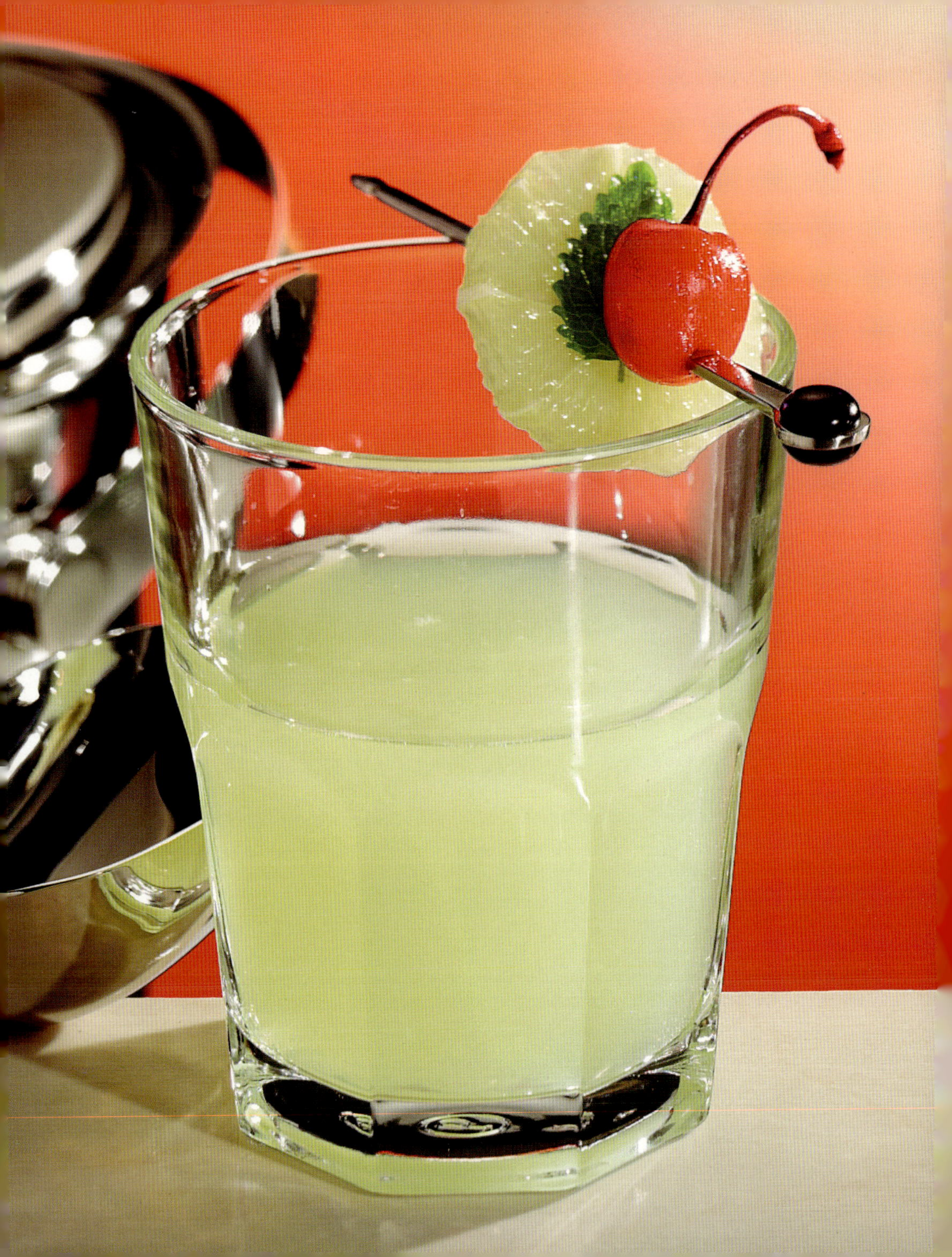

## GIN

# GIN SOUR

**FÜR 1 COCKTAIL**

4 cl Gin
2 TL Zucker
2 cl Zitronensaft
Eiswürfel
2 Cocktailkirschen
Zitronenscheibe

Gin, Zucker und Zitronensaft im Shaker mit Eis schütteln und in einen Tumbler abseihen. Mit Cocktailkirschen und Zitronenscheibe dekorieren.

# MARTINI MEDIUM

**FÜR 1 COCKTAIL**

4 cl Gin
1 cl Vermouth Rosso
1 cl Vermouth Dry
1 Spritzer Zitronensaft
Eiswürfel

Zutaten im Mixglas mit Eis verrühren und in eine Cocktailschale abseihen.

## GIN

## FRIENDS

**FÜR 1 COCKTAIL**

3 cl Gin
3 cl Aperol
1 cl Minzlikör
Eiswürfel
Zitronenscheibe

Die Zutaten in einem Shaker auf Eis kräftig schütteln und mit den Eiswürfeln in ein Cocktailglas geben. Mit einer Zitronenscheibe garnieren.

## ACE

Alle Zutaten im Shaker auf Eis gut durchmischen. Anschließend den schaumigen Drink ohne das Eis in ein Ballonglas geben.

**FÜR 1 COCKTAIL**

3 cl Dry Gin
2 TL Eiweiß
1 cl Grenadine
1 cl Sahne
1 Prise geriebene Muskatnuss
Eiswürfel

## GIN

## NEGRONI

### FÜR 1 COCKTAIL

2 cl Gin
2 cl Vermouth
2 cl Campari
Mineralwasser
Eiswürfel
2 Orangenscheiben

Gin, Vermouth und Campari in ein Longdrinkglas auf Eis geben. Mit Mineralwasser auffüllen, alles verrühren und mit einer Orangenscheibe verzieren.

### FÜR 1 COCKTAIL

3 cl Gin
2 cl Pernod
1 Spritzer Grenadine
Eiswürfel

## FRENCH COCKTAIL

Alle Zutaten über Eis in einen Shaker geben, kurz schütteln und in ein Cocktailglas seihen.

# GIN

## SINGAPORE SLING

**FÜR 1 COCKTAIL**

Eiswürfel
5 cl Gin
2 cl Cherry Brandy
3 cl Zitronensaft
Zuckersirup
Sodawasser
Cocktailkirsche
Sternfruchtscheibe

Ein Longdrinkglas zur Hälfte mit Eiswürfeln füllen. Gin, Brandy, Zitronensaft und Zuckersirup dazugeben und mit Soda aufgießen. Das Glas mit Trinkhalm, Cocktailkirsche und Sternfruchtscheibe dekorieren.

## SURFER

**FÜR 1 COCKTAIL**

3 cl Blue Curaçao
2 cl Gin
2 cl Zitronensaft
3 Spritzer Bitter Orange
Eiswürfel
Tonic Water

Alle Zutaten auf Eis in ein Longdrinkglas geben und mit Tonic Water auffüllen.

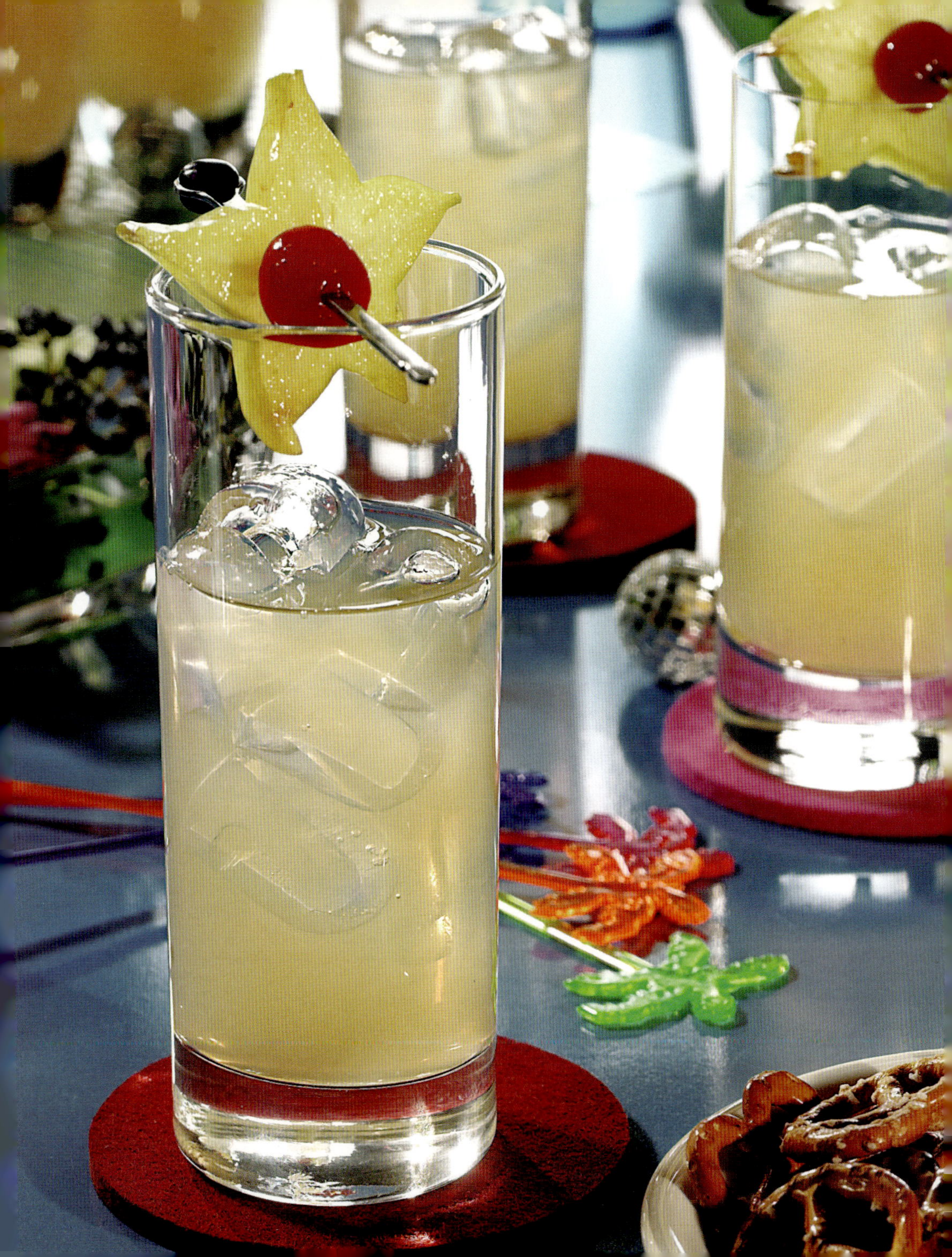

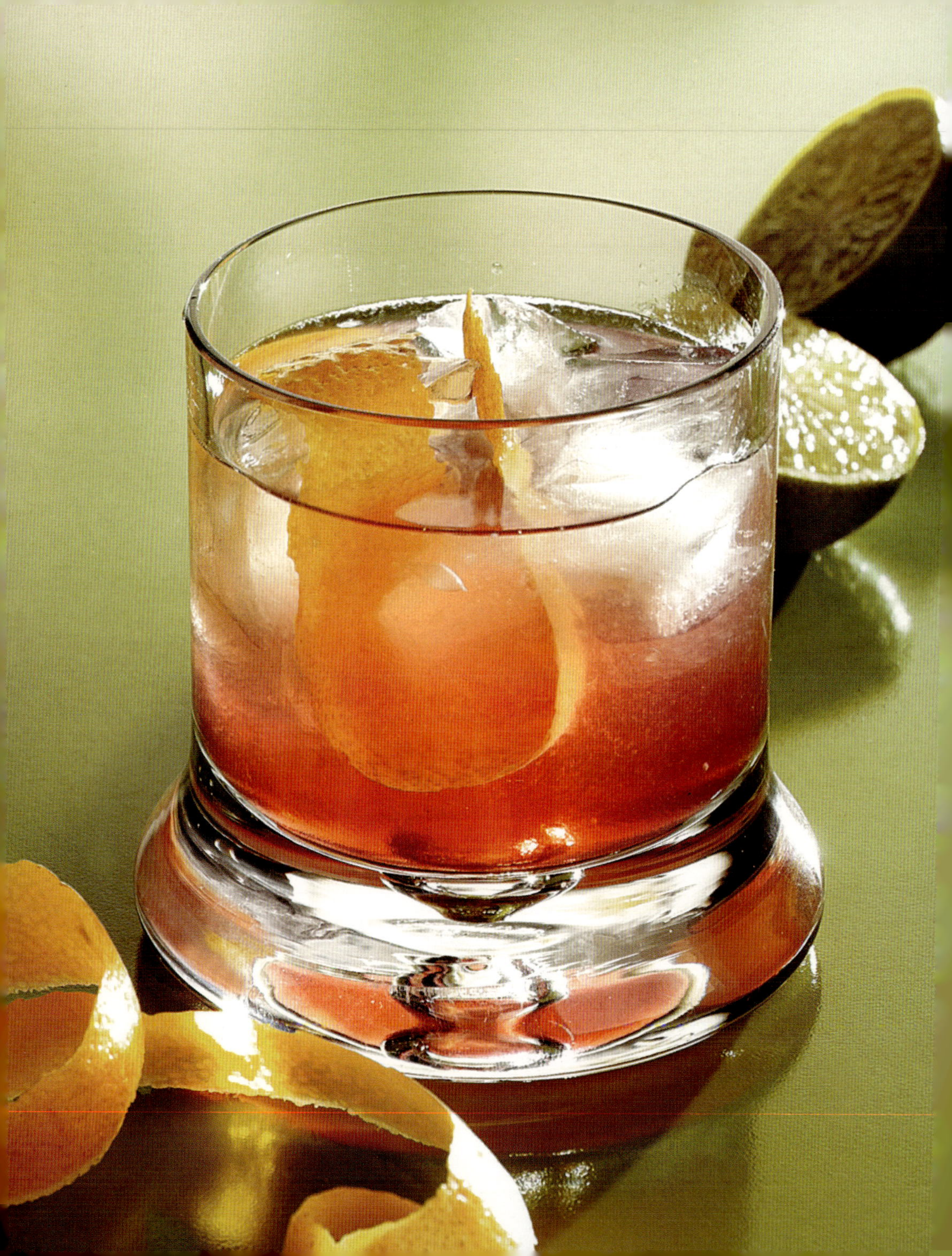

# GIN

## LONDON FEVER

**FÜR 1 COCKTAIL**

3 cl Gin
2 cl weißer Rum
3 cl Limettensirup
2 cl Grenadine
Sodawasser
Eiswürfel
Zitronenschale

Alle Zutaten in einen Tumbler auf 3 Eiswürfel schütten, umrühren und ein Stück Zitronenschale hineingeben.

## FIREBALL

**FÜR 1 COCKTAIL**

3 cl Orangenlikör
2 cl Gin
Eiswürfel
Tonic Water

Zutaten auf Eis in ein Longdrinkglas geben und mit Tonic Water auffüllen.

## GIN

## GIN OLD FASHIONED

**FÜR 1 COCKTAIL**

1 Spritzer Angostura
1 TL Zucker
Eiswürfel
4 cl Dry Gin
Sodawasser
½ Orangenscheibe
½ Zitronenscheibe
Cocktailkirsche

Angostura in einen Tumbler geben, Zucker darin auflösen, Glas zur Hälfte mit Eiswürfeln füllen, Gin hinzufügen und mit Sodawasser auffüllen. Mit je einer halben Orangen- und Zitronenscheibe und Cocktailkirsche servieren.

## BULLDOG COOLER

**FÜR 1 COCKTAIL**

3 cl Gin
3 cl Apfelsaft
1 cl Curaçao Triple Sec
Eiswürfel
Ginger Ale

Gin, Apfelsaft und Curaçao im Shaker auf Eiswürfeln gut schütteln, in ein großes Glas mit Eiswürfeln gießen, mit Ginger Ale auffüllen und nochmals umrühren.

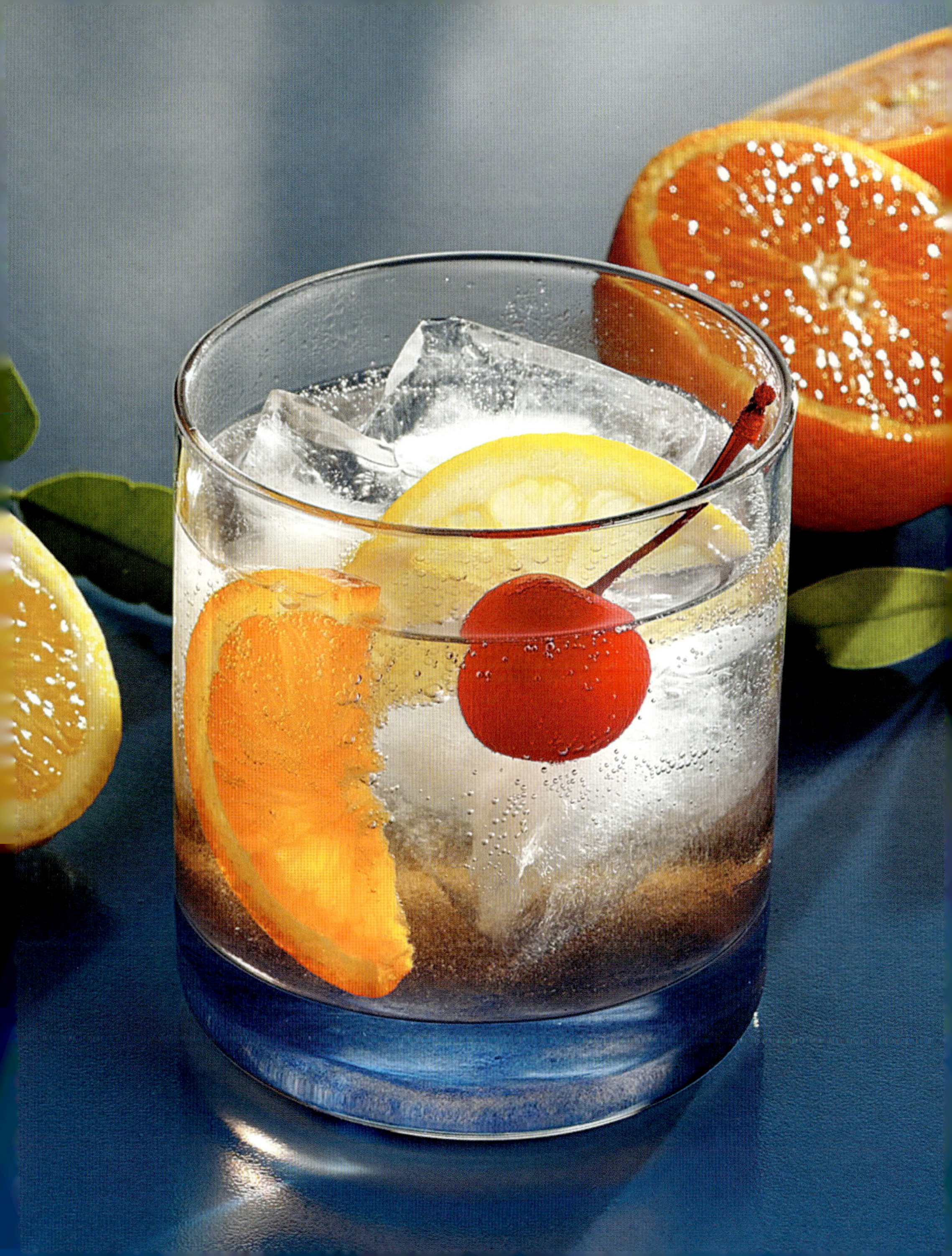

# GIN

## GIN FIZZ

### FÜR 1 COCKTAIL

5 cl Dry Gin
3 cl Zitronensaft
1 cl Zuckersirup
Crushed Ice
Sodawasser

Gin, Saft und Sirup in den zur Hälfte mit Crushed Ice gefüllten Shaker geben, kräftig schütteln, in ein Longdrinkglas abseihen und mit Sodawasser auffüllen.

## GREEN DEVIL

Alle Zutaten bis auf das Sodawasser im Shaker auf Eiswürfeln kräftig schütteln, in ein Cocktailglas abseihen und mit Sodawasser auffüllen. Mit Melonenspalten garnieren.

### FÜR 1 COCKTAIL

4 cl Gin
1 cl Lime Juice
1 cl Crème de Menthe
1 cl Sahne
Eiswürfel
Sodawasser
Melonenspalten

## GIN

## GREAT BRITAIN

Gin, Drambuie und Zitronensaft im Shaker kräftig mischen und in ein Whiskyglas auf Eis geben. Mit Sodawasser auffüllen.

**FÜR 1 COCKTAIL**

3 cl Gin
3 cl Drambuie
3 cl Zitronensaft
Eiswürfel
Sodawasser

## GOLDEN DAWN

Die Zutaten im Shaker auf Eiswürfeln gut schütteln. Im Longdrinkglas mit viel Eis servieren. Mit Orangenscheiben garnieren.

**FÜR 1 COCKTAIL**

3 cl Gin
15 cl Orangensaft
1 cl Zitronensaft
2 cl Apricot Brandy
3 Spritzer Grenadine
Eiswürfel
Orangenscheiben

## GIN

## NEW ORLEANS FIZZ

**FÜR 1 COCKTAIL**

5 cl Gin
3 cl Zitronensaft
1 Eiweiß
1 TL Zucker
1 cl Orangenlikör
Eiswürfel
Sodawasser
Cocktailkirsche

Gin, Zitronensaft, Eiweiß, Zucker und Orangenlikör im Shaker auf Eiswürfeln kräftig schütteln, in ein Glas abseihen, mit Sodawasser auffüllen und mit einer Cocktailkirsche garnieren.

## MESSICANO

Alle Zutaten bis auf das Sodawasser im Shaker auf Eis kräftig schütteln, in einen Tumbler geben und mit Soda auffüllen. Eine Zitronenscheibe in das Glas geben.

**FÜR 1 COCKTAIL**

2 cl Gin
2 cl Galliano
1 cl Amaretto
1 cl Grenadine
Eiswürfel
Sodawasser
Zitronenscheibe

## GIN

# CLARIDGE

### FÜR 1 COCKTAIL

2 cl Vermouth Dry
2 cl Gin
1 cl Apricot Brandy
1 Spritzer Angostura
Eiswürfel

Alle Zutaten im Mixer mit Eis verrühren und in ein gekühltes Cocktailglas abseihen.

# MARTINI TROCKEN

### FÜR 1 COCKTAIL

3 cl Scotch Whisky
3 cl Gin
Eiswürfel
Olive

Whisky und Gin im Barglas auf Eis verrühren, anschließend ohne Eis in ein Cocktailglas abseihen und eine Olive hineingeben.

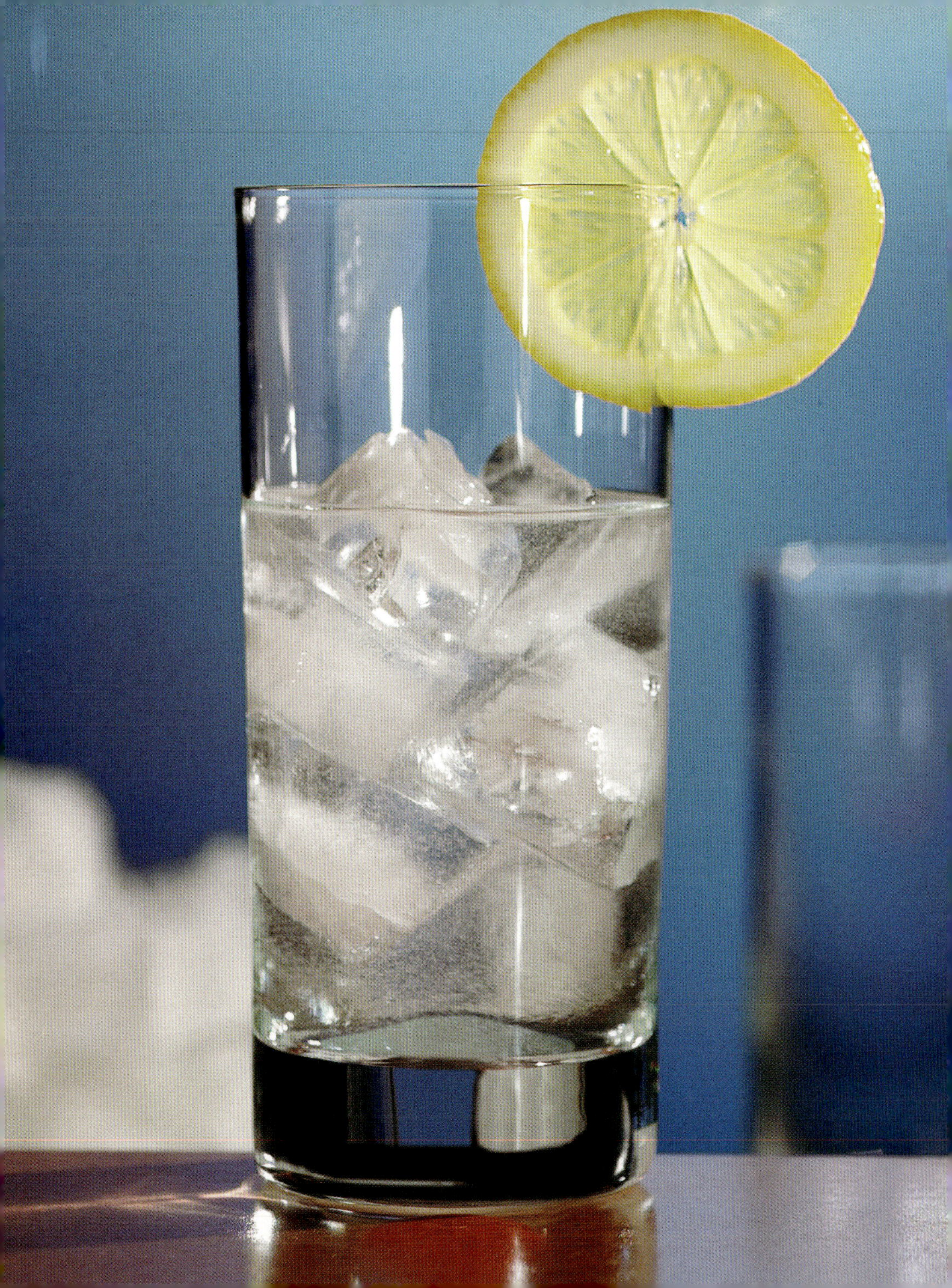

## GIN

## GIN TONIC

FÜR 1 COCKTAIL

Eiswürfel
4 cl Gin
Tonic Water
Zitronenscheibe

Eiswürfel in ein Longdrinkglas geben, Gin hinzufügen und mit Tonic Water auffüllen. Mit einer Zitronenscheibe garniert sevieren.

## CASINO

FÜR 1 COCKTAIL

4 cl Dry Gin
2 cl Cointreau
1 cl Zitronensaft
1 Spritzer Angostura
Eiswürfel
Cocktailkirsche

Alle Zutaten im Shaker auf Eis gut schütteln und durch einen Strainer in ein Cocktailglas abseihen. Kirsche hineingeben.

## GIN

## NEW ORLEANS

FÜR 1 COCKTAIL

4 cl Gin
1 TL Eiweiß
2 TL Zuckersirup
3 TL frische Sahne
Eiswürfel
Für den Crustarand:
Limettensaft
Zucker

Den Rand eines Cocktailglases in Limettensaft und dann in Zucker tauchen. Alle Zutaten über Eis im Shaker mixen und durch einen Strainer in das Cocktailglas gießen.

## PINK LADY

FÜR 1 COCKTAIL

4 cl Gin
2 cl Calvados
1 cl Grenadine
1 Eiweiß
1 cl Zitronensaft
Eiswürfel

Alle Zutaten über Eis in den Shaker geben, gut schütteln und in eine Cocktailschale oder ein Stielglas abseihen.

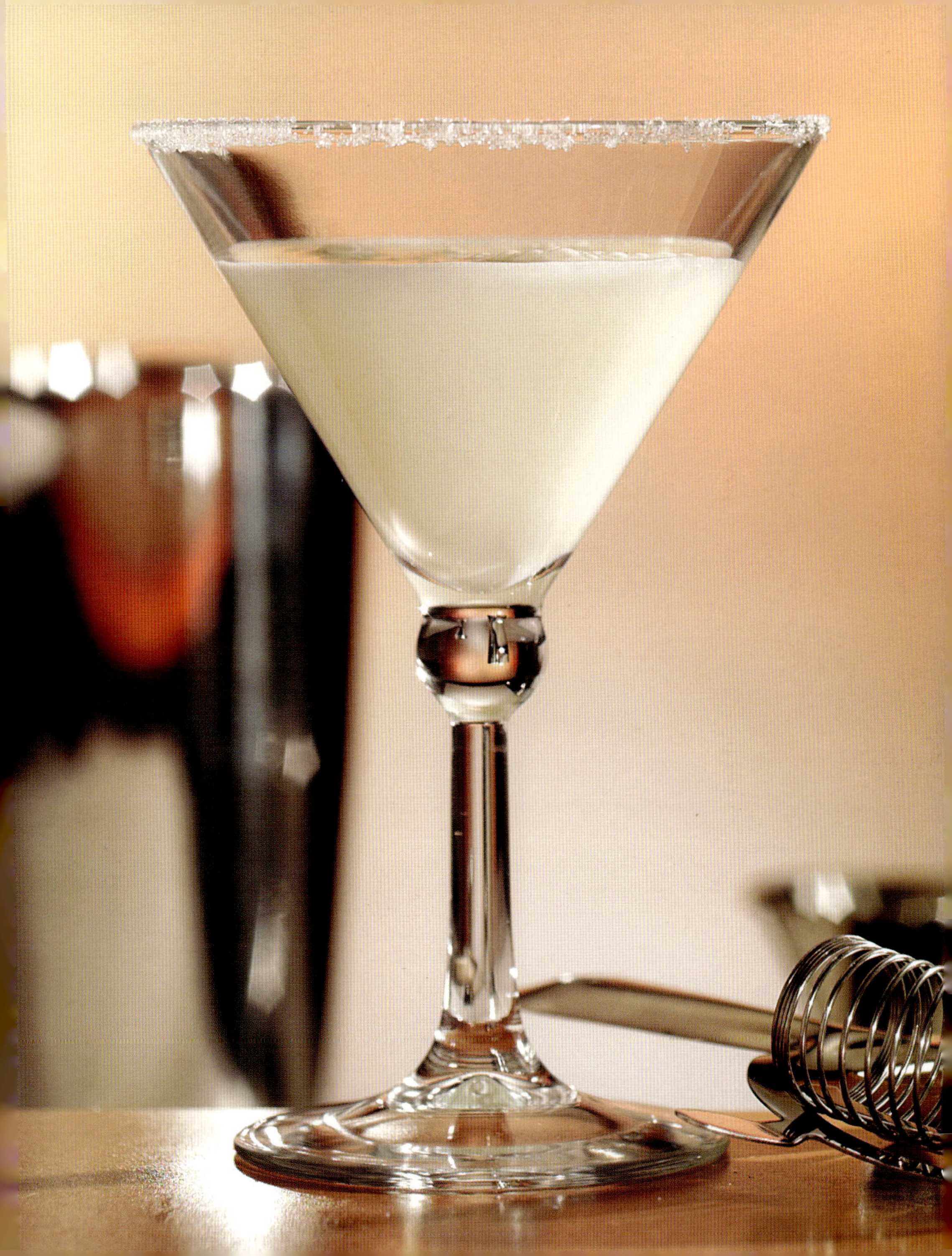

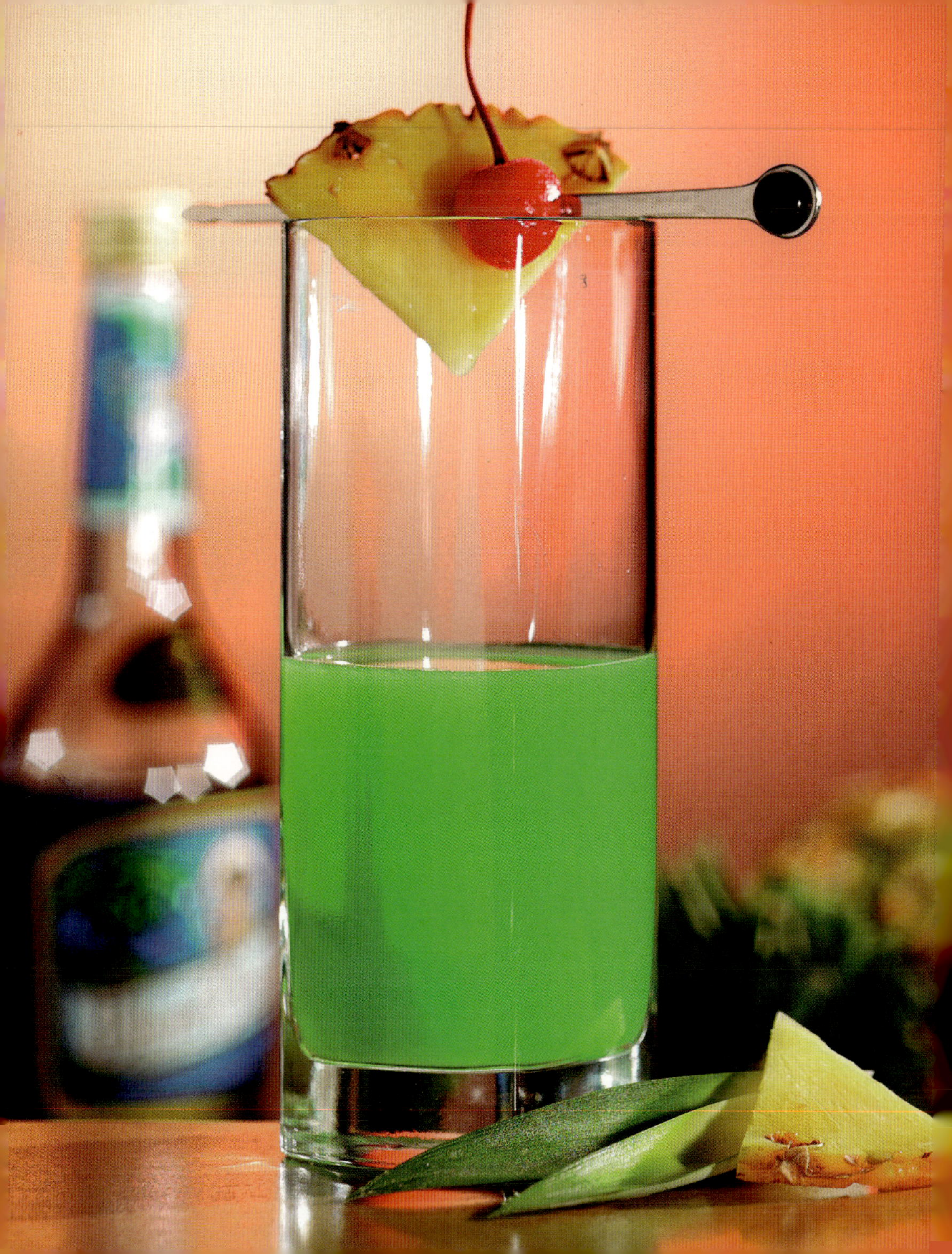

## GIN

## GREEN MORNING

**FÜR 1 COCKTAIL**

4 cl Dry Gin
2 cl Blue Curaçao
2 cl Grapefruitsaft
2 cl Orangensaft
2 cl Ananassaft
Ananasstück
Cocktailkirsche

Alle Zutaten im Shaker schütteln und in ein Longdrinkglas gießen. Mit Ananas und Cocktailkirsche garnieren.

## BRONX

**FÜR 1 COCKTAIL**

4 cl Gin
2 cl Vermouth Bianco
2 cl Vermouth Rosso
2 cl Orangensaft
Eiswürfel
Orangenscheibe

Zutaten auf Eis im Shaker mixen, in ein gekühltes Cocktailglas abseihen und mit einer Orangenscheibe dekorieren.

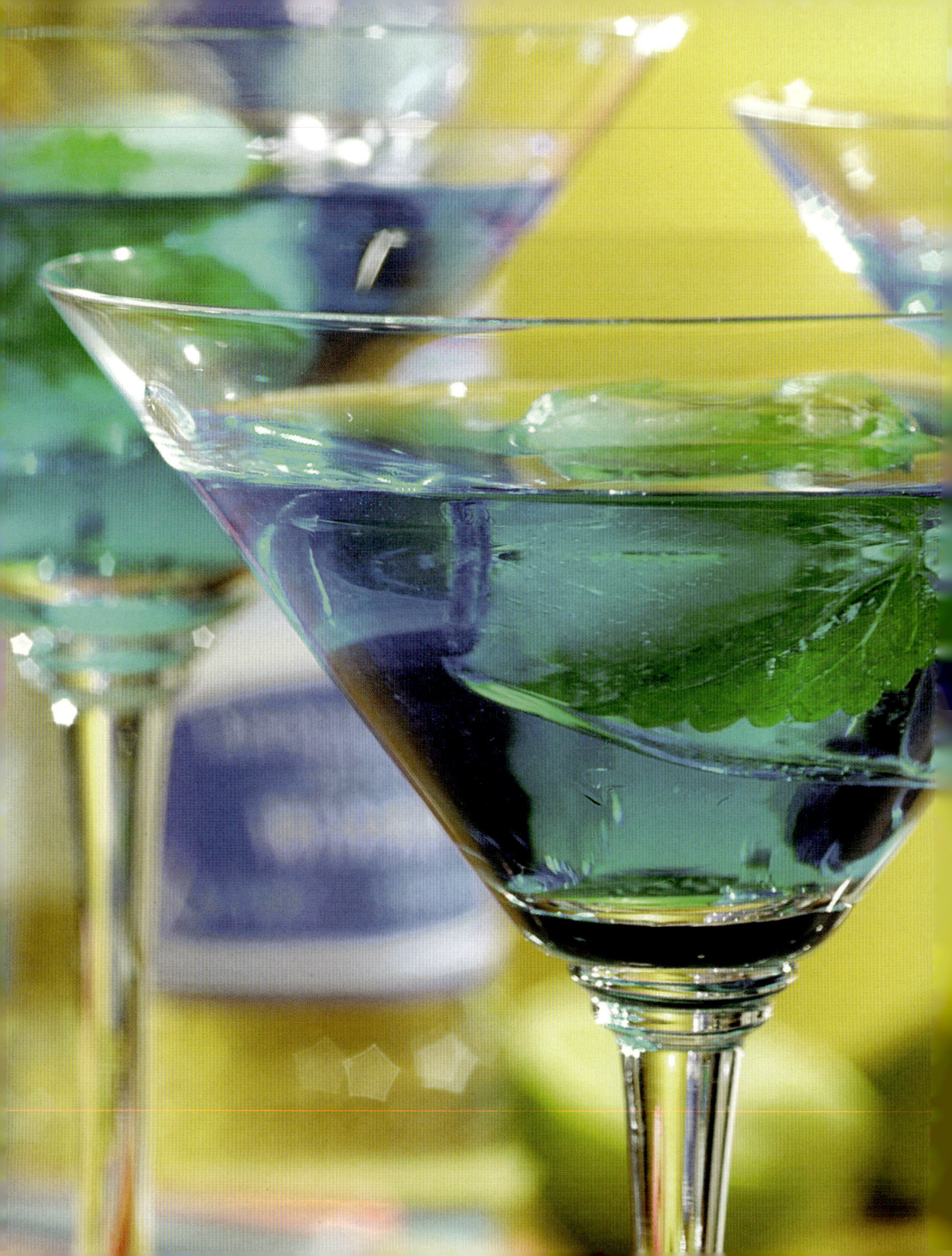

# Wodka

Rein, stark und klar: Kein Wunder, dass das russische Nationalgetränk zum Standardgetränk der Barkultur geworden ist.

## WODKA

## SOMMERWIND

**FÜR 1 COCKTAIL**

2 cl Pfefferminztee
1 cl Wodka
1 cl Zuckersirup
Saft von ½ Zitrone
Eiswürfel
Mineralwasser mit Kohlensäure
Zitronenscheibe

Tee, Wodka, Sirup und Saft im Shaker mixen und in eine Cocktailschale auf Eis abseihen. Mit Wasser auffüllen und eine Zitronenscheibe hineingeben.

## WHITE RUSSIAN

Wodka und Kaffeelikör in einen Tumbler mit Eis geben und alles umrühren. Zum Schluss die Sahne langsam über einen umgedrehten Kaffeelöffel dazugießen.

**FÜR 1 COCKTAIL**

3 cl Wodka
2 cl Kaffeelikör
Eiswürfel
2 cl Sahne

## WODKA

# JOE COLLINS

### FÜR 1 COCKTAIL

4 cl Wodka
2 cl Zuckersirup
2 cl Zitronensaft
Eiswürfel
Sodawasser

Wodka, Zuckersirup und Zitronensaft in einem Longdrinkglas mit einigen Eiswürfeln verrühren. Mit Sodawasser auffüllen.

# VULCANO

### FÜR 1 COCKTAIL

2 cl Vermouth Bianco
6 cl Wodka
Eiswürfel
Orangensaft
Orangenscheibe

Vermouth und Wodka in einen Tumbler auf Eiswürfel geben, mit Orangensaft auffüllen und mit Orangenscheibe dekorieren.

## WODKA

## LOS ANGELES

### FÜR 1 COCKTAIL

2 cl Wodka
2 cl Grand Marnier
3 cl Orangensaft
3 cl Ananassaft
1 Spritzer Grenadine
1 Spritzer Maracujasaft
2 cl Grapefruitsaft
2 cl Zitronensaft
Eiswürfel

Die Zutaten im Shaker auf Eis gut mixen und in eine Cocktailschale auf Eiswürfel abseihen.

## VODKATINI

Eisgekühlten Wodka auf Eiswürfel im Mixglas mit dem Vermouth verrühren, in ein vorgekühltes Cocktailglas abseihen und eine Olive hineingeben.

### FÜR 1 COCKTAIL

1 cl Wodka
Eiswürfel
6 cl Vermouth Dry
Olive

## WODKA

# TOUCH DOWN

Alle Zutaten außer Grenadine mit wenig Eis shaken und in ein Longdrinkglas mit beliebig vielen Eiswürfeln seihen. Grenadine vorsichtig in das Glas geben und leicht umrühren.

### FÜR 1 COCKTAIL

4 cl Wodka
2 cl Apricot Brandy
2 cl Zitronensaft
10 cl Maracujasaft
Eiswürfel
1 cl Grenadine

# SEX ON THE BEACH

Crushed Ice in ein Ballonglas geben. Alle Zutaten im Mixer mit Eis mixen und in das Glas abseihen. Mit Sternfrucht und Melone dekorieren.

### FÜR 1 COCKTAIL

Crushed Ice
3 cl Wodka
2 cl Melonenlikör
1 cl Grenadine
6 cl Cranberrysaft
6 cl Ananassaft
Sternfruchtscheibe
Melonenstück

## WODKA

## BLOODY MARY

**FÜR 1 COCKTAIL**

5 cl Wodka
1 cl Zitronensaft
10 cl Tomatensaft
Worcestersauce
Tabasco
Selleriesalz
Pfeffer
Eiswürfel
1 Stück Staudensellerie

Alle Zutaten im Shaker auf Eis kräftig schütteln oder im Mixglas gut verrühren. Nochmals abschmecken und im Longdrinkglas servieren. Stellen Sie zum Umrühren ein Stück Staudensellerie in den Drink.

## HARVEY WALLBANGER

**FÜR 1 COCKTAIL**

2 cl Wodka
2 cl Galliano
Eiswürfel
Orangensaft
Kumquat
Cocktailkirsche

Wodka und Galliano mit Eis im Shaker schütteln, in ein Longdrinkglas auf Eis abseihen. Mit Orangensaft auffüllen und mit Kumquat und Cocktailkirsche dekorieren.

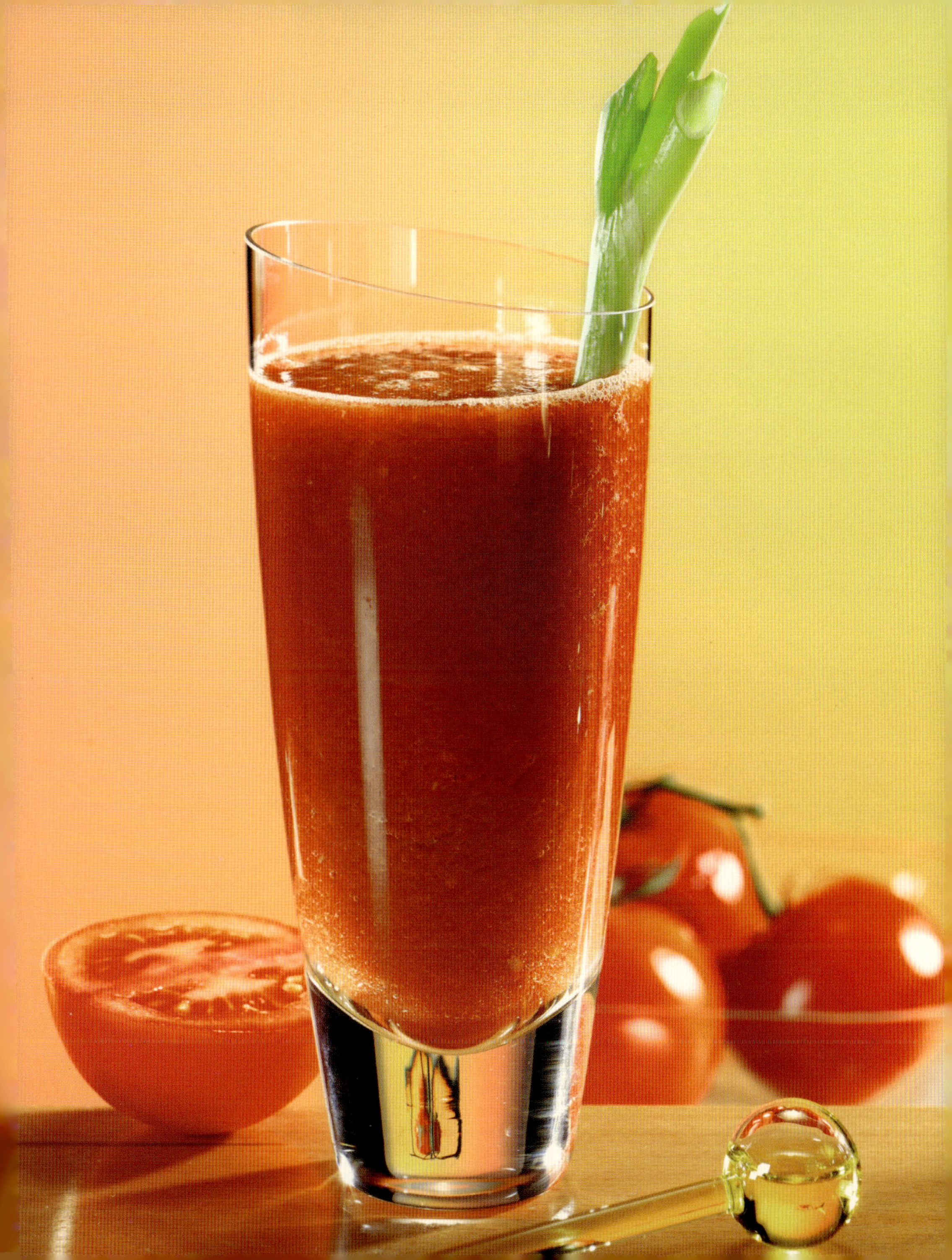

## WODKA

# BLUE DAY

**FÜR 1 COCKTAIL**

3 cl Blue Curaçao
3 cl Wodka
1 Spritzer Orange Bitter
Eiswürfel

Wodka, Blue Curaçao und Orange Bitter im Shaker auf Eiswürfeln kräftig schütteln, in eine Cocktailschale abseihen.

# CAMPARI WODKA

Campari und Wodka im Shaker auf Eis kräftig schütteln und in einen Tumbler abseihen. Mit Zitronenspalte garnieren.

**FÜR 1 COCKTAIL**

3 cl Campari
3 cl Wodka
Eiswürfel
Zitronenspalte

## WODKA

# SCREWDRIVER

### FÜR 1 COCKTAIL

4 cl Wodka
Eiswürfel
16 cl Orangensaft
Orangenscheibe

Den Wodka in einen Tumbler auf Eisstücke geben und mit Orangensaft auffüllen. Mit einer Orangenscheibe dekorieren.

### FÜR 1 COCKTAIL

4 cl Wodka
Eiswürfel
Tonic Water
½ Zitronenscheibe

# WODKA TONIC

In ein Longdrinkglas mit 4 Eiswürfeln den Wodka gießen. Anschließend mit Tonic Water auffüllen und eine halbe Zitronenscheibe dazugeben.

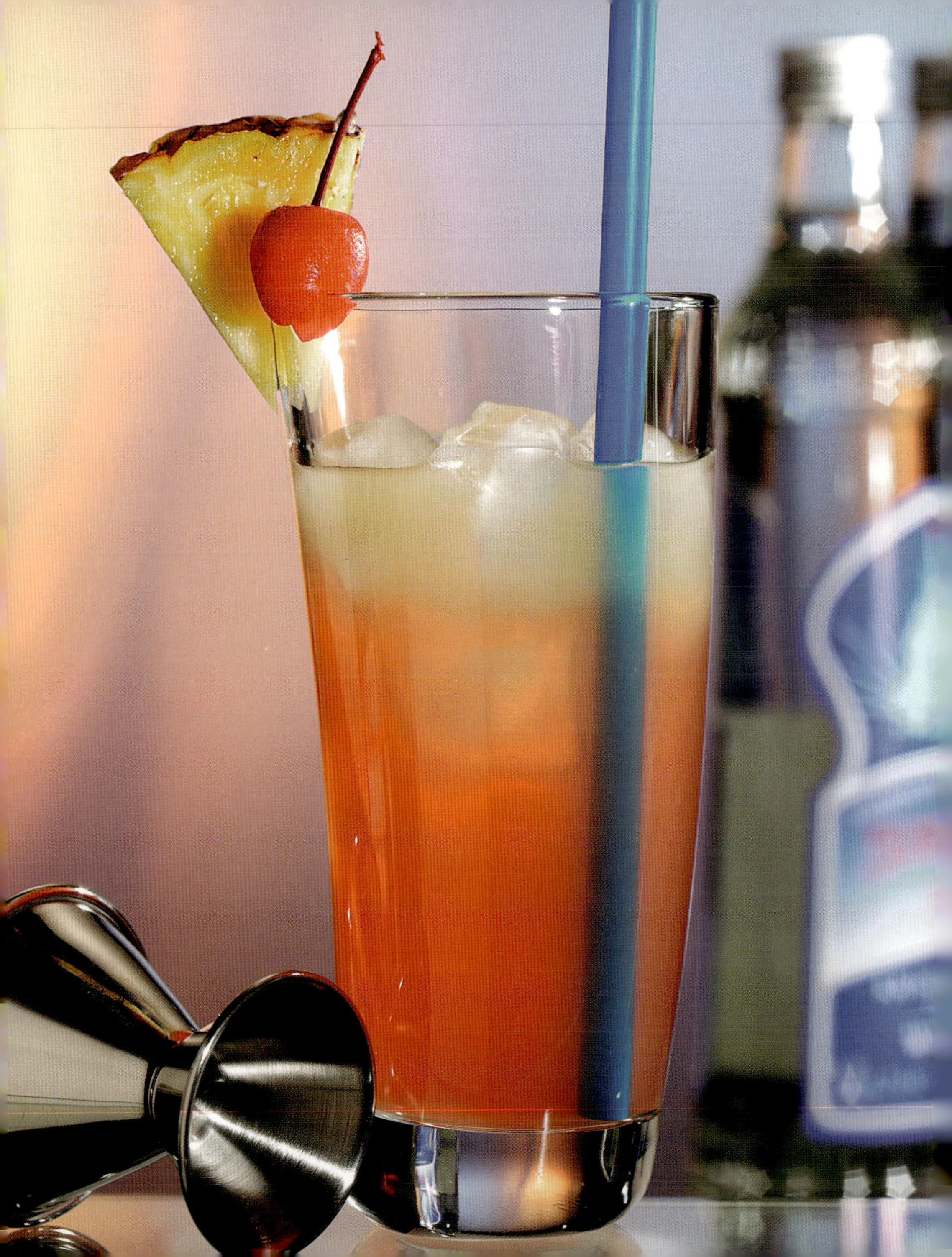

## WODKA

# BAY BREEZE

**FÜR 1 COCKTAIL**

4 cl Wodka
Eiswürfel
6 cl Cranberrysaft
6 cl Ananassaft
Ananasstück
Cocktailkirsche

Eisgekühlten Wodka auf Eiswürfel in ein Longdrinkglas geben und mit den Säften auffüllen. Mit Ananas und Cocktailkirsche dekorieren.

# BLUE LAGOON

**FÜR 1 COCKTAIL**

4 cl Wodka
2 cl Blue Curaçao
1 cl Zitronensaft
Eiswürfel
Zitronenlimonade
Zitronenscheibe

Wodka, Curaçao und Zitronensaft im Longdrinkglas auf Eiswürfeln verrühren und mit Zitronenlimonade auffüllen. Mit Zitronenscheibe dekorieren.

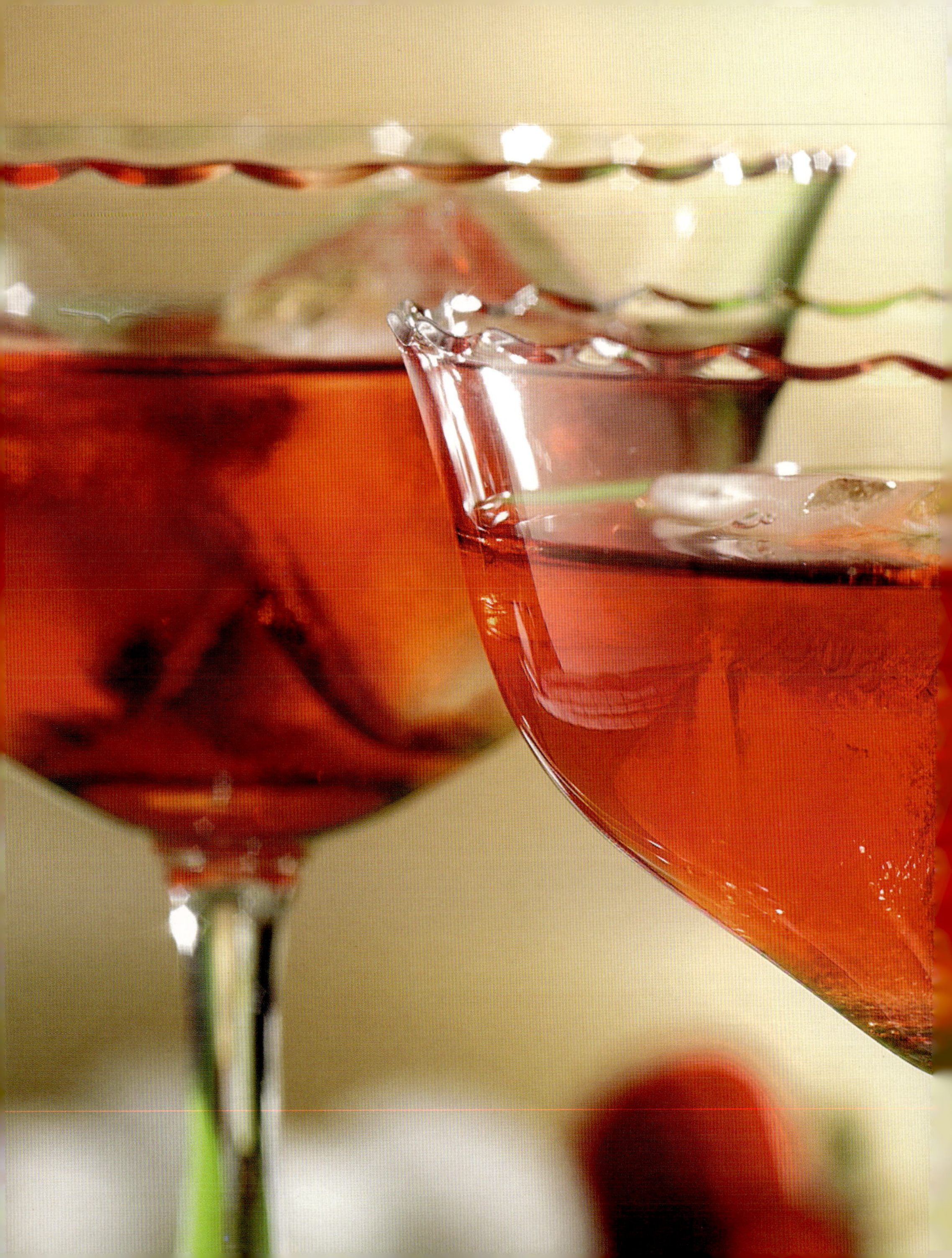

# Whisky

Im richtigen Mix findet der „Männer"-Drink Whisky auch bei weiblichen Genießerinnen Anklang.

## WHISKY

# RUSTY NAIL

**FÜR 1 COCKTAIL**

3 cl Scotch Whisky
3 cl Drambuie
Eiswürfel
Zitronenschale

Whisky und Drambuie mit viel Eis im Tumbler verrühren. Zitronenschale hineingeben.

Tipp:
Sie können das Mischungsverhältnis ganz nach Ihrem Geschmack variieren. Nehmen Sie mehr Whisky als Drambuie, wenn der Drink trockener sein soll.

# DERBY FIZZ

**FÜR 1 COCKTAIL**

2–3 cl Scotch Whisky
3 Spritzer Curaçao
2 TL Zucker
1 Ei
Sodawasser

Die Zutaten bis auf das Sodawasser im Shaker kräftig schütteln, in ein Cocktailglas gießen und mit Sodawasser auffüllen.

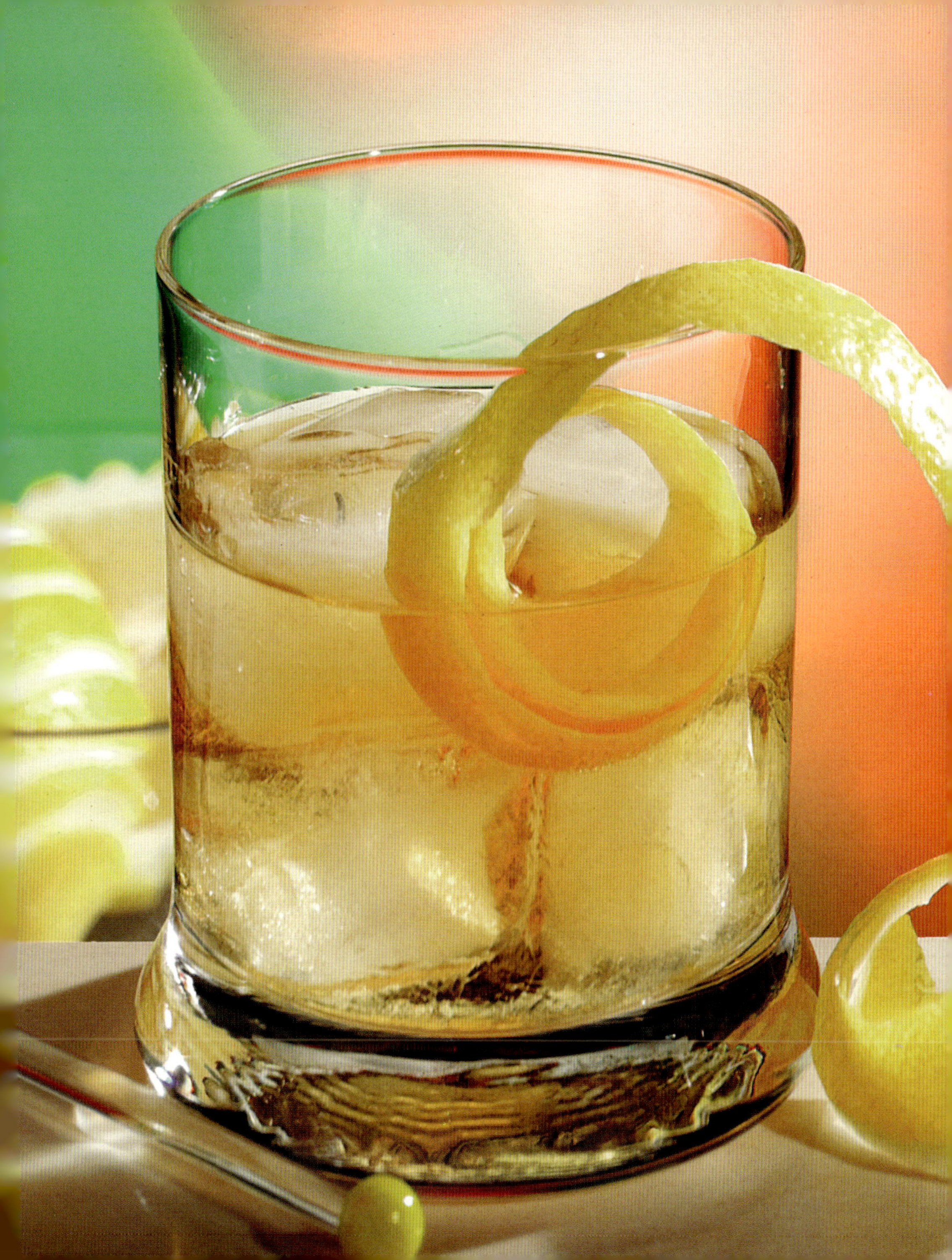

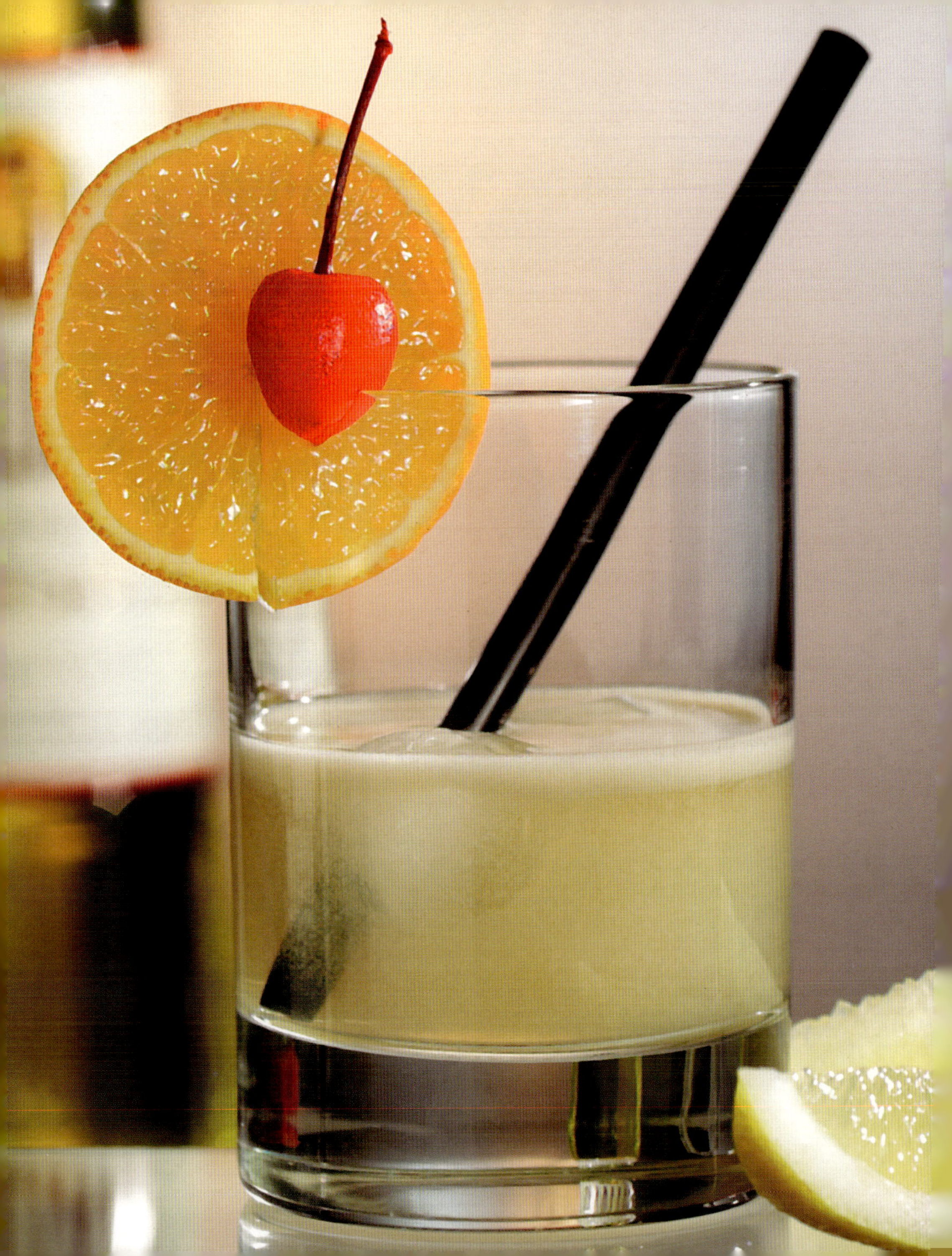

## WHISKY

## JACK DANIELS SOUR

**FÜR 1 COCKTAIL**

4 cl Whisky
3 cl Zitronensaft
1 cl Zuckersirup
Eiswürfel
Orangenscheibe
Cocktailkirsche

Whisky, Zitronensaft und Zuckersirup auf Eis im Shaker schütteln und anschließend in einen Tumbler seihen. Mit Orangenscheibe und Cocktailkirsche dekorieren.

## MINT JULEP

**FÜR 1 COCKTAIL**

1 Handvoll frische Minzeblätter
1 TL Zucker
1 TL Wasser
Crushed Ice
5 cl Scotch Whisky

Minzeblätter mit Zucker und Wasser in einem kleinen Glas verrühren, bis der Zucker gelöst ist. Das Glas ungefähr zur Hälfte mit Crushed Ice füllen und kräftig umrühren. Den Whisky zugießen, einige Sekunden stehen lassen, nochmals durchrühren. Mit Minzeblättern und Zitronenscheibe garnieren.

## WHISKY

# COLONEL COLLINS

**FÜR 1 COCKTAIL**

5 cl Bourbon
3 cl Zitronensaft
2 cl Zuckersirup
Eiswürfel
Sodawasser
Zitronenscheibe
Cocktailkirsche

Bourbon, Saft und Sirup mit Eiswürfeln im Shaker gut schütteln und in ein Longdrinkglas auf einige Eiswürfel abseihen. Mit etwas Sodawasser auffüllen. Mit Zitronenscheibe und Cocktailkirsche garnieren.

# MEMPHIS DELIGHT

Bourbon, Cointreau und Zitronensaft im Shaker auf Eis kräftig schütteln, in ein Longdrinkglas auf Eiswürfel abseihen und mit Cola auffüllen. Mit einer Zitronenscheibe dekorieren.

**FÜR 1 COCKTAIL**

4 cl Bourbon
2 cl Cointreau
1 cl Zitronensaft
Eiswürfel
Cola
Zitronenscheibe

## WHISKY

# MANHATTAN

### FÜR 1 COCKTAIL

4 cl Canadian Whiskey
2 cl Vermouth Rosso
1 Spritzer Angostura
Eiswürfel
Cocktailkirsche

Whiskey, Vermouth und Angostura mit Eiswürfeln mischen und in eine Cocktailschale gießen. Mit einer Cocktailkirsche dekorieren.

# OLD FASHIONED

### FÜR 1 COCKTAIL

4 cl Bourbon
1 TL Zuckersirup
4 Spritzer Angostura
1 Spritzer Zitronensaft
Eiswürfel
Orangenscheibe
2 Cocktailkirschen

Alle Zutaten auf Eis in einen Tumbler geben und umrühren. Mit zwei aufgespießten Kirschen und einer Orangenscheibe servieren.

Tipp:
Je nach Geschmack kann man den „Old Fashioned" mit Soda oder Wasser auffüllen.

# WHISKY

## WHISKY FLIP

### FÜR 1 COCKTAIL

5 cl Whisky
1 cl Zuckersirup
2 cl Sahne
1 Eigelb
Eiswürfel
1 Prise geriebene Muskatnuss

Die Zutaten mit Eiswürfeln im Shaker kurz und kräftig schütteln und in ein Longdrinkglas abseihen. Mit etwas Muskat bestreuen.

## DOUBLE APPLE

Alle Zutaten im Mixglas auf zerstoßenem Eis verrühren und in ein Longdrinkglas abseihen.

### FÜR 1 COCKTAIL

2 cl Scotch Whisky
2 cl Calvados
4 Spritzer Zitronensaft
2 TL Zucker
1 Prise Zimt
Crushed Ice

## WHISKY

# SCOTCH CHERRY

Den Rand einer Cocktailschale in einem Zitronenviertel drehen und in eine mit Zucker gefüllte Schale tupfen. Die Zutaten mit Eiswürfeln im Shaker gut schütteln und in die Cocktailschale abseihen.

### FÜR 1 COCKTAIL

4 cl Scotch Whisky
2 cl Cherry Brandy
oder Kirschlikör
2 cl Zitronensaft
2 cl Orangensaft
Eiswürfel
Für den Crustarand:
Zitronenviertel
Zucker

# MANHATTAN DRY

Die Zutaten im Mixglas mit Eis kräftig verrühren, in ein Martini- oder Cocktailglas gießen, Zitronenschale hineingeben und zur Dekoration eine Olive aufspießen.

### FÜR 1 COCKTAIL

3 cl Canadian Whisky
2 cl Vermouth Dry
1 Spritzer Angostura
Olive
Zitronenschale

## WHISKY

## MANHATTAN SWEET

**FÜR 1 COCKTAIL**

4 cl Canadian Whisky
1,5 cl Vermouth Rosso
1,5 cl Vermouth Bianco
1 Spritzer Angostura
Eiswürfel
1 Cocktailkirsche

Alle Zutaten im Mixglas mit Eis verrühren und in ein gekühltes Cocktailglas abseihen. Mit Kirsche garnieren.

## RACING CUP

**FÜR 1 COCKTAIL**

5 cl Scotch Whisky
Eiswürfel
Ginger Ale
0,5 cl Crème de Menthe
Zitronenspirale
1 Zweig frische Minze

Whisky in ein Longdrinkglas auf Eis gießen und mit Ginger Ale auffüllen. Crème de Menthe darüber geben. Mit Zitronenspirale und Minze dekorieren.

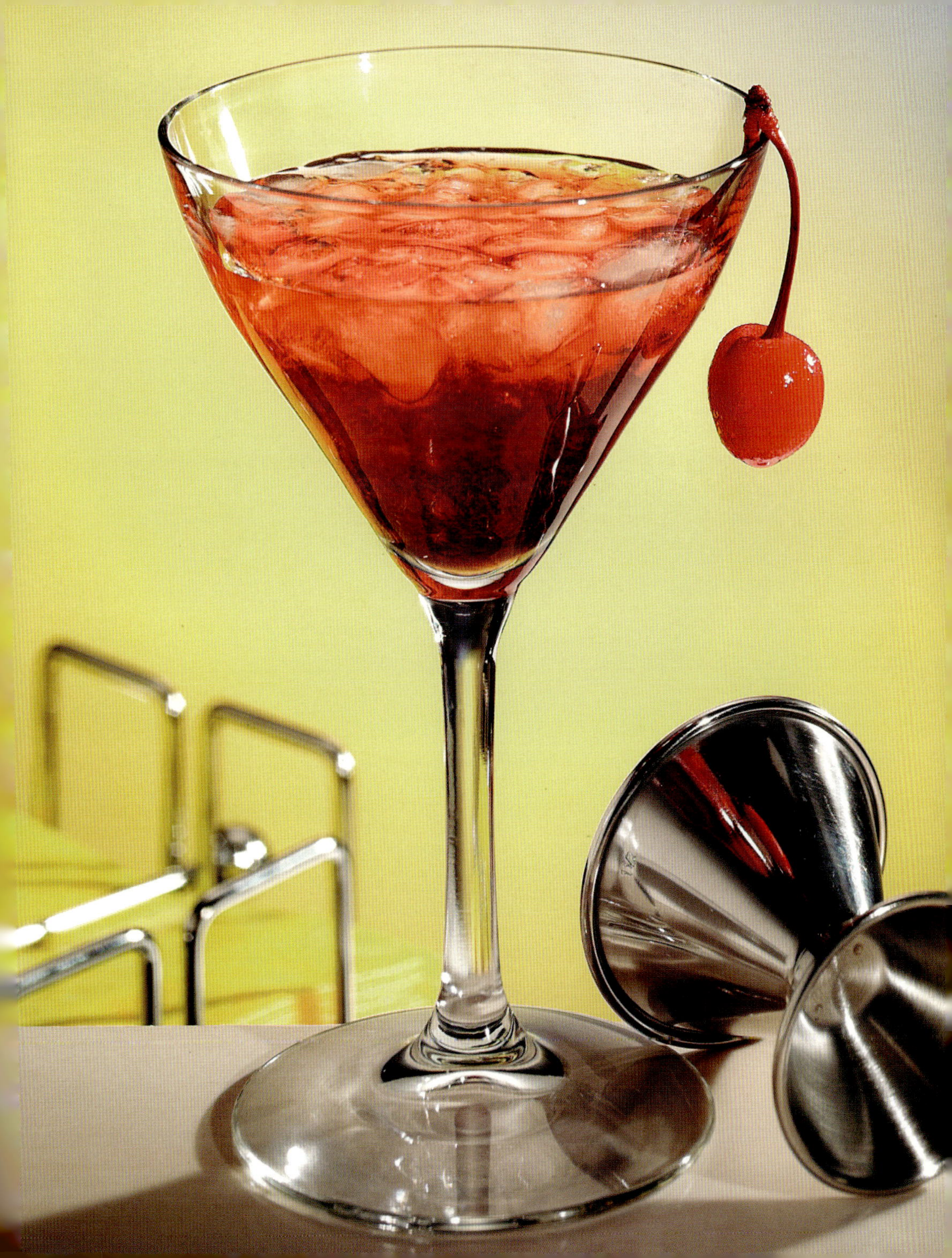

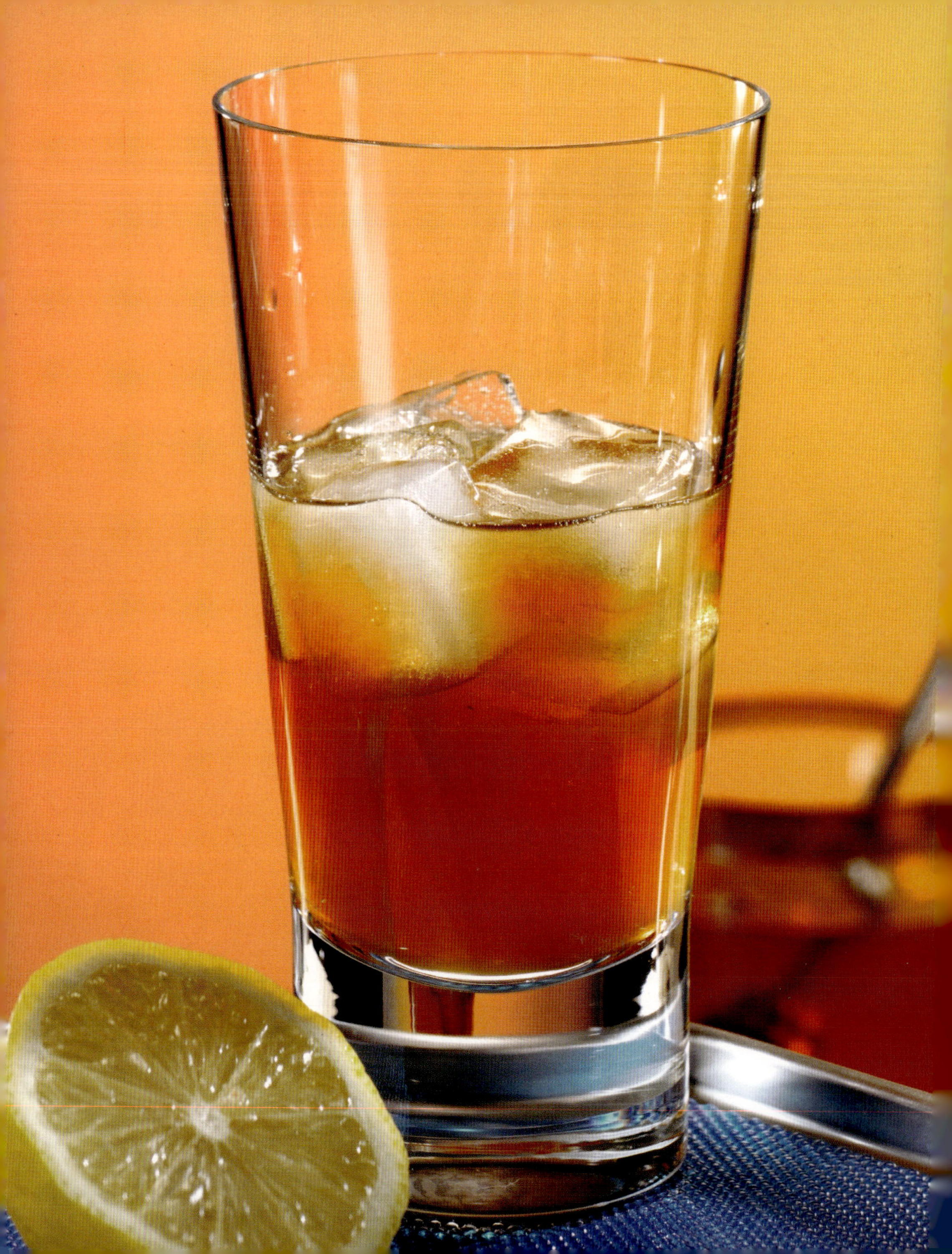

## WHISKY

# MR. BEAR

**FÜR 1 COCKTAIL**

4 cl Canadian Whisky
1 cl Honig
1 Spritzer Zitrone
Eiswürfel

Whisky, Honig und Zitrone im Shaker auf Eiswürfeln gut schütteln und in einem Longdrinkglas auf Eiswürfeln servieren.

# BOURBON SOUR

**FÜR 1 COCKTAIL**

6 cl Bourbon
1 cl Cognac
1 cl Curaçao
2 cl Zitronensaft
1 Spritzer Angostura
Crushed Ice
1 Zweig Zitronenmelisse

Alle Zutaten über Crushed Ice im Shaker mixen und in ein vorgekühltes Sektglas abseihen. Mit Zitronenmelisse dekorieren.

## WHISKY

# WHISKY SOUR

**FÜR 1 COCKTAIL**

4 cl Whisky
2 cl Zitronensaft
1 cl Zuckersirup
Eiswürfel
Zitronenscheibe
Cocktailkirsche

Whisky, Saft und Sirup im Shaker mit Eis schütteln, in einen Tumbler abseihen, mit Zitronenscheibe und Kirsche garnieren.

# SCOTCH FIX

**FÜR 1 COCKTAIL**

2 cl Scotch Whisky
1 cl Zitronensaft
1–2 TL Puderzucker
1 TL Lime Juice
Eiswürfel
Zitronenscheibe

Zitronensaft mit dem Zucker verrühren, bis sich der Zucker aufgelöst hat. Whisky und Lime Juice dazugeben und in einen bis zur Hälfte mit Eisstücken gefüllten Tumbler abseihen. Zitronenscheibe auf den Glasrand stecken.

**Tipp:**
Statt des Zuckers können Sie auch Blütenhonig oder Fruchtsirup verwenden.

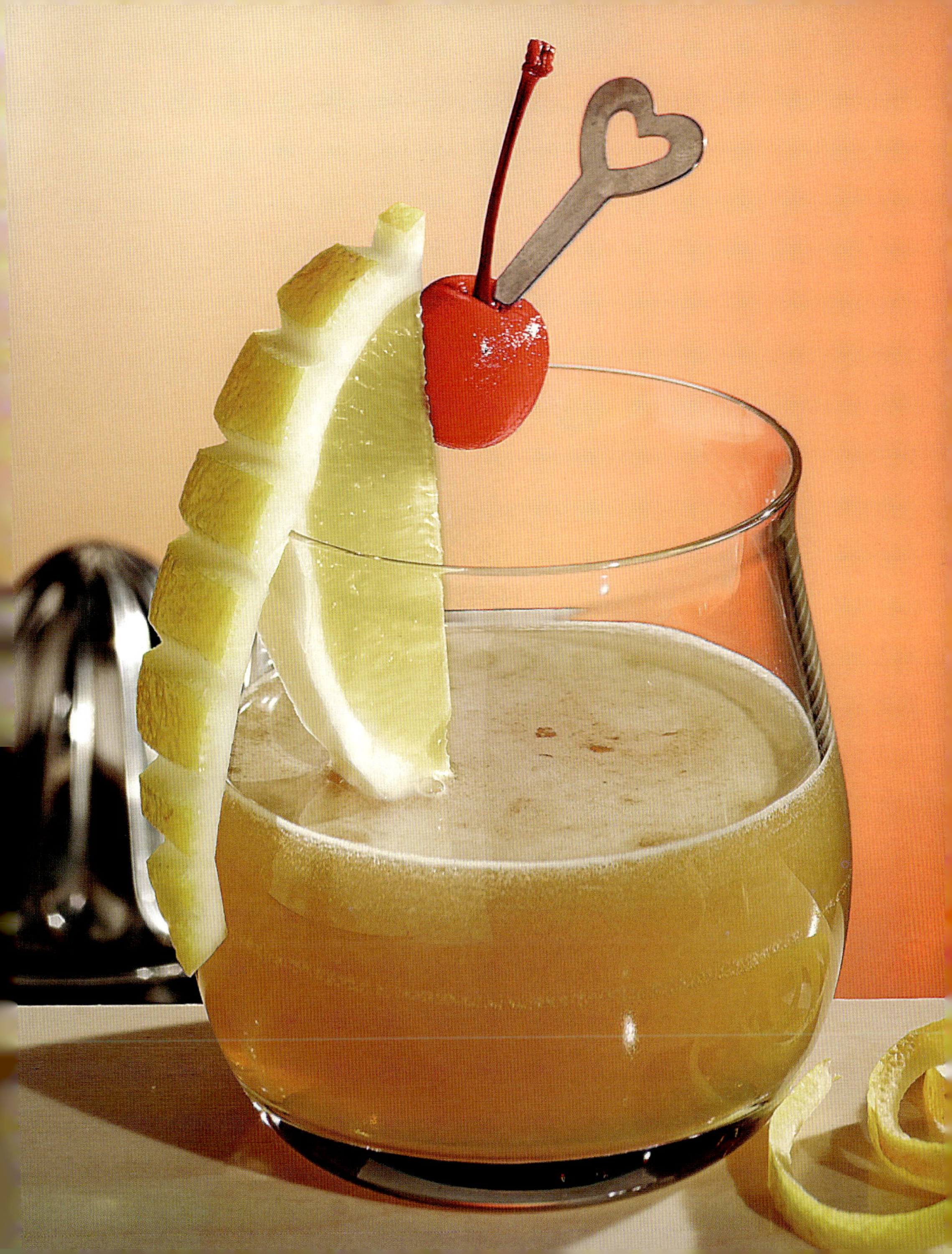

## WHISKY

# HIGHBALL

**FÜR 1 COCKTAIL**

Eiswürfel
6 cl Bourbon
Ginger Ale
Zitronenschale

Eiswürfel und Bourbon in ein Longdrinkglas geben. Mit Ginger Ale auffüllen und eine dünne Zitronenschale in das Glas hängen.

# IRISH WHISKEY FIZZ

Whiskey, Saft, Sirup und Eiweiß mit Eis im Shaker kräftig schütteln und in ein Londrinkglas abseihen. Mit Sodawasser abspritzen. Mit Zitronenscheibe und Kirsche garnieren.

**FÜR 1 COCKTAIL**

6 cl Irish Whiskey
3 cl Zitronensaft
2 cl Zuckersirup
1 TL Eiweiß
Sodawasser
Eiswürfel
Zitronenscheibe
Cocktailkirsche

## WHISKY

## ROB ROY

**FÜR 1 COCKTAIL**

2 cl Bourbon
2 cl Vermouth Dry
1 TL Curaçao
3 Spritzer Angostura
Kirschenpaar
1 Zweig
Zitronenmelisse

Alle Zutaten im Mixglas kräftig rühren, in ein vorgekühltes Cocktailglas abseihen. Mit Kirschen und einigen Blättern Zitronenmelisse garnieren.

## COLD COFFEE

**FÜR 1 COCKTAIL**

2 cl Kaffeelikör
2 cl Bourbon
1 cl Zitronensaft
3 cl kalter Kaffee
2 cl flüssige Sahne

Die Spirituosen und den Zitronensaft mit dem Kaffee mischen und in einen Tumbler geben, anschließend die flüssige Sahne darübergießen.

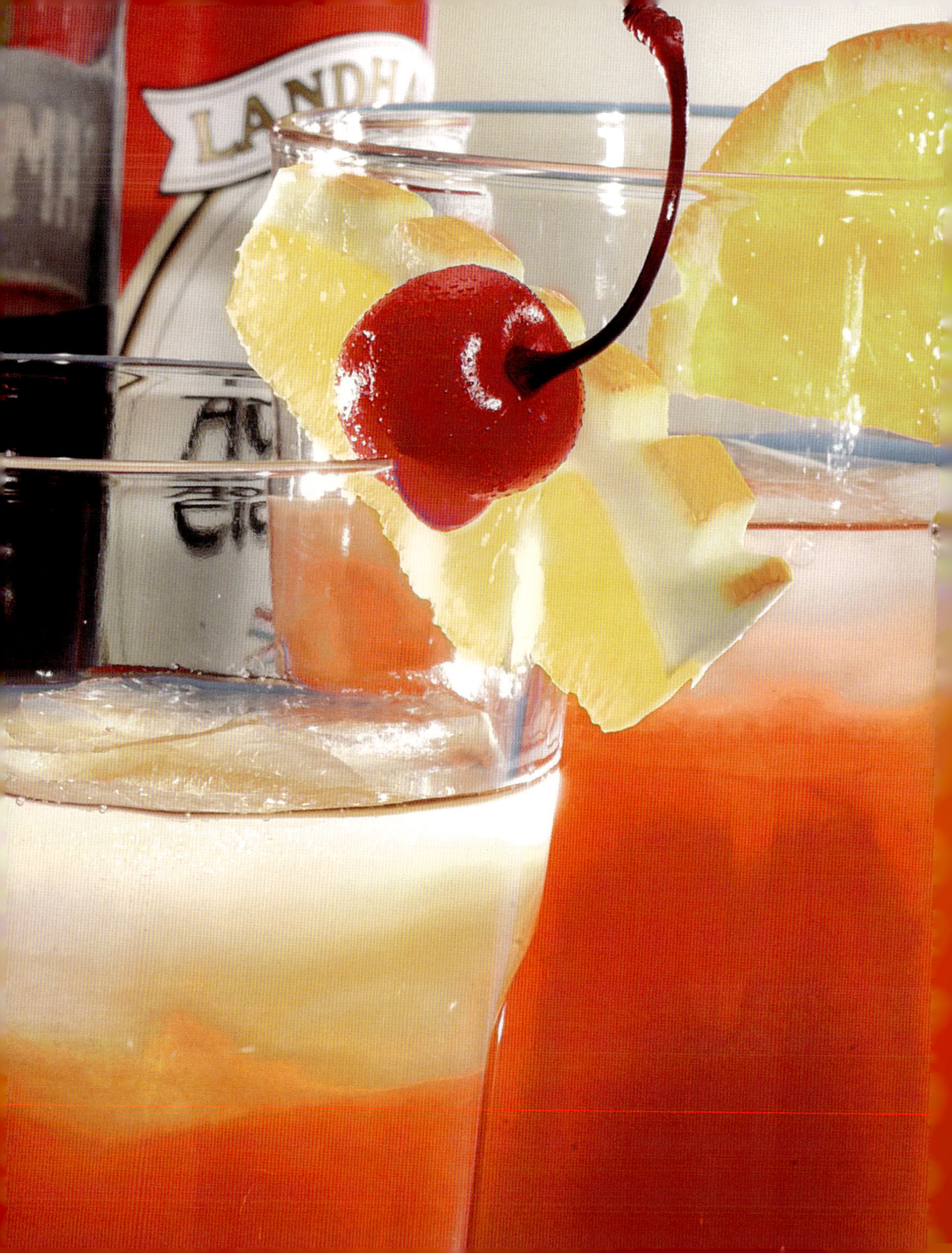

# Likör & Tequila

Mixvergnügen für Kreative! Mit farbenfrohen Likören in zahllosen Geschmacksrichtungen und Tequila werden Cocktails zur unwiderstehlichen Versuchung.

## LIKÖR & TEQUILA

# ERDBEER-MARGARITA

**FÜR 1 COCKTAIL**

10 cl Erdbeerlikör
4 cl Tequila
1 cl Zitronensaft
Eiswürfel
Erdbeere
Für den Crustarand:
Zitronensaft
Zucker

Den Rand einer Cocktailschale erst in Zitronensaft, dann in Zucker tauchen. Den Erdbeerlikör und den Tequila mit Zitronensaft und Eiswürfeln im Shaker kräftig schütteln. Anschließend über ein Barsieb in die Cocktailschale gießen. Mit einer Erdbeere garnieren.

# TEQUILA SUNRISE

**FÜR 1 COCKTAIL**

6 cl Tequila
1 cl Zitrone
2 cl Grenadine
Crushed Ice
10 cl Orangensaft
Orangenscheibe
Cocktailkirsche

Tequila, Zitrone und Grenadine in ein hohes Longdrinkglas auf Crushed Ice geben und mit Orangensaft auffüllen. Mit Orangenscheibe und Kirsche dekorieren.

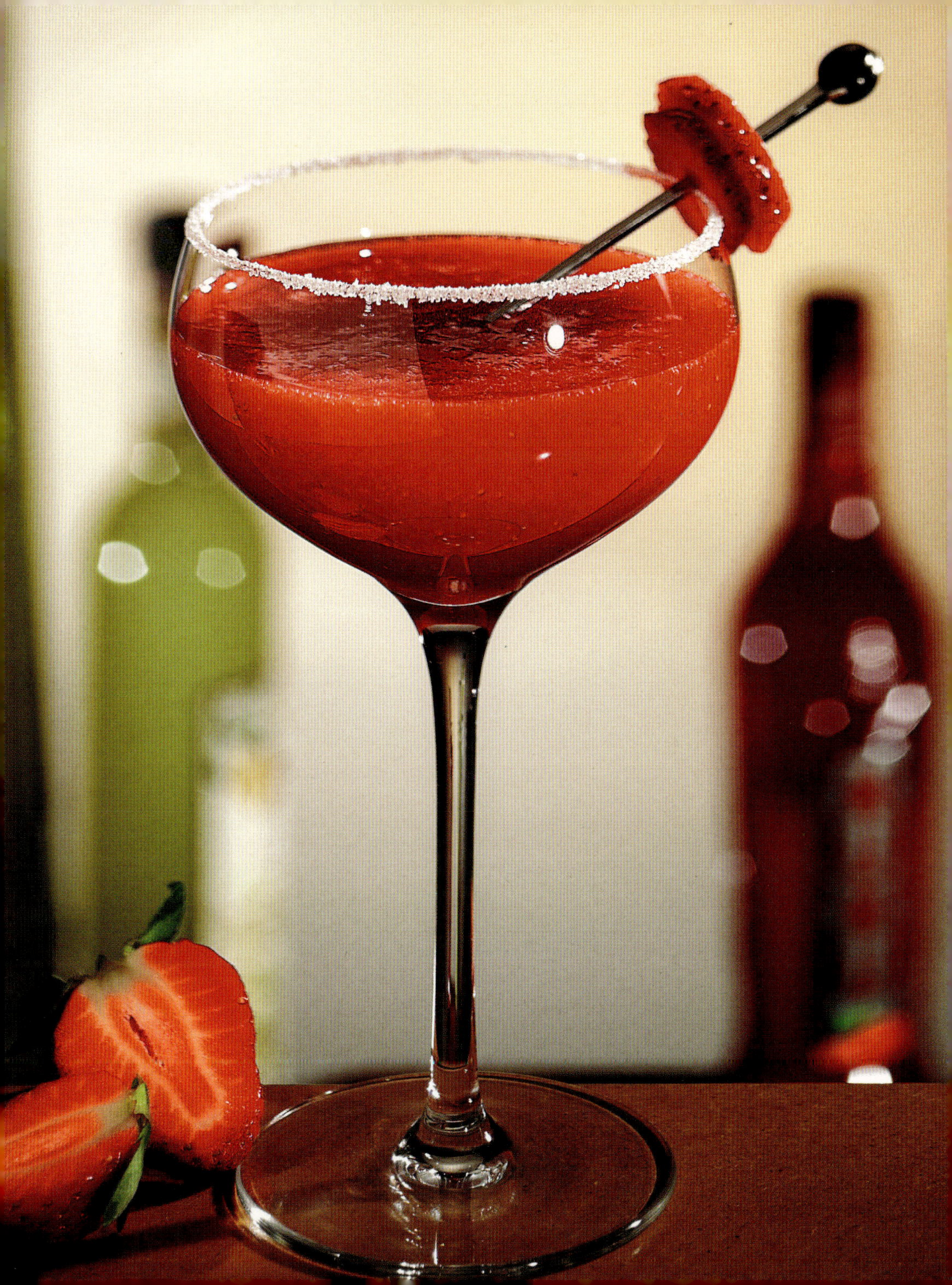

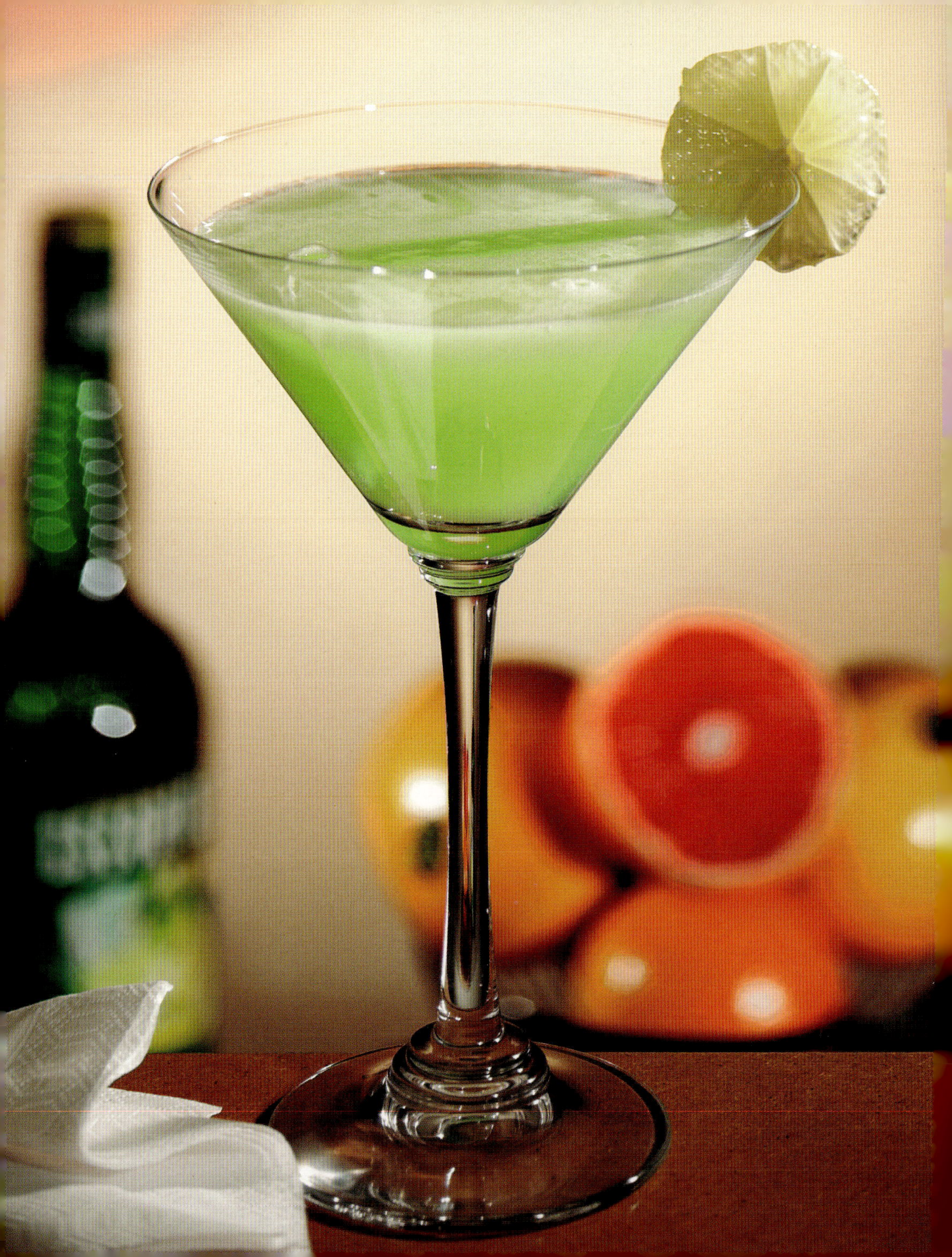

## LIKÖR & TEQUILA

# ACAPULCO

**FÜR 1 COCKTAIL**

2 cl Tequila
2 cl Escorial grün
2 cl Grapefruitsaft
1 cl Zitronensaft
Eiswürfel
Zitronenscheibe

Zutaten auf Eis im Shaker gut mixen, in ein Cocktailglas abseihen und mit Zitronenscheibe dekorieren.

# LATIN LOVER

**FÜR 1 COCKTAIL**

2 cl Tequila
2 cl Zuckerrohrschnaps
1 cl Limettensirup
2 cl Ananassirup
1 cl Zitronensaft
Eiswürfel
Crushed Ice
Limettenscheibe

Zutaten auf Eis im Shaker kräftig schütteln und in ein Longdrinkglas auf Crushed Ice abseihen. Limettenscheibe auf den Glasrand stecken.

## LIKÖR & TEQUILA

# SILVER BULLET

**FÜR 1 COCKTAIL**

4 cl Tequila
2 cl Zitronensaft
2 cl Pfefferminzsirup
Eiswürfel
Zitronenscheibe
1 Zweig frische Minze

Tequila, Saft und Sirup auf Eis im Shaker gut schütteln und in ein großes Cocktailglas abseihen. Mit Zitronenscheibe und Minze dekorieren.

# MARGARITA

Rand eines Cocktailglases in Zitronensaft und dann in Salz tauchen. Zutaten im Shaker auf Eis mixen und vorsichtig in das vorbereitete Glas gießen.

**FÜR 1 COCKTAIL**

4 cl Tequila
2 cl Triple Sec
2 cl Zitronensaft
Eiswürfel
Für den Salzrand:
Zitronensaft
Salz

## LIKÖR & TEQUILA

## MEXICAN SNOWBALL

FÜR 1 COCKTAIL

2 cl Tequila
2 cl Kaffeelikör
2 cl Kokosnusscreme
2 cl Sahne
Eiswürfel

Alle Zutaten im Shaker mit mehreren Eiswürfeln schütteln und in eine Cocktailschale abseihen.

## ELDORADO

FÜR 1 COCKTAIL

5 cl Tequila
1 cl Triple Sec
1 cl Crème de Bananes
4 cl Orangensaft
4 cl Ananassaft
4 cl Bananennektar
Eiswürfel
Limettenscheibe
Orangenscheibe

Die Spirituosen und die Säfte im Shaker mit Eiswürfeln kräftig schütteln. Mit je einer Orangen- und einer Limettenscheibe garnieren.

117

## LIKÖR & TEQUILA

# MANGO TEQUILA

**FÜR 1 COCKTAIL**

½ Mango
Crushed Ice
5 cl Tequila
1 cl Zitronensaft
1 Zweig frische Minze

Geschältes Mangofleisch, eine Tasse Crushed Ice, Tequila und Zitronensaft in einem Elektromixer pürieren und in eine große Cocktailschale abseihen. Mit Minze dekorieren.

# TAPICO

**FÜR 1 COCKTAIL**

4 cl Tequila
2 cl Bananensaft
2 cl Crème de Cassis
Eiswürfel
10 cl Tonic Water

Alle flüssigen Zutaten außer Tonic Water mit einigen Eiswürfeln im Shaker kräftig schütteln, auf Eiswürfel in ein Longdrinkglas abseihen. Je nach Geschmack mit Tonic Water auffüllen und vorsichtig umrühren. Mit Trinkhalm servieren.

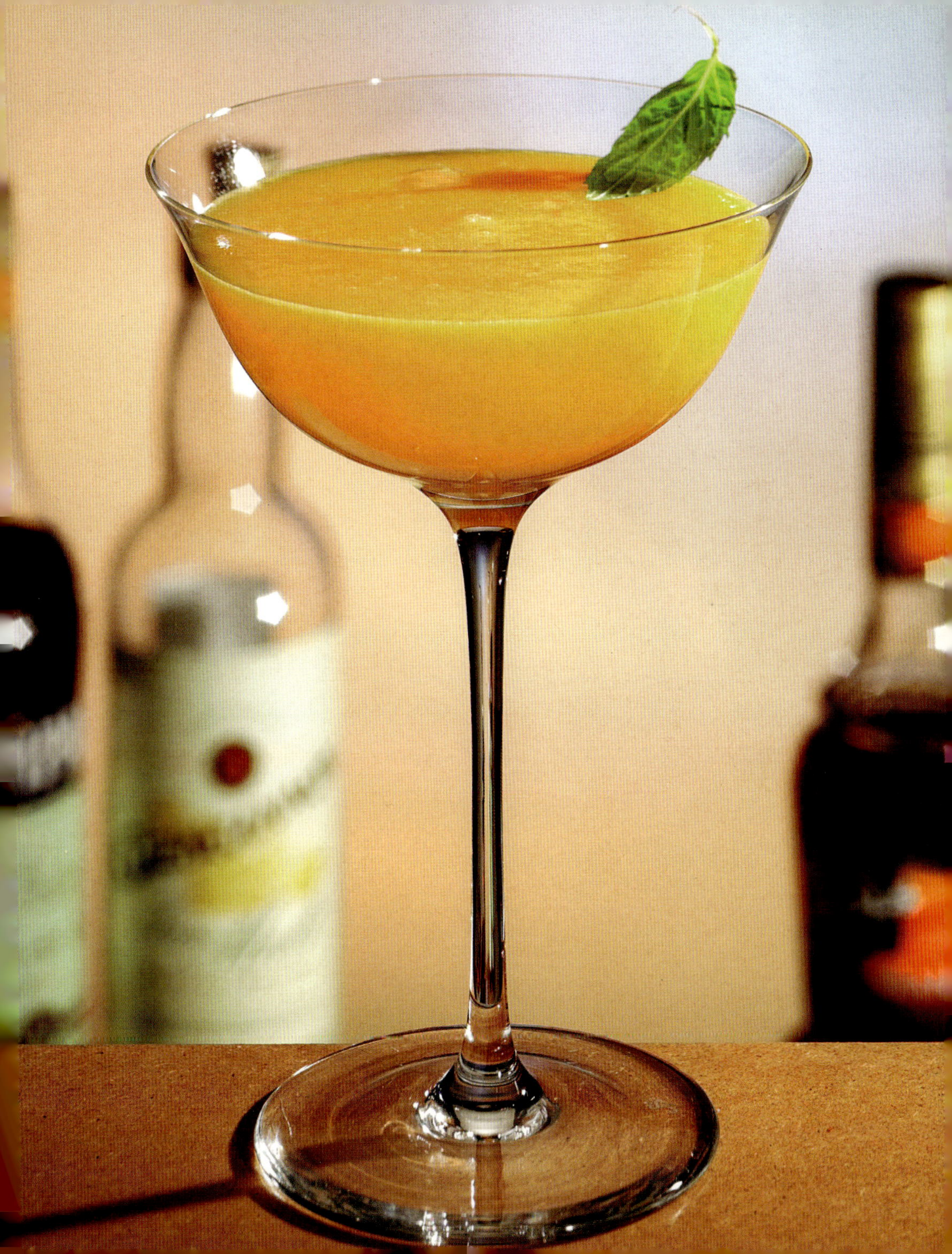

## LIKÖR & TEQUILA

## FROZEN MARGARITA

### FÜR 1 COCKTAIL

Saft von ½ Limette
Salz
4 cl Tequila
1 EL Orangenlikör
Crushed Ice
Limettenachtel

Den Rand eines Cocktailglases in Limettensaft und dann in Salz tauchen. Tequila mit Limettensaft und Orangenlikör in einen Mixer geben und unter Zugabe von Crushed Ice zu einer zähflüssigen Eismasse vermixen. Frozen Margarita mit einem Limettenachtel garniert servieren.

## TEQUILA SUNRISE

Tequila und Orangensaft in einen Shaker geben und gut schütteln. Crushed Ice dazugeben. Nochmals gut durchschütteln. Den Cocktail in ein Longdrinkglas füllen und Grenadine langsam dazugeben. Warten, bis sie sich abgesetzt hat. Den Cocktail vor dem Trinken umrühren.

### FÜR 1 COCKTAIL

5 cl Tequila
10 cl Orangensaft
Crushed Ice
2 cl Grenadine

## LIKÖR & TEQUILA

# SMITH & WESSON

Tequila und Aprikosensaft im Shaker auf Eiswürfeln gut schütteln und in ein Longdrinkglas auf Eis abseihen. Anschließend den Amaretto dazugeben. Mit Limettenspalte garnieren.

### FÜR 1 COCKTAIL

4 cl Tequila
4 cl Aprikosensaft
Eiswürfel
2 cl Amaretto
Limettenspalte

# PRICKELNDE GRAPEFRUIT

Likör und Grapefruitsaft im Mixglas gut verrühren und auf die vier Grapefruits verteilen. Je einen Eiswürfel hineingeben und mit Mineralwasser auffüllen. Mit aufgespießten Kirschen und Grapefruitstücken dekorieren.

### FÜR 4 COCKTAILS

4 EL Orangenlikör
8 EL Grapefruitsaft
Eiswürfel
500 ml Mineralwasser
4 ausgehöhlte Grapefruits
Cocktailkirschen
Grapefruitstücke

## LIKÖR & TEQUILA

# ROYAL CURRANT

### FÜR 1 COCKTAIL

4 cl schwarzer Johannisbeerlikör
2 cl Curaçao Triple Sec
1 Spritzer Angostura
Eiswürfel
Sekt
Zitronenspalte

Liköre mit Angostura auf Eiswürfeln im Shaker kräftig schütteln und in ein hohes Becherglas abseihen. Mit Sekt auffüllen und Zitronenspalte hineingeben.

# EXOTIC BLUE

Curaçao, Sahne und Saft im Shaker auf Eis gut schütteln und in ein Longdrinkglas abseihen. Mit Ananasstück und Kirsche dekorieren.

### FÜR 1 COCKTAIL

4 cl Blue Curaçao
2 cl Sahne
8 cl Ananassaft
Eiswürfel
Ananasstück
Cocktailkirsche

## LIKÖR & TEQUILA

# JACK ROSE

### FÜR 1 COCKTAIL

5 cl Calvados
1 cl Grenadine
2 cl Zitronensaft
Eiswürfel

Zutaten auf Eis im Shaker schütteln und in eine Cocktailschale abseihen.

# CHERRY BRANDY FLIP

### FÜR 1 COCKTAIL

4 cl Cherry Brandy
2 cl frische Sahne
1 Eigelb
½ TL Vanillezucker
Cocktailkirsche

Likör, Sahne und Eigelb im Shaker mixen, in ein Cocktailglas abseihen und mit etwas Vanillezucker bestreuen. Mit Kirsche dekorieren.

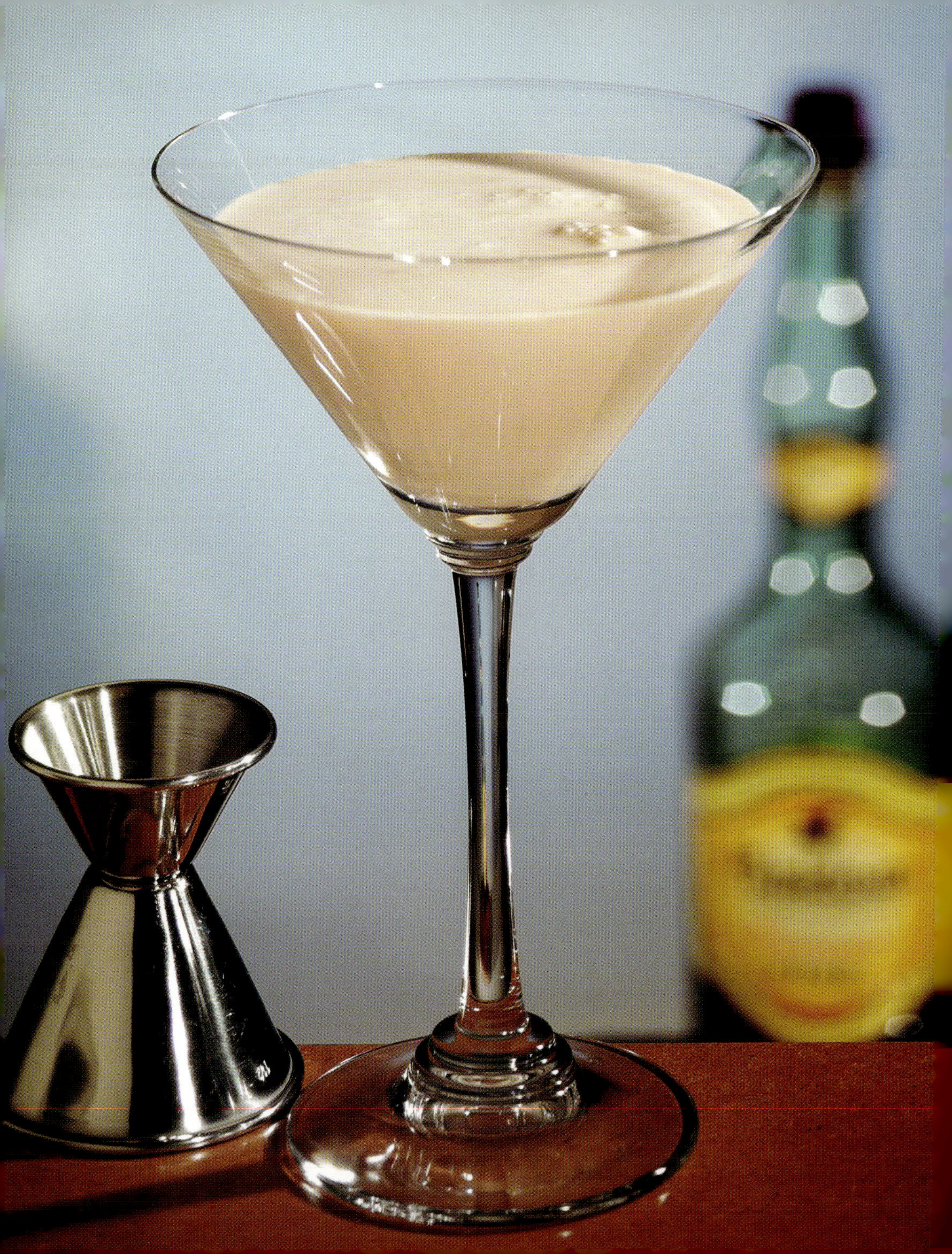

## LIKÖR & TEQUILA

## APPLECREAM

**FÜR 1 COCKTAIL**

4 cl Grand Marnier Cream
4 cl Calvados
2 cl Sahne
Eiswürfel

Alle Zutaten in einem Shaker auf Eis kräftig schütteln und anschließend über ein Barsieb in ein Cocktailglas abseihen.

## GRÜNE WITWE

**FÜR 1 COCKTAIL**

4 cl Blue Curaçao
Eiswürfel
Orangensaft
Orangenscheibe

Curaçao auf 2–3 Eiswürfel in ein Longdrinkglas geben und langsam mit Orangensaft auffüllen. Orangenscheibe auf das Glas legen und in die Mitte einen Trinkhalm hineinstechen.

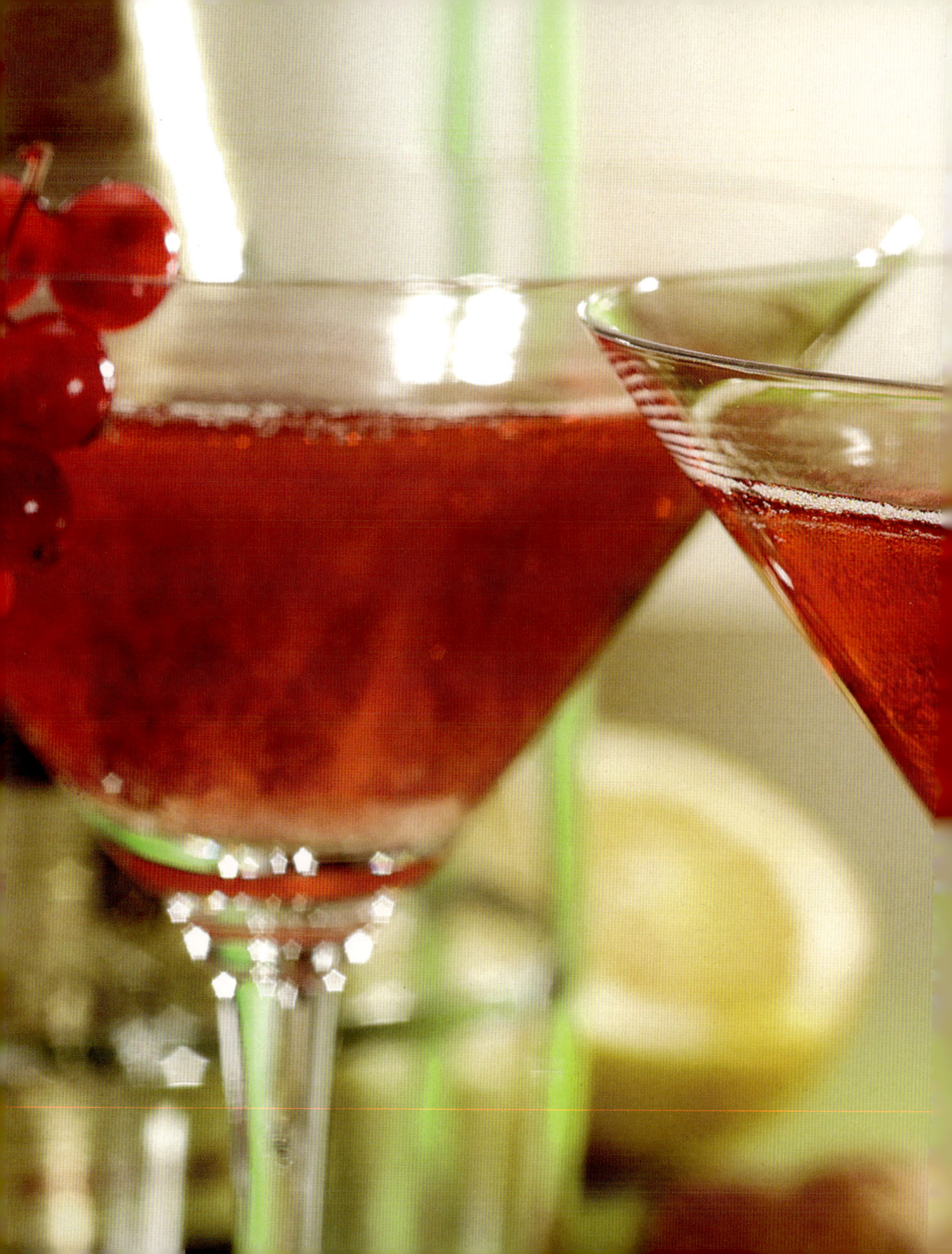

# Sekt & Champagner

Spritzig, prickelnd und belebend: Von einem feinen Sektcocktail lässt man sich jederzeit gern verführen!

## SEKT

## SINGAPORE FIZZ

FÜR 1 COCKTAIL

3 cl Gin
2 cl Cherry Brandy
1 cl Zitronensaft
2 TL Läuterzucker
Eiswürfel
Sekt
Limettenspalte

Die Zutaten ohne Sekt im Shaker auf Eis kräftig mischen und in ein Longdrinkglas geben. Mit Sekt auffüllen. Eine Limettenspalte an den Glasrand stecken.

## FRENCH 75

FÜR 1 COCKTAIL

3 cl Gin
1 cl Zitronensaft
1 TL Zuckersirup
Eiswürfel
Champagner

Gin, Saft und Sirup im Shaker auf Eis gut mixen, in ein Champagnerglas abseihen und mit Champagner auffüllen.

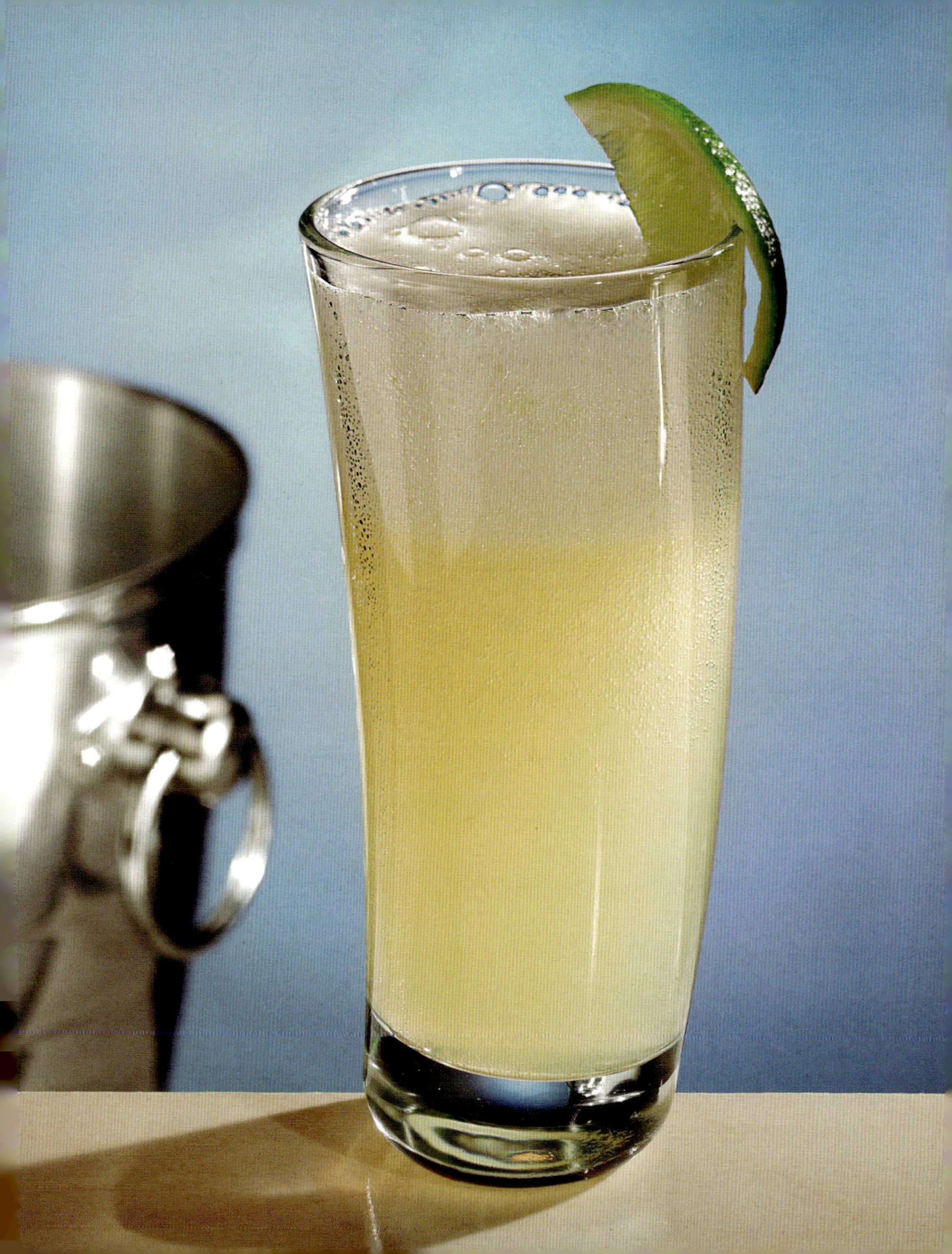

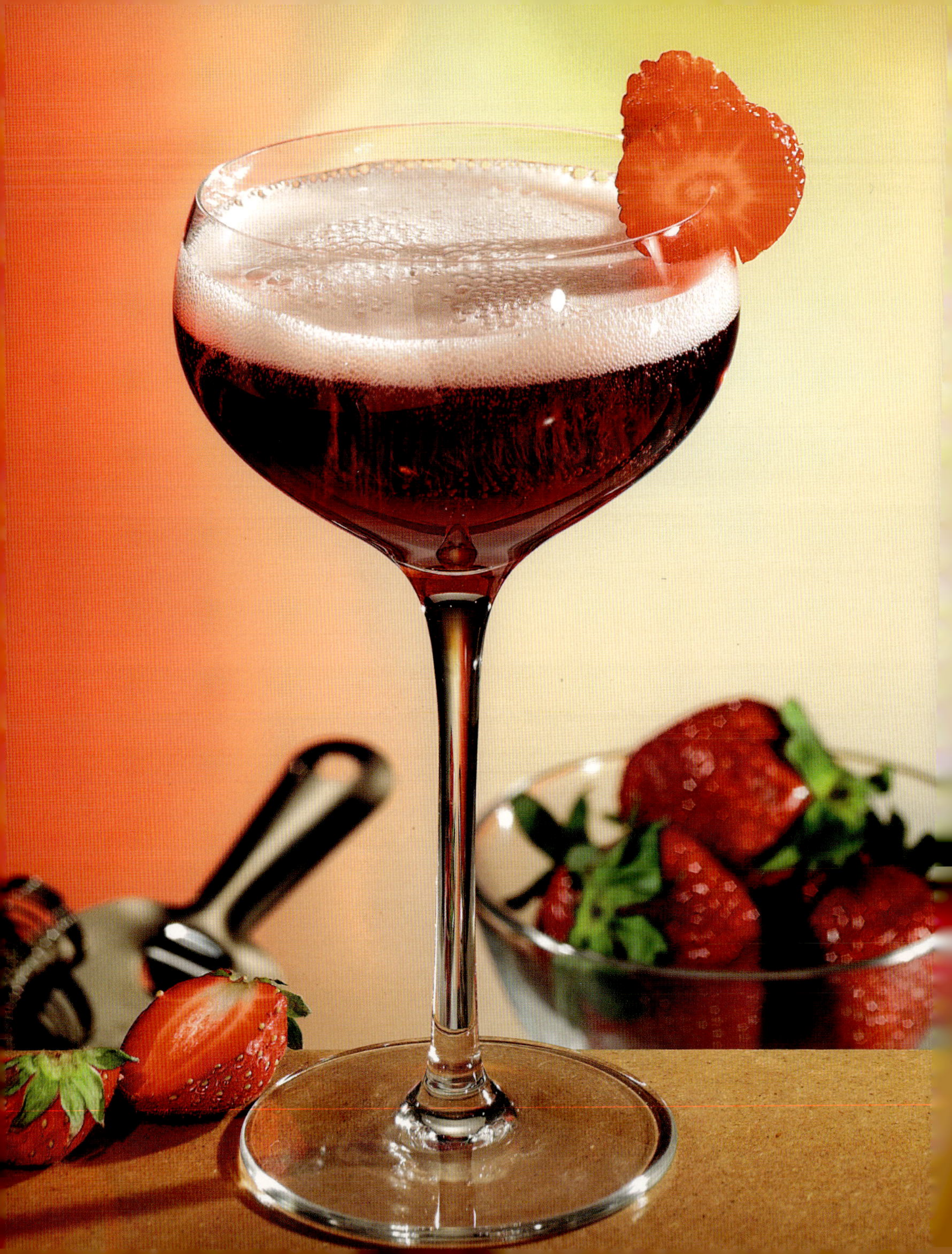

## SEKT

## RED MOON

**FÜR 1 COCKTAIL**

2 cl Bourbon
2 cl Portwein
0,5 cl Grenadine
Eiswürfel
Champagner
Erdbeere

Whiskey, Portwein und Grenadine im Shaker auf Eis schütteln und in eine Cocktailschale abseihen. Mit Champagner auffüllen und mit einer Erdbeere dekorieren.

## FLYING

**FÜR 1 COCKTAIL**

2 cl Gin
2 cl Triple Sec
2 cl Zitronensaft
Eiswürfel
Sekt
Cocktailkirsche

Die Zutaten ohne den Sekt mit Eiswürfeln im Shaker kräftig schütteln. Danach in eine Cocktailschale abgießen und mit Sekt auffüllen. Die Cocktailkirsche hinzugeben.

## SEKT

## FROZEN BELLINI

### FÜR 1 COCKTAIL

5 cl Champagner
4 TL Pfirsichpüree
3 cl Wodka
3 cl Pfirsichlikör
1 TL Läuterzucker
Crushed Ice
Limettenspalte

Alle Zutaten im Blender mit wenig Crushed Ice frappieren und in einem hohen Longdrinkglas servieren. Mit einer Limettenspalte garnieren.

## JAMES BOND

Wodka mit Angostura im Shaker auf Eis kräftig schütteln, in eine Sektflöte geben und mit Champagner auffüllen.

### FÜR 1 COCKTAIL

4 cl Wodka
4 Spritzer Angostura
Eiswürfel
Champagner

## SEKT

# KIR ROYAL

**FÜR 1 COCKTAIL**

1 cl Crème de Cassis
Champagner

Crème de Cassis (je nach persönlichem Geschmack kann man die Menge variieren) in einen Sektkelch geben und mit Champagner auffüllen.

# CHAMPAGNER COCKTAIL

**FÜR 1 COCKTAIL**

1 Stück Würfelzucker
3 Spritzer Angostura
Champagner
2 cl Cognac
Zitronenschale

Den Würfelzucker in der Sektschale mit Angostura tränken. Mit Champagner auffüllen. Nach Belieben noch 2 cl Cognac dazugeben. Die Sektschale mit Zitronenschale dekorieren.

## SEKT

## SCOTSMAN

**FÜR 1 COCKTAIL**

2 cl Scotch Whisky
2 cl Drambuie
Eiswürfel
Sekt

Whisky und Likör auf Eiswürfel in eine Sektflöte gießen und mit Schaumwein auffüllen.

## STERNSTUNDE

**FÜR 1 COCKTAIL**

2 cl Calvados
2 cl Cointreau
4 cl Maracujanektar
Champagner

Alle Zutaten außer dem Champagner im Shaker kräftig schütteln, in ein Kelchglas abseihen und mit Champagner auffüllen.

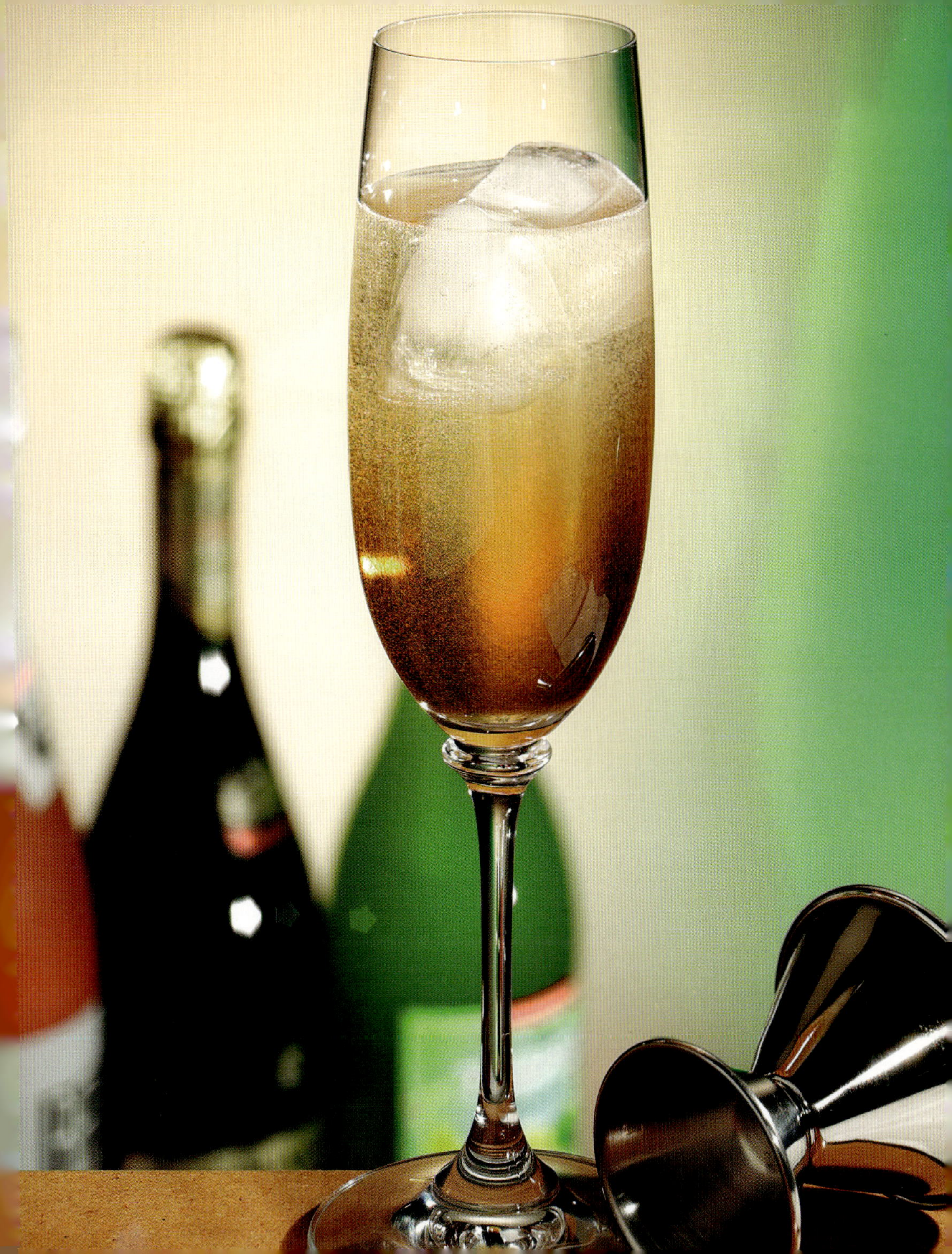

## SEKT

## GULF STREAM

### FÜR 1 COCKTAIL

3 cl Sekt
1 cl Blue Curaçao
1 cl Wodka
1 cl Lime Juice
Eiswürfel
Für den Crustarand:
Zitronensaft
Zucker

Den Rand eines Cocktailglases erst in Zitronensaft, dann in Zucker tauchen. Alle Zutaten im Shaker auf Eis kräftig schütteln und in das Cocktailglas abseihen.

## SMOOTHING SASSY

Schokoladen- und Erdbeerlikör im Shaker auf Eis kräftig schütteln und in ein Champagnerglas seihen. Mit Champagner auffüllen.

### FÜR 1 COCKTAIL

3 cl Schokoladenlikör
3 cl Erdbeerlikör
Eiswürfel
8 cl Champagner

## SEKT

## SEA OF LOVE

Alle Zutaten im Blender mit Crushed Ice frappieren und anschließend in ein hohes Glas gießen. Mit einem Fruchtspieß garnieren.

### FÜR 1 COCKTAIL

8 cl Champagner
1 cl weißer Rum
2 cl Kokosnusslikör
2 cl Erdbeerpüree
Crushed Ice
Fruchtstücke

## BELLINI

Pfirsichsaft und Apricot Brandy im Champagnerkelch verrühren und mit Champagner auffüllen.

### FÜR 1 COCKTAIL

5 cl Pfirsichsaft
1 Spritzer Apricot Brandy
Champagner

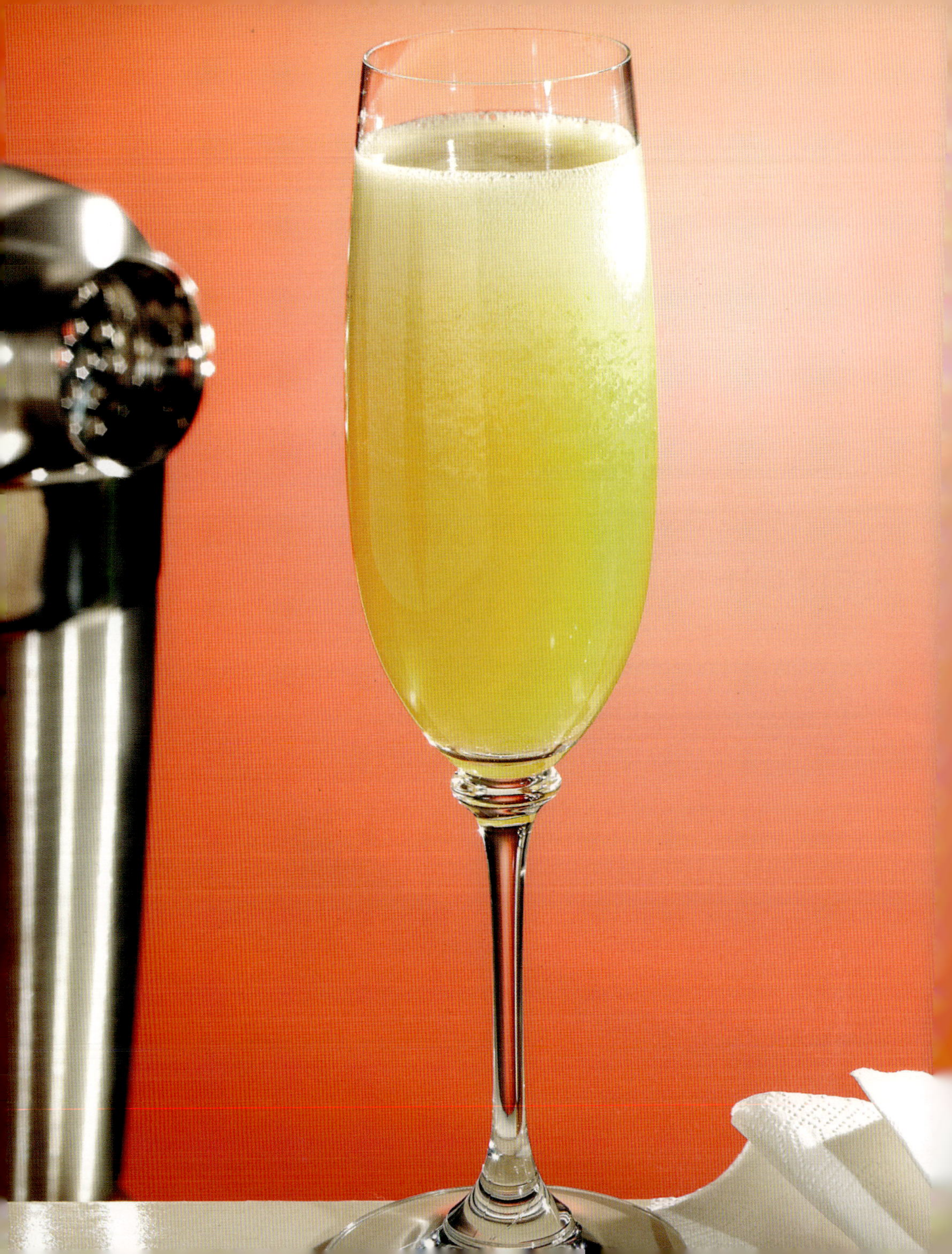

## SEKT

# RITZ COCKTAIL

**FÜR 1 COCKTAIL**

2 cl Weinbrand
2 cl Cointreau
2 cl Orangensaft
Eiswürfel
Sekt

Alle Zutaten bis auf den Sekt im Shaker auf Eis kräftig schütteln und mit Sekt auffüllen.

# PINK PEACH

**FÜR 1 COCKTAIL**

2 cl Pfirsichlikör
2 Spritzer Orange Bitter
Rosésekt
Zitronenscheibe

Den Pfirsichlikör in einen Sektkelch gießen, Orange Bitter hinzugeben und mit kaltem Rosésekt aufgießen. Mit der Zitronenscheibe garnieren.

## SEKT

## COUNTRY GLORY

**FÜR 1 COCKTAIL**

2 cl Pfirsichlikör
1 cl Obstler
trockener Sekt
Zitronenspirale

Likör und Obstler in einer Sektschale verrühren, mit gut gekühltem Sekt auffüllen und mit Zitronenspirale dekorieren.

## BLUE SHARK

Cointreau und Curaçao im Shaker gut schütteln, in ein Sektglas abseihen. Ein Stück Orangenschale ins Glas geben und mit Champagner auffüllen.

**FÜR 1 COCKTAIL**

2 cl Cointreau
1 cl Blue Curaçao
Orangenschale
Champagner

## SEKT

## PRINCE OF WALES

#### FÜR 1 COCKTAIL

1 Stück Würfelzucker
2 Spritzer Angostura
Eiswürfel
2 cl Cognac
1 cl Bénédictine
Champagner

Den Würfelzucker in den Shaker geben und mit Angostura tränken. Eiswürfel dazugeben, Cognac und Bénédictine darübergießen, alles gut schütteln und in ein Sektglas seihen. Mit Champagner auffüllen.

#### FÜR 1 COCKTAIL

2 cl Haselnusslikör
1 cl Weinbrand
Sekt
geschälte Haselnuss

## GOLDTALER

Likör und Weinbrand in eine Sektschale geben, mit Sekt auffüllen und mit einer Haselnuss dekorieren.

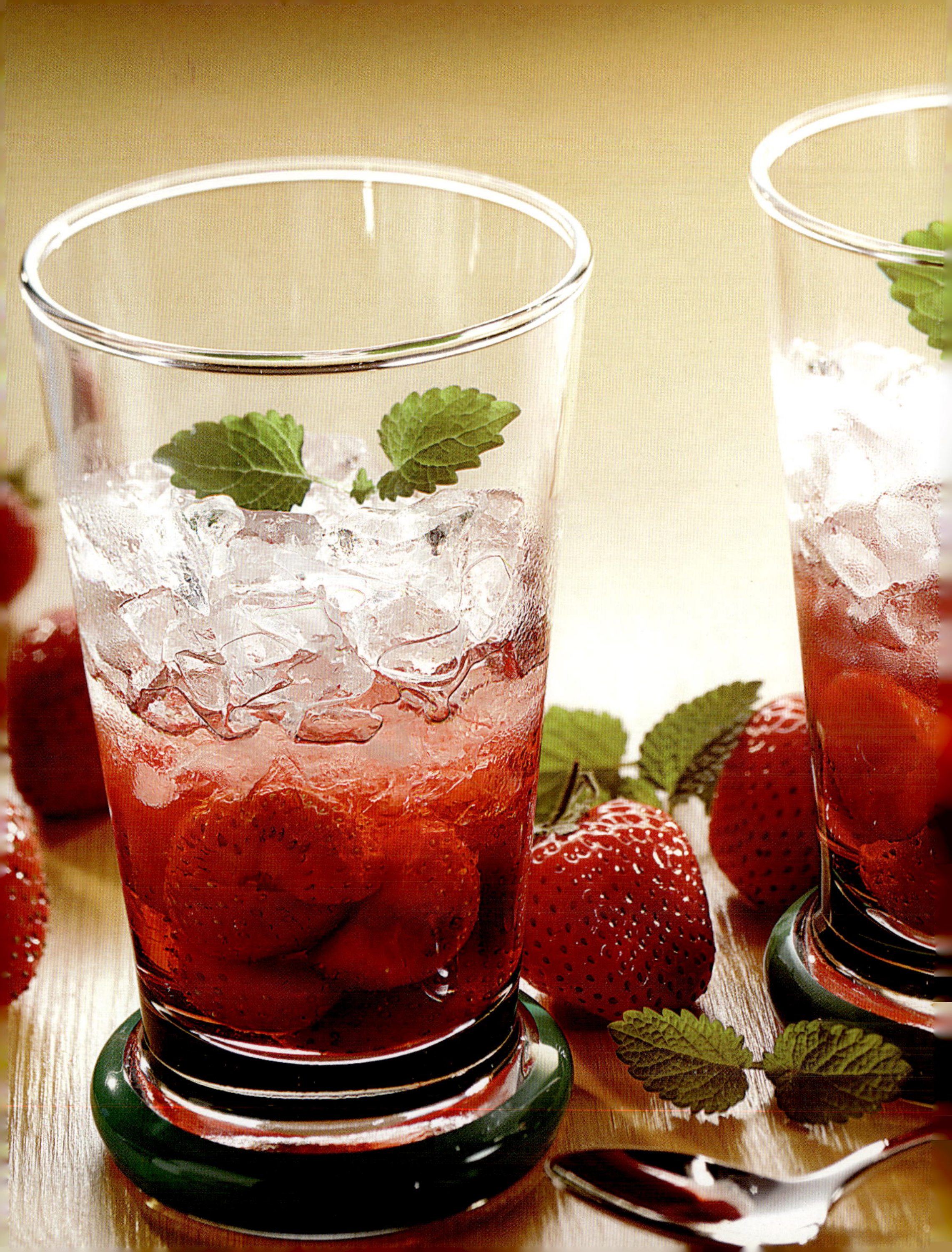

# Cocktails & Longdrinks
## ohne Alkohol

Himmlisch süße, farbenfrohe, ganz und gar unwiderstehliche Mixgetränke mit Saft & Co. – der Partyhit für Groß und Klein!

## OHNE ALKOHOL

# ERDBEER-FEIGEN-DRINK

**FÜR 1 COCKTAIL**

1 cl Erdbeersirup
1 cl Ananassaft
1 cl Zitronensaft
1 cl Grapefruitsaft
3 cl pürierte Feigen
Eiswürfel
alkoholfreier Sekt zum Auffüllen
frische Feige
Erdbeere

Erdbeersirup, Ananassaft, Zitronensaft, Grapefruitsaft, pürierte Feigen und Eiswürfel im Shaker gut mischen. Dann in ein Wasserglas gießen und mit Sekt auffüllen. Feige dritteln, Erdbeere halbieren und auf einen Partyspieß stecken. Den Spieß auf das Glas legen.

# ANANASMINZE

**FÜR 1 COCKTAIL**

1 Babyananas
frische Früchte
12 cl Ananassaft
6 cl Bitter Lemon
2 Spritzer Pfefferminzsirup

Eine gut gekühlte Babyananas waagerecht aufschneiden und das Fruchtfleisch klein schneiden. Das Fruchtfleisch mit frischen Früchten nach Geschmack mischen und wieder in die Ananas füllen. Ananassaft, Bitter Lemon und Pfefferminzsirup im Shaker aufschütteln und über die Früchte geben.

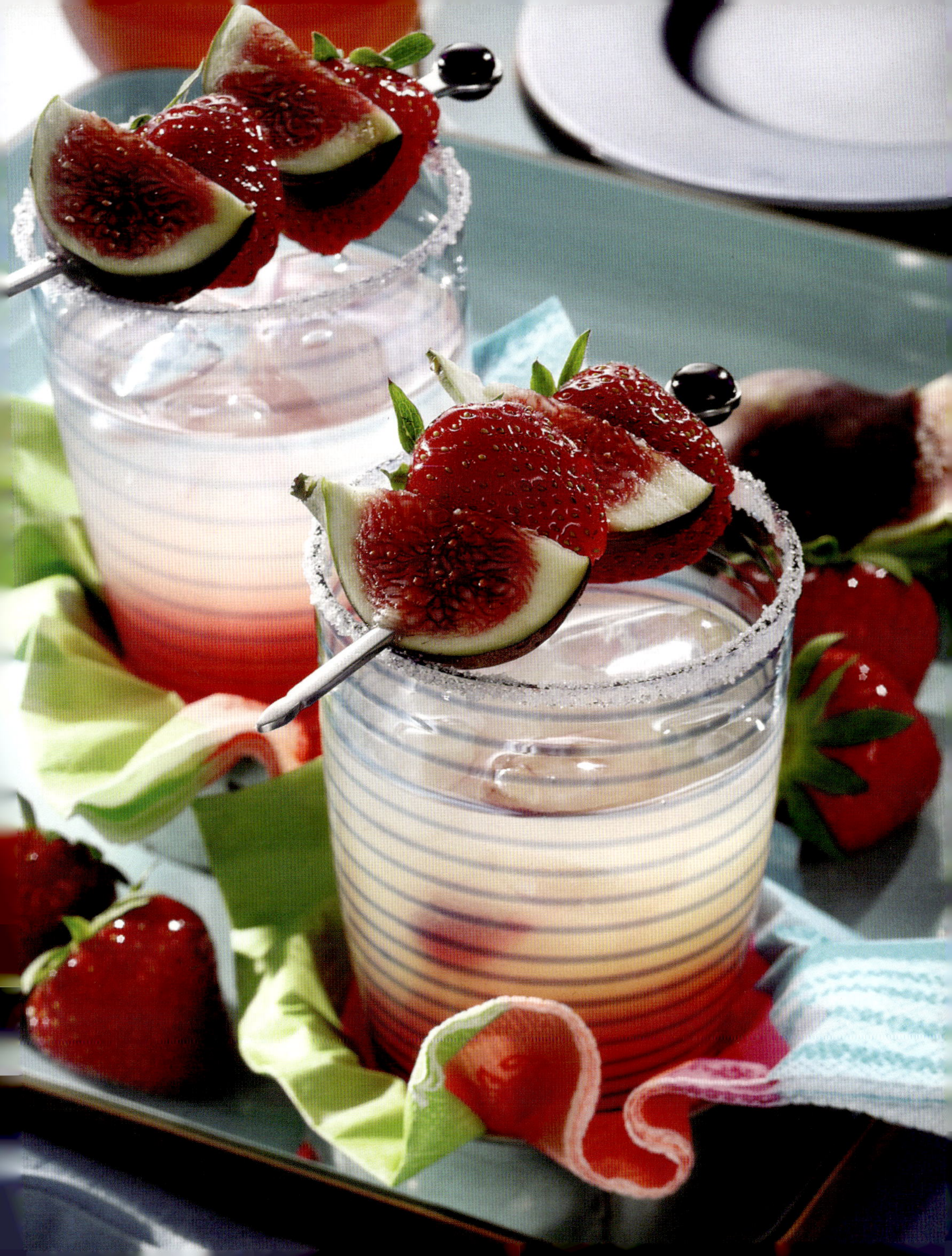

## OHNE ALKOHOL

# TROPICAL COOLER

### FÜR 1 COCKTAIL

2 cl Maracujasirup
4 cl Maracujasaft
2 cl Zitronensaft
Eiswürfel
10 cl Tropical Bitter
Sternfruchtscheibe
Cocktailkirsche

Maracujasirup und -saft mit dem Zitronensaft im Shaker schütteln, in ein Longdrinkglas auf Eis geben und mit Tropical Bitter auffüllen. Mit Sternfruchtscheibe und Kirsche dekorieren.

# BANANA SUMMER

Alle Zutaten mit zwei Esslöffeln Crushed Ice ca. 15 Sekunden im Elektromixer vermischen und in ein Longdrinkglas abgießen. Mit der Zitronenscheibe dekorieren.

### FÜR 1 COCKTAIL

½ Banane
1 Spritzer Bananensirup
6 cl Milch
6 cl Ananassaft
1 TL Zitronen- oder Limettensaft
Crushed Ice
Zitronenscheibe

## OHNE ALKOHOL

## SEX ON THE BEACH

### FÜR 1 COCKTAIL

4 Eiswürfel
1 cl Pfirsichnektar
3 cl Ananassaft
3 cl Orangensaft
1 Spritzer Limettensaft
Kiwischeibe
Erdbeere

Die Eiswürfel in einen Shaker geben. Nektar und Säfte hinzufügen und alles gut mixen. Anschließend in ein Longdrinkglas füllen. Mit Kiwischeibe und Erdbeere dekorieren.

### FÜR 1 COCKTAIL

3 cl Pfirsichsirup
5 cl frisch gepresster Orangensaft
alkoholfreier Sekt

## PEACH ORANGE

Gut gekühlten Pfirsichsirup und Orangensaft im Sektkelch gut vermischen und mit alkoholfreiem Sekt auffüllen

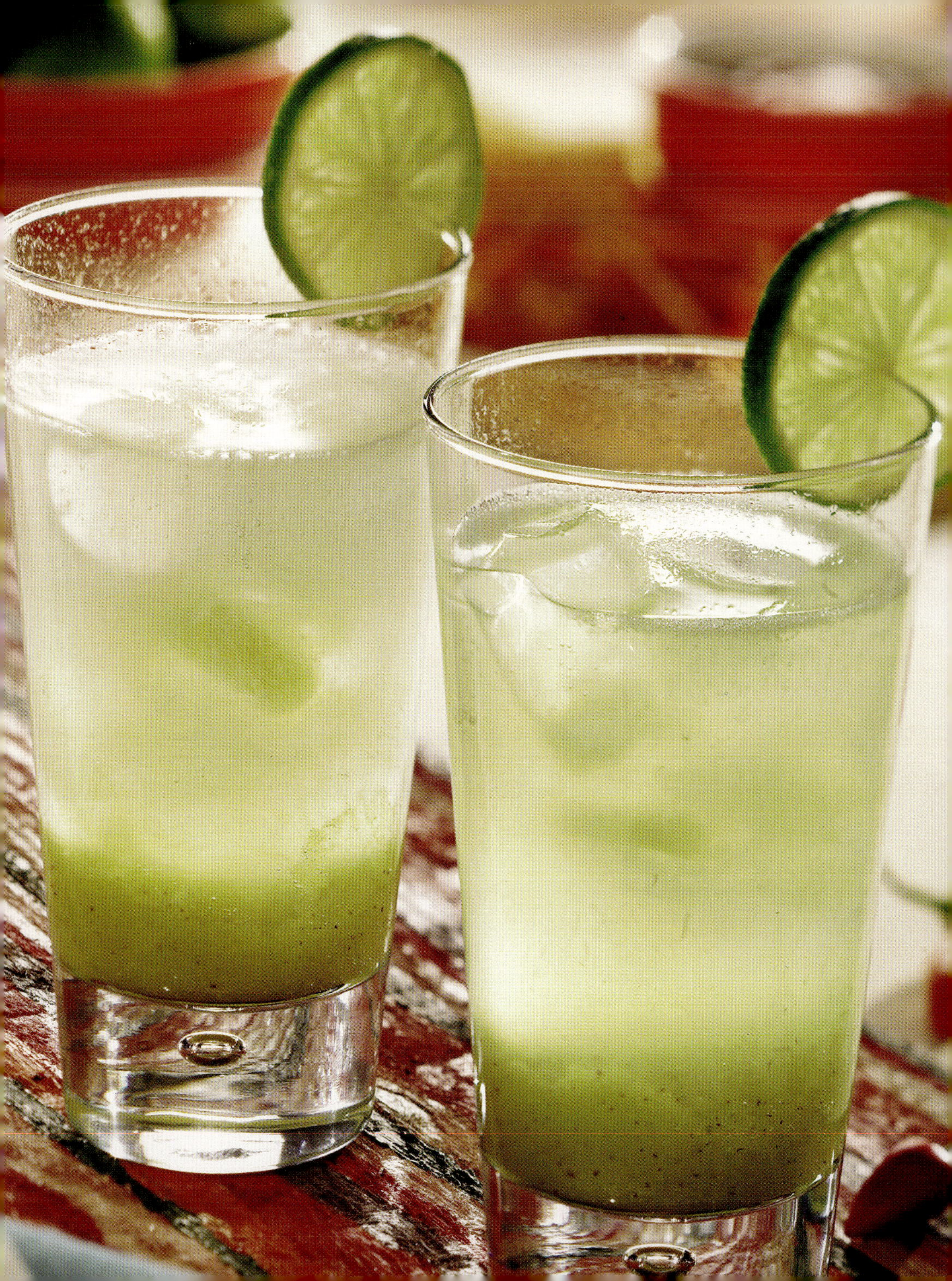

## OHNE ALKOHOL

# FRÜCHTEDRINK

**FÜR 4 COCKTAILS**

700 g gemischte Früchte
(z. B. Ananas, Melone, Kiwi)
5 EL Zucker
2 Limetten
Mineralwasser
Eiswürfel
Limettenscheiben

Die Früchte waschen, nach Bedarf schälen, Kerne und Stielansätze entfernen und klein schneiden. Den Zucker dazugeben und die Früchte pürieren. Limetten auspressen und den Saft unter das Fruchtpüree mischen. Früchtemus mit 400 ml Wasser mischen und kühl stellen. Zum Servieren jeweils einige Eiswürfel in ein Longdrinkglas geben, 1 bis 2 Esslöffel Fruchtmus hinzufügen und mit Mineralwasser auffüllen. Glasrand mit Limettenscheibe dekorieren.

# KIWI-MINT

**FÜR 4 COCKTAILS**

4 Kiwis
1 Sträußchen glatte Minze
kohlensäurehaltiges
Mineralwasser
2 Msp. Zimt

Kiwis dünn schälen. Fünf bis sechs Minzeblättchen abzupfen, waschen und klein schneiden. Fruchtfleisch der Kiwis mit einem Mixstab fein pürieren. Durch ein feines Sieb passieren, die Minze dazugeben. Auf vier Kelchgläser verteilen, mit Mineralwasser aufgießen, mit Minzeblättchen dekorieren und mit Zimt überpudern.

## OHNE ALKOHOL

## JOGGER

**FÜR 1 COCKTAIL**

6 cl Orangensaft
6 cl Bananensaft
4 cl Mandelsirup
2 cl Zitronensaft
2 cl Sahne
1 Zweig frische Minze

Säfte, Sirup und Sahne im Shaker gut mixen und in ein Longdrinkglas abseihen. Mit frischer Minze dekorieren.

## GREENLAND

Die Minzeblättchen grob hacken und mit Crushed Ice in ein Cocktailglas geben. Pfefferminz- und Zuckersirup mit dem Zitronensaft dazugeben, kurz umrühren und mit kaltem Mineralwasser auffüllen. Mit Limettenscheibe und Trinkhalm servieren.

**FÜR 1 COCKTAIL**

2 frische Minzeblättchen
Crushed Ice
3 cl Pfefferminzsirup
1 cl Zuckersirup
4 cl Zitronensaft
kohlensäurehaltiges Mineralwasser
Limettenscheibe

## OHNE ALKOHOL

# CHICOS DREAM

Banane pürieren und zusammen mit Zitronensaft und Sirup im Shaker mixen. In ein Longdrinkglas geben und mit gut gekühltem Mineralwasser auffüllen. Mit Zitronenscheibe, Melisse und Cocktailkirsche dekorieren.

### FÜR 1 COCKTAIL

½ Banane
1 TL Zitronensaft
2 cl Zuckersirup
Mineralwasser
Zitronenscheibe
Zitronenmelisse
Cocktailkirsche

# ORANGE-MUSKAT

Orangensaft, Pfirsichnektar und Mangosirup mit 2 bis 3 Eiswürfeln in einen Shaker geben und gut schütteln. Mit Muskatnuss bestreuen. Nach Belieben dekorieren.

### FÜR 1 COCKTAIL

15 cl Orangensaft
10 cl Pfirsichnektar
1 EL Mangosirup
Eiswürfel
1 Prise geriebene Muskatnuss

## OHNE ALKOHOL

## KIWI-TRAUM

**FÜR 2 COCKTAILS**

200 g Kiwi
20 cl Ananassaft
20 cl Apfelsaft
Kiwischeiben
Cocktailkirsche

Die Kiwi schälen und pürieren. Die Säfte gut mit dem Kiwipüree mischen. In Gläser füllen und mit Kiwischeiben und Cocktailkirsche garnieren. Kühl servieren.

## APRICOT FIZZ

Alle Zutaten außer Orangenscheibe und Sodawasser im Shaker auf Eis kräftig schütteln, in ein Longdrinkglas auf Eiswürfel abseihen und mit Sodawasser aufspritzen. Mit Orangenscheibe und Cocktailkirsche garnieren.

**FÜR 1 COCKTAIL**

6 cl Aprikosensaft
2 cl Orangensaft
2 cl Zitronensaft
1 cl Mandelsirup
Eiswürfel
Sodawasser
Orangenscheibe
Cocktailkirsche

## OHNE ALKOHOL

## FRESH UP EXOTISCH

### FÜR 1 COCKTAIL

2 Scheiben frische Ananas
Saft von 1 Orange
2 cl Grenadine
Mineralwasser

Die Ananasscheiben im Mixer pürieren. Mit Orangensaft und Grenadinesirup vermischen. In ein Glas gießen und mit eisgekühltem Mineralwasser auffüllen. Nach Belieben dekorieren.

## ORANGEN-MANDEL-DRINK

### FÜR 1 COCKTAIL

2 cl Mandelsirup
2 cl Zuckersirup
4 cl Orangensaft
Eiswürfel
Tonic Water

Sirup und Saft im Shaker mit Eiswürfeln schütteln. In ein zu einem Drittel mit Eiswürfeln gefülltes Glas abseihen. Mit gekühltem Tonic Water auffüllen. Kurz verrühren. Mit einem Trinkhalm servieren.

## OHNE ALKOHOL

# MELONEN-DAIQUIRI

**FÜR 2 COCKTAILS**

200 g Melonenfleisch
(z. B. Honig- und Wassermelone)
10 cl weißer Traubensaft
4 EL Zuckersirup
4 EL Zitronensaft
Crushed Ice
je 2 Melonestücke und
Physalis

Das Melonenfleisch entkernen, in Würfel schneiden und mit gekühltem Saft, Zuckersirup und Zitronensaft im Mixer pürieren. Crushed Ice in den Daiquiri geben und umrühren. In zwei Tumbler füllen und mit Melonenstücken und Physalis garniert servieren.

# BABYLOVE

**FÜR 1 COCKTAIL**

4 cl Kokosnussmilch
2 cl Sahne
6 cl Ananassaft
2 cl Bananensirup
Crushed Ice
Bananenscheibe
Cocktailkirsche

Alle flüssigen Zutaten im Shaker auf Crushed Ice kräftig schütteln und in ein Longdrinkglas abseihen. Mit Crushed Ice auffüllen, Bananenscheibe und Kirsche als Garnitur dazugeben.

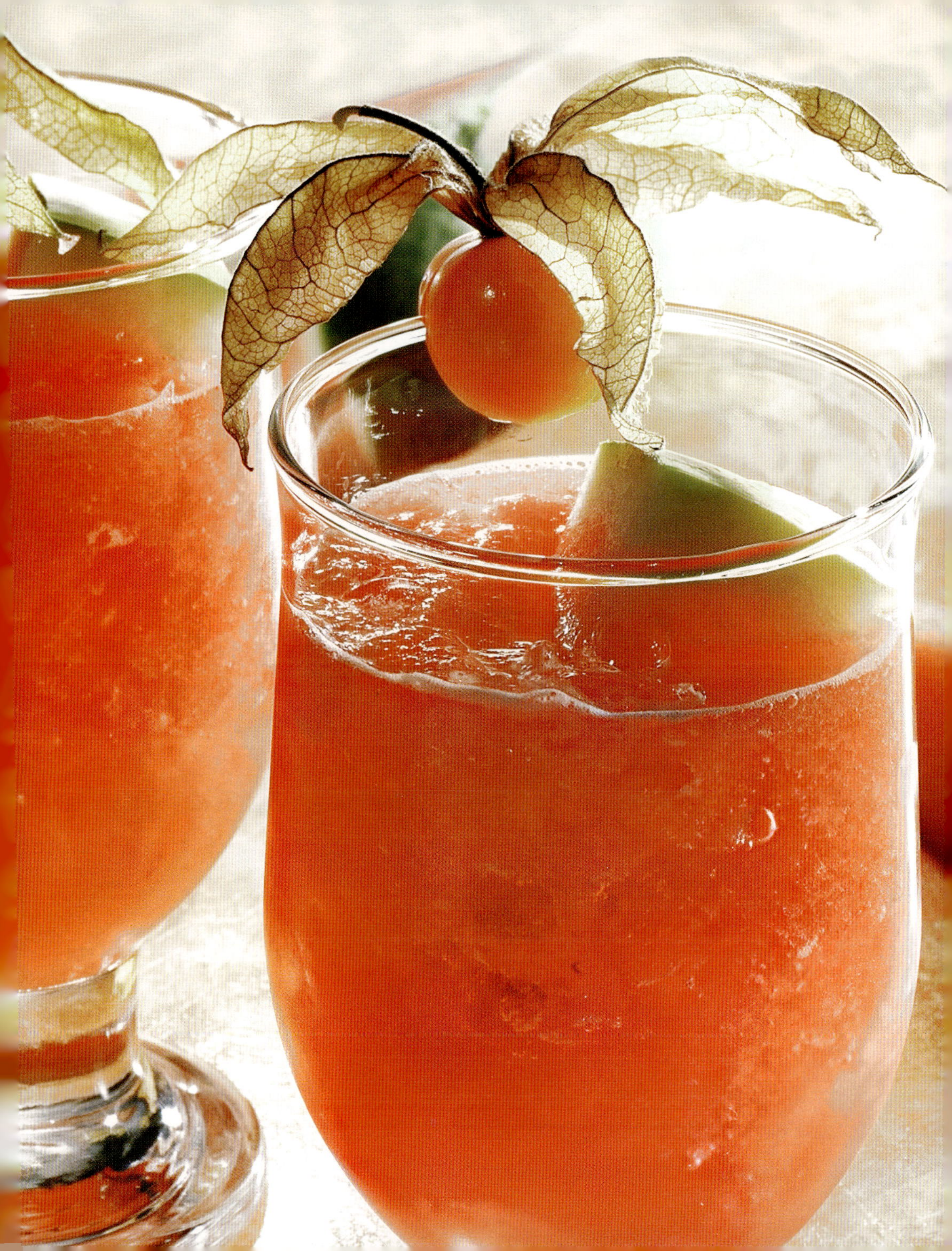

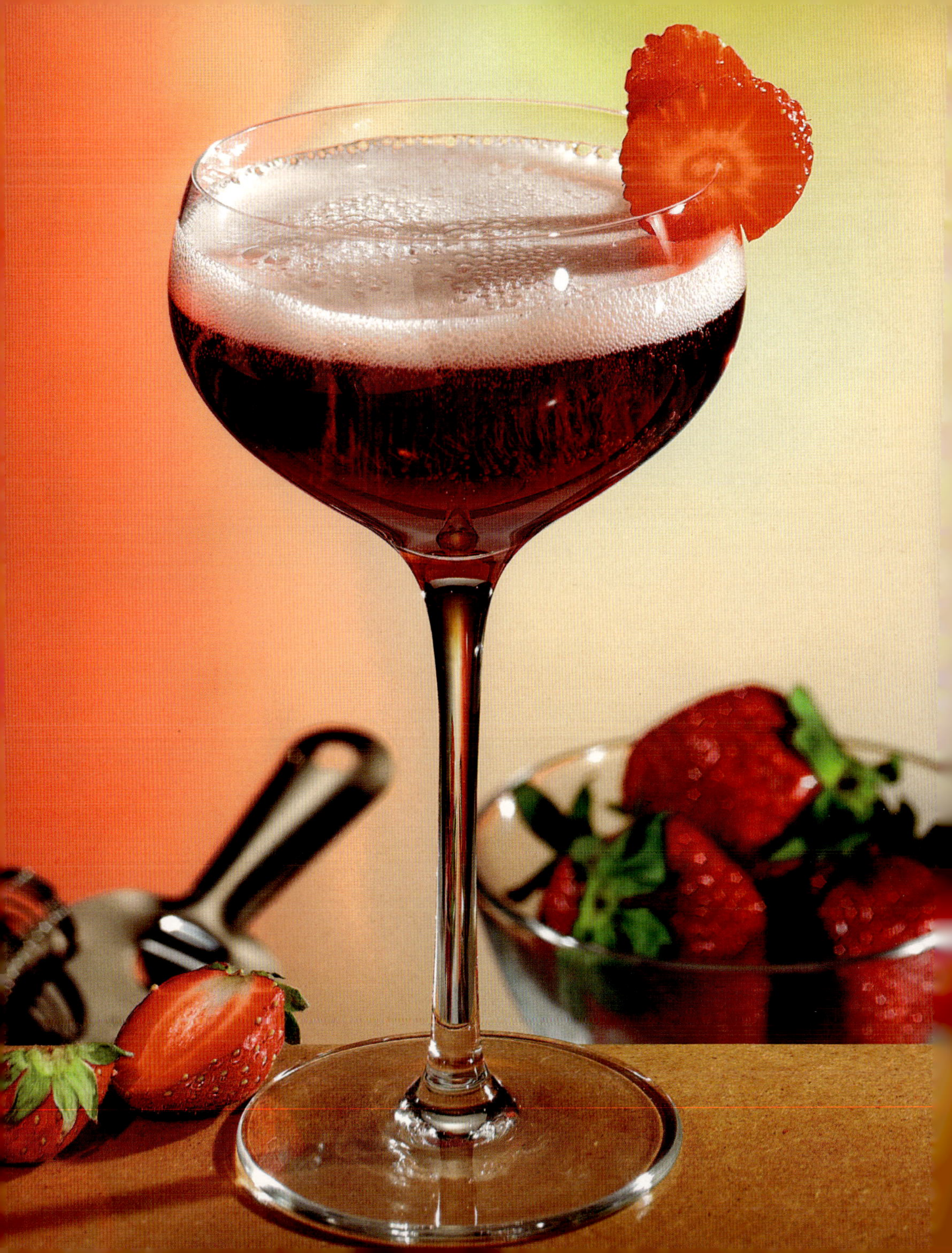

## OHNE ALKOHOL

# RED MOONLIGHT

**FÜR 1 COCKTAIL**

4 cl alkoholfreier Rotwein
0,5 cl Grenadine
Eiswürfel
alkoholfreier Sekt
Erdbeere

Alkoholfreien Wein und Grenadine im Shaker auf Eis schütteln und in eine Cocktailschale abseihen. Mit alkoholfreiem Sekt auffüllen und mit Erdbeere dekorieren.

# GRÜNER NEBEL

**FÜR 1 COCKTAIL**

6 cl Orangensaft
1 cl Zitronensaft
1 cl Mandelsirup
Eiswürfel
Tonic Water
1 Spritzer Blue Curaçao alkoholfrei
Limettenscheibe
Cocktailkirsche

Orangensaft, Zitronensaft und Sirup im Shaker auf Eis kräftig schütteln. In ein Cocktailglas auf Eiswürfel abseihen und mit Tonic Water auffüllen. Blue Curaçao alkoholfrei dazugeben und mit Limettenscheibe und Kirsche garnieren.

## OHNE ALKOHOL

# ROTE FRÜCHTCHEN

**FÜR 4 COCKTAILS**

300 g Erdbeeren
1 EL Honig
300 ml Blutorangensaft
4 Limettenscheiben

Erdbeeren waschen, putzen und mit dem Honig im Mixer sehr fein pürieren. Mit gut gekühltem Blutorangensaft auffüllen und nochmals kurz durchmixen. In vier Sektgläser verteilen und jeweils eine Limettenscheibe auf den Glasrand stecken.

# STRAWBERRY FIELDS

**FÜR 1 COCKTAIL**

2 cl Erdbeersirup
4 cl Birnensaft
3 cl Zitronensaft
6 cl Aprikosensaft
Eiswürfel
Crushed Ice
kohlensäurehaltiges Mineralwasser
Erdbeere
Sahnehaube

Sirup und Säfte über Eis in einem Shaker kurz und kräftig schütteln. In eine tiefe Cocktailschale auf Crushed Ice abseihen und mit kohlensäurehaltigem Mineralwasser auffüllen. Mit Erdbeere und Sahnehaube garnieren.

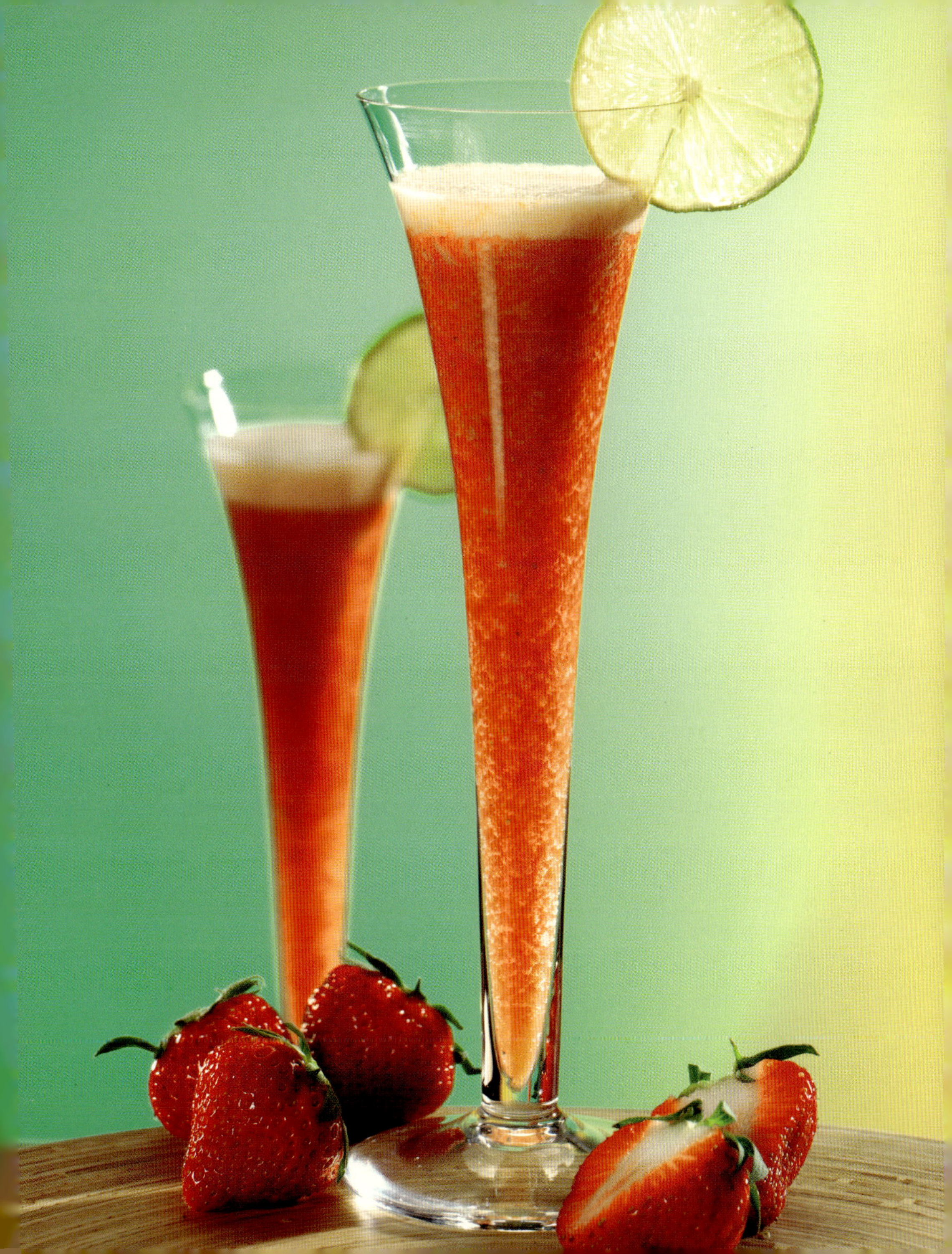

## OHNE ALKOHOL

## MANDARINEN-SHAKE

### FÜR 1 COCKTAIL

4 cl Mandarinensirup
6 cl Orangensaft
4 cl Sahne
1 Eigelb
1 Spritzer Grenadine
Crushed Ice
Orangenachtel
Cocktailkirsche

Alle Zutaten bis auf die Früchte mit Crushed Ice in einen Shaker geben und gut schütteln. Dann in ein Wasserglas gießen. Die Früchte auf einen Holzspieß stecken und das Glas damit dekorieren.

## GREEN ANGELWINGS

Säfte und Mineralwasser mischen und in ein Glas geben. Blue Curaçao alkoholfrei je nach gewünschter Farbintensität dazugeben.

### FÜR 1 COCKTAIL

50 cl Mineralwasser
35 cl Orangensaft
15 cl Grapefruitsaft
Blue Curaçao alkoholfrei

## OHNE ALKOHOL

# PICADILLY

Johannisbeersaft, Lime Juice und Orange Bitter im Shaker mit Eiswürfeln schütteln. In ein Longdrinkglas abseihen, mit Mineralwasser auffüllen. Johannisbeeren hineingeben, den Drink mit klein geschnit-tenem Minzeblatt bestreuen und mit Gurken-Kumquat-Spieß servieren.

### FÜR 1 COCKTAIL

5 cl Johannisbeersaft
2 cl Lime Juice
5 cl Orange Bitter
Eiswürfel
Mineralwasser
Johannisbeeren
Minzeblatt
Gurkenscheibe
Kumquats

# MALIBU

Die Säfte und den Lime Juice im Shaker mit Eiswürfeln schütteln und in ein Longdrinkglas abseihen. Die Himbeeren in den Drink geben und mit Mineralwasser abspritzen.

### FÜR 1 COCKTAIL

10 cl Orangensaft
4 cl Maracujasaft
2 cl Ananassaft
2 cl Lime Juice
Eiswürfel
Himbeeren
Mineralwasser

## OHNE ALKOHOL

# ORANGE FRESH

**FÜR 1 COCKTAIL**

6 cl Orangensaft
2 cl Zitronensaft
2 cl Ananassaft
Eiswürfel
4 cl Ginger Ale
Tonic Water
Orangen- oder Ananasscheibe

Die Säfte in einem Longdrinkglas mit Eiswürfeln gut verrühren. Mit Ginger Ale und Tonic Water auffüllen. Nochmals kurz umrühren. Mit Orangen- oder Ananasscheibe dekorieren

# LONG RED

Sirup über Eis in ein Longdrinklas gießen. Den Saft hinzugeben und mit Bitter Lemon auffüllen.

**FÜR 1 COCKTAIL**

2 cl Grenadine
Eiswürfel
1 Spritzer Limetten- oder Zitronensaft
Bitter Lemon

OHNE ALKOHOL

# TORERO

### FÜR 1 COCKTAIL

12 cl Tomatensaft
12 cl Orangensaft
1 Spritzer Tabasco
Eiswürfel
Crushed Ice
Limettenscheibe
Sellerie

Tomatensaft mit Orangensaft und Eiswürfeln im Shaker mixen. Den Drink in ein Longdrinkglas mit Crushed Ice abseihen und mit Tabasco würzen. Mit Limettenscheibe auf einer Selleriestange servieren.

# FUNNY WINTER

### FÜR 1 COCKTAIL

8 cl Grapefruitnektar
16 cl Multivitaminsaft
1,5 cl Grenadine
Crushed Ice

Säfte und Grenadine in ein Longdrinkglas auf Crushed Ice geben und gut verrühren.

OHNE ALKOHOL

# SCARLETT DREAM

**FÜR 2 COCKTAILS**

2 TL Limettensaft
1 Tl Zucker
1 cl Himbeersirup
Eiswürfel
100 ml Sodawasser
1 Handvoll Himbeeren
1 Zweig frische Minze
Für den Crustarand:
Grenadine
Zucker

Für den roten Crustarand die Gläser zunächst in Grenadine, dann in Zucker tauchen. Limettensaft mit Zucker und Himbeersirup verrühren. Mischung mit Eiswürfeln und Sodawasser in einen Shaker geben und kräftig schütteln. In zwei Cocktailgläser füllen und mit Himbeeren und Minzeblättchen garnieren.

# SOMMERNACHTSTRAUM

**FÜR 2 COCKTAILS**

2 cl Orangensirup
1 Spritzer Grenadine
100 ml Apfelsaft
150 ml Mineralwasser
1 Orange
Zitronensaft
1 Handvoll Sommerfrüchte

Sirup, Grenadine, Apfelsaft und Wasser in einen Shaker geben und kräftig schütteln. Orange waschen, in dünne Dreiecke schneiden. Stückchen in zwei Cocktailgläser verteilen, Cocktail dazugießen und in jedes Glas einen Spritzer Zitronensaft geben. Die Gläser mit Sommerfrüchten garniert servieren.

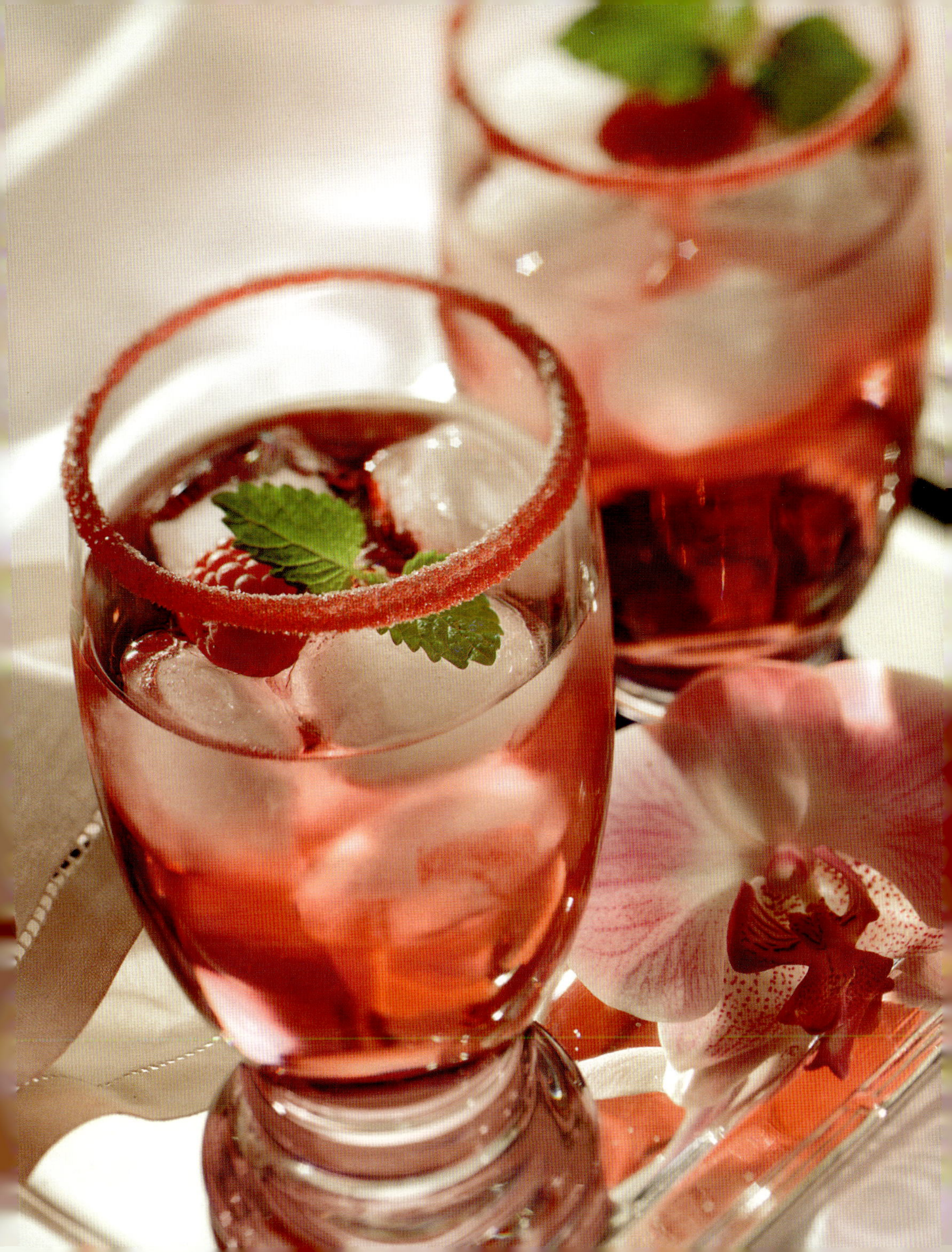

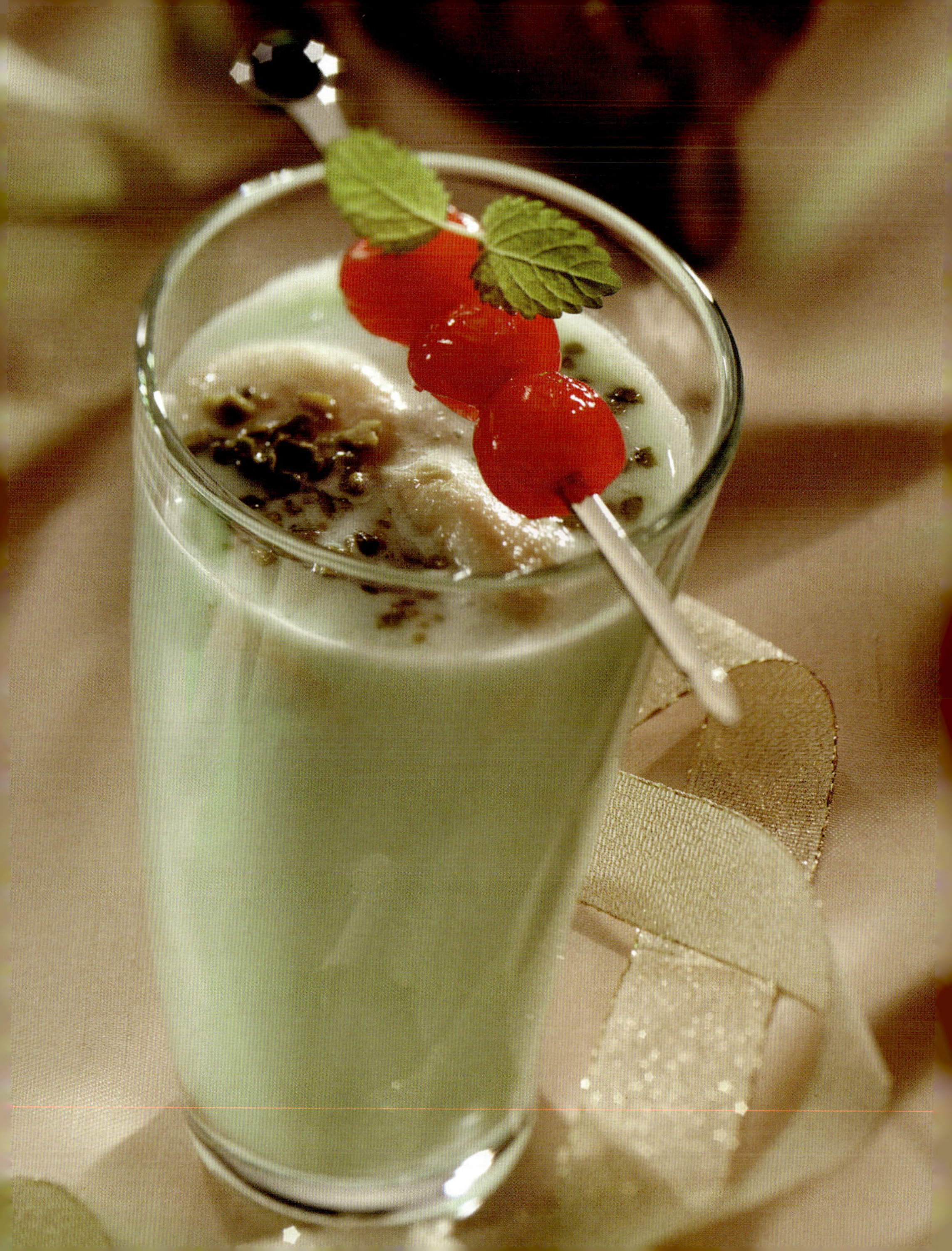

## OHNE ALKOHOL

# GREEN BANANA

**FÜR 2 COCKTAILS**

1 El Zitronensaft
3 cl Pfefferminzsirup
1 cl Blue Curaçao alkoholfrei
1–2 Bananen
200 ml Milch
100 ml Ananassaft
2 EL gehackte Pistazienkerne
Cocktailkirschen

Zitronensaft, Sirup und Blue Curaçao miteinander verrühren. Die Bananen schälen und in Scheiben schneiden. Milch mit Ananassaft verrühren. Alles in einem Shaker gut durchmixen. Drink in zwei Gläser füllen, mit Pistazienkernen bestreuen und mit Cocktailkirschen garniert servieren.

# LADY IN RED

**FÜR 2 COCKTAILS**

2 cl Johannisbeersirup
2 cl Himbeersirup
Eiswürfel
1 EL Zucker
Grenadine
200 ml Mineralwasser
300 g Johannisbeeren

Den Sirup mit Eiswürfeln im Shaker schütteln. Den Zucker mit einigen Tropfen Grenadine beträufeln. Glasrand anfeuchten und in den Zucker drücken. Den Sirup in zwei Gläser verteilen und mit Mineralwasser auffüllen. Die Johannisbeeren in den Drink geben.

## OHNE ALKOHOL

# ACAPULCO

**FÜR 1 COCKTAIL**

8 cl Ananassaft
2 cl Maracujasirup
2 cl frischer Zitronensaft
Eiswürfel
8 cl Bitter Lemon
1 Zweig frische Minze
Ananasstückchen

Alle Zutaten außer dem Bitter Lemon mit 5–6 Eiswürfeln im Shaker mixen und in ein Longdrinkglas abseihen. Mit Bitter Lemon auffüllen und mit Ananasstückchen und Minzeblättchen garniert servieren.

# PISTOLERO

**FÜR 1 COCKTAIL**

2 cl Blue Curaçao alkoholfrei
2 cl Sahne
18 cl Ananassaft
2 cl Mandelsirup
Eiswürfel
Crushed Ice
Cocktailkirsche
Für den Crustarand:
Blue Curaçao alkoholfrei
Zucker

Das Glas erst in Blue Curaçao alkoholfrei und anschließend in Zucker tauchen. Die Zutaten mit Eiswürfeln im Shaker schütteln und in ein Longdrinkglas mit Crushed Ice abseihen. Mit einer Cocktailkirsche garniert servieren.

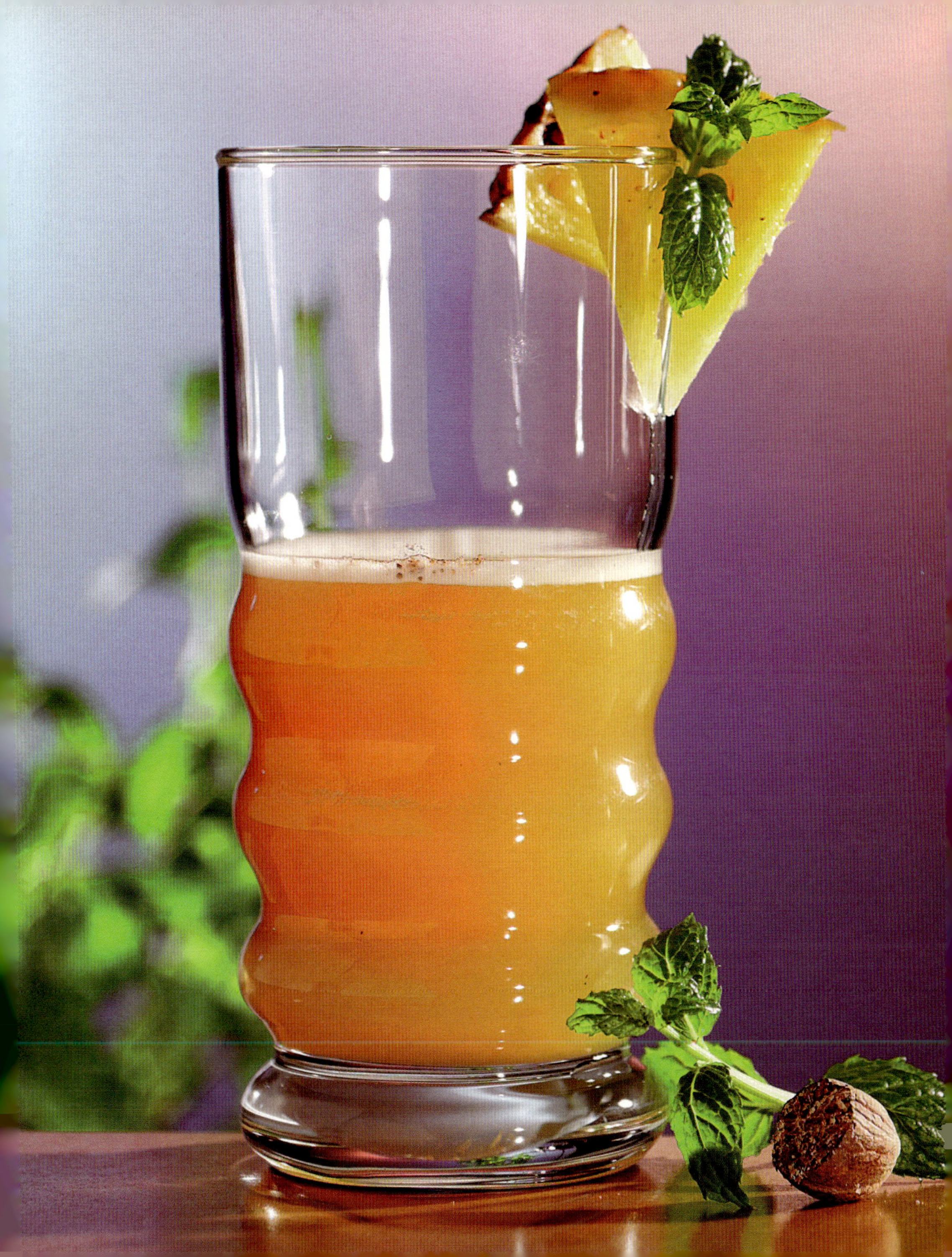

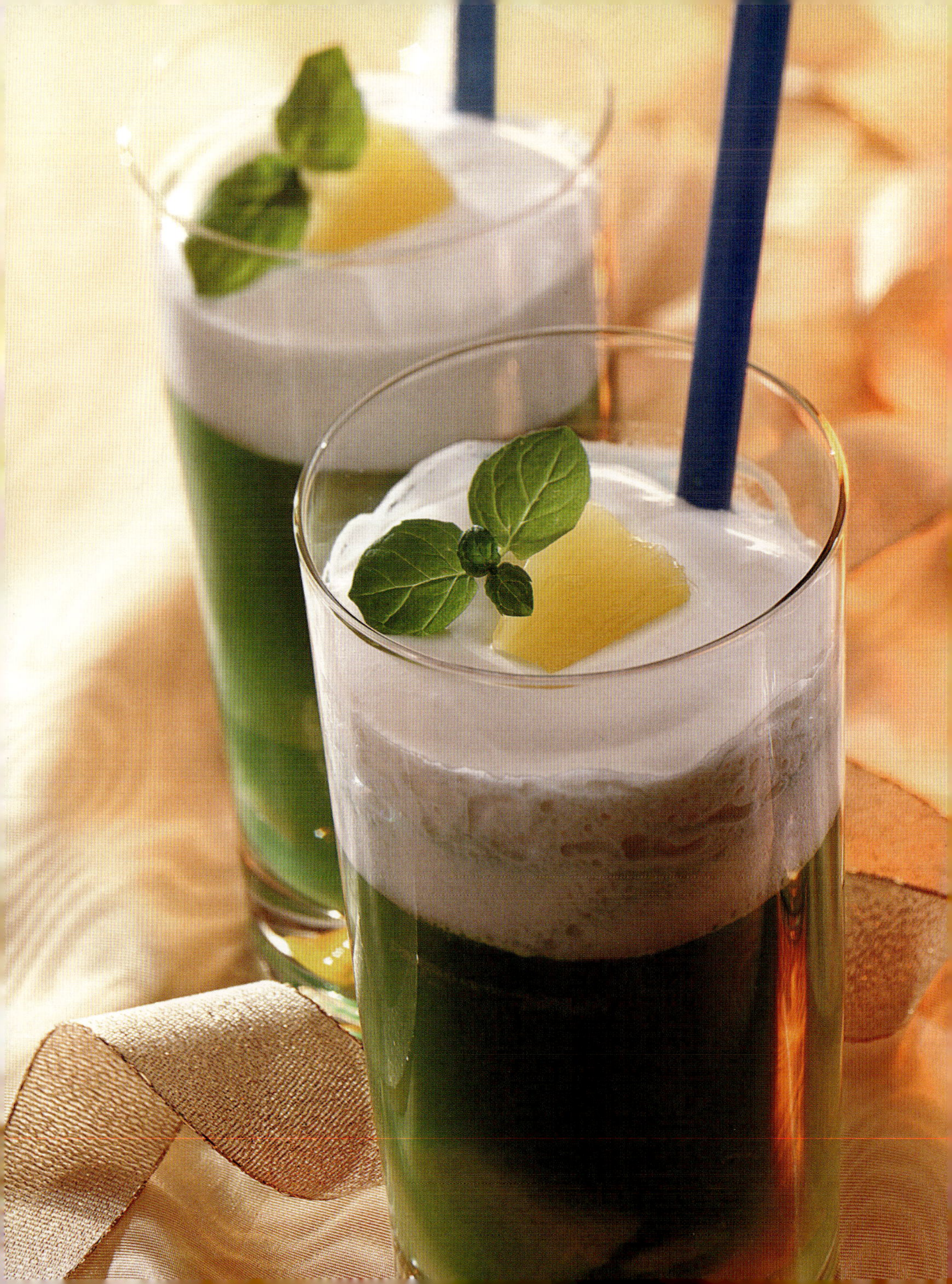

**OHNE ALKOHOL**

## AMAZONAS

**FÜR 2 COCKTAILS**

8 cl Orangensaft
1,5 cl Maracujasirup
0,5 cl Blue Curaçao alkoholfrei
Eiswürfel
8 cl Ananassaft
4 EL Schlagsahne
1 Zweig frische Minze

Orangensaft, Sirup und Blue Curaçao alkoholfrei mit Eiswürfeln in einen Shaker geben und kräftig schütteln. Ananassaft unterrühren und in zwei Cocktailgläser schütten. Ananasstückchen und je 2 EL Schlagsahne in den Drink geben. Mit Minzeblättchen garniert servieren.

## CINDERELLA

**FÜR 1 COCKTAIL**

1 cl Grenadine
2 cl Kokosnuss-Sirup
2 cl Sahne
8 cl Orangensaft
8 cl Ananassaft
Crushed Ice
Fruchtspieße zum Garnieren

Alle Zutaten in den Shaker geben und kräftig schütteln. Durch ein Barsieb in ein großes Longdrinkglas abseihen und mit Crushed Ice auffüllen. Mit Fruchtspieß garniert servieren.

## OHNE ALKOHOL

## TROPICAL LOVE

### FÜR 1 COCKTAIL

5 cl Maracujanektar
3 cl Sauerkirschnektar
2 cl Ananassaft
Tonic Water
Ananasstück
Cocktailkirsche

Die Säfte in einem Longdrinkglas verrühren und mit gut gekühltem Tonic Water auffüllen. Mit Ananasstück und Kirsche dekorieren.

## FROGGY

Säfte und Sirup auf Eis im Shaker gut schütteln und in ein Cocktailglas mit Crushed Ice abseihen. Mit Zitronenspirale und Minze garnieren.

### FÜR 1 COCKTAIL

3 cl Maracujasaft
3 cl Grapefruitsaft
3 cl Bananensaft
1 cl Pfefferminzsirup
Crushed Ice
Zitronenspirale
1 Zweig frische Minze

## OHNE ALKOHOL

# CHERRY KING

Kirschsaft in ein Longdrinkglas geben, mit Tonic Water auffüllen, mit Zitronensaft abspritzen und Crushed Ice hinzufügen. Mit Limetten- oder Zitronenscheibe garnieren.

### FÜR 1 COCKTAIL

4 cl Kirschsaft
10 cl Tonic Water
1 Spritzer Zitronensaft
Crushed Ice
Zitronen- oder Limettenscheibe

# GREEN CAT

Säfte, Sahne und den alkoholfreien Curaçao im Shaker gut mixen und in ein Longdrinkglas abseihen.

### FÜR 1 COCKTAIL

5 cl Orangensaft
5 cl Ananassaft
2 cl Sahne
2 cl Blue Curaçao alkoholfrei

## OHNE ALKOHOL

# PIÑA COLADA

**FÜR 1 COCKTAIL**

5 cl Kokosmilch
5 cl Ananassaft
5 cl Sahne
Crushed Ice
¼ Ananasscheibe
Cocktailkirsche

Kokosmilch, Ananassaft und Sahne im Shaker gut miteinander mischen. Crushed Ice in ein Longdrinkglas geben. Den Cocktail in das Glas füllen. Die Ananasscheibe und die Cocktailkirsche auf einen Cocktailspieß stecken und über das Glas legen.

# MINT TONIC

**FÜR 1 COCKTAIL**

4 frische Minzeblätter
1 cl Zuckersirup
Eiswürfel
4 cl Pfefferminzsirup
6 cl Zitronensaft
Tonic Water
Zitronenschalenspirale

Die Minzeblätter mit dem Zuckersirup in einem Longdrinkglas zerreiben. Einige Eiswürfel, Pfefferminzsirup und Zitronensaft dazugeben und gut umrühren. Mit Tonic Water auffüllen und nochmals gut umrühren. Die Schalenspirale an den Glasrand hängen.

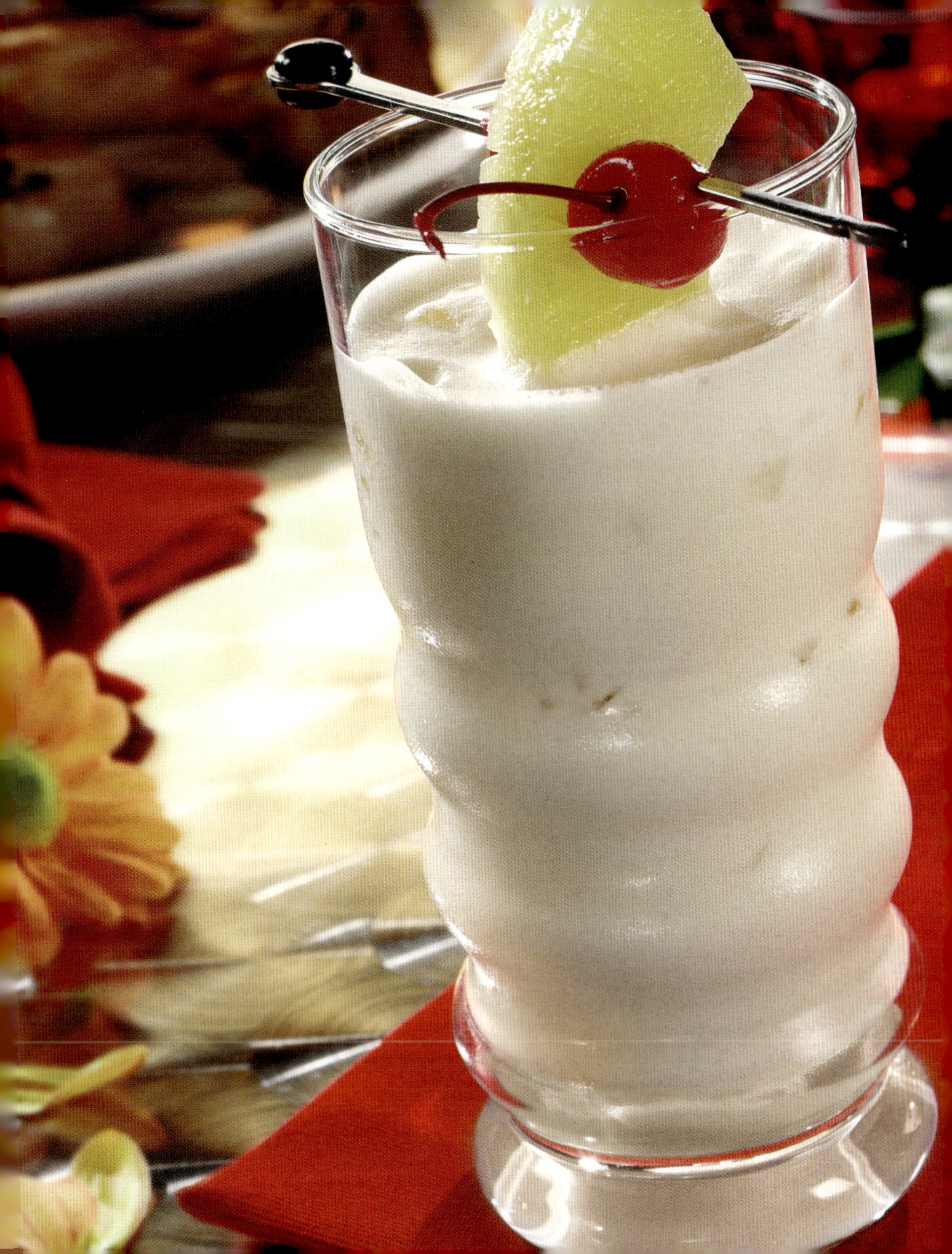

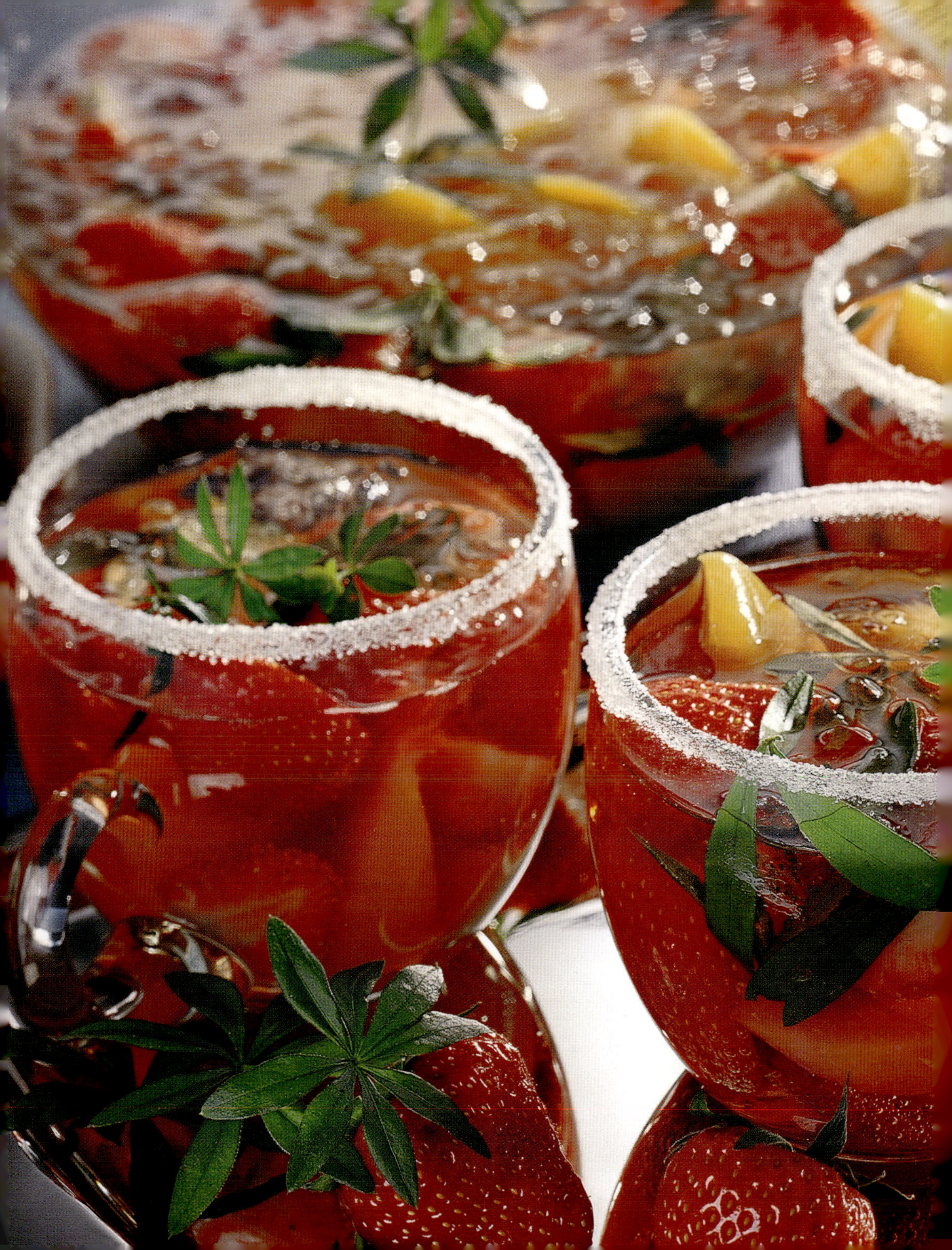

# Bowle & Punsch

Was kann bei der abendlichen Sommerparty schöner und geselliger sein, als eine dekorative Bowle oder kalten Punsch mit lieben Gästen zu teilen?

# BOWLE

## ROSEN-BOWLE

**FÜR 1 BOWLEGEFÄSS**

8 ungespritzte Rosenblüten (stark duftend)
50 g Zucker
4 cl Weinbrand
2 Flaschen trockener Weißwein
250 ml Crème de Cassis
1 Flasche Sekt

Die Rosenblätter verlesen, waschen und gut abtropfen lassen. Einige zur Dekoration beiseitelegen. Restliche Blüten mit dem Zucker bestreuen, mit Weinbrand und 1 Flasche Wein übergießen und im Kühlschrank mindestens 1 Stunde ziehen lassen. Anschließend die Flüssigkeit durch ein Sieb gießen und in ein Bowlegefäß (2,5–3 l Inhalt) geben. Mit restlichem, gut gekühltem Wein, Crème de Cassis und Sekt auffüllen. Restliche Rosenblätter darauf streuen.

## APFEL-BOWLE

**FÜR 1 BOWLEGEFÄSS**

6 säuerliche Äpfel
50 g Zucker
Saft von 2 Zitronen
8 cl Calvados
750 ml Apfelsaft
1 Flasche Apfelwein
1,5 l kohlensäurehaltiges Mineralwasser
1 Zweig Zitronenmelisse

Äpfel schälen, vierteln, entkernen und in feine Scheiben schneiden. Sofort zuckern, mit Zitronensaft und Calvados vermengen. Mit dem Apfelsaft begießen, bis sie bedeckt sind, und über Nacht an einem kühlen Platz durchziehen lassen. Äpfel in ein Bowlegefäß geben, mit eiskaltem Apfelwein und dem restlichen Apfelsaft auffüllen und umrühren. Mineralwasser hinzufügen und mit Zitronenmelisse dekorieren.

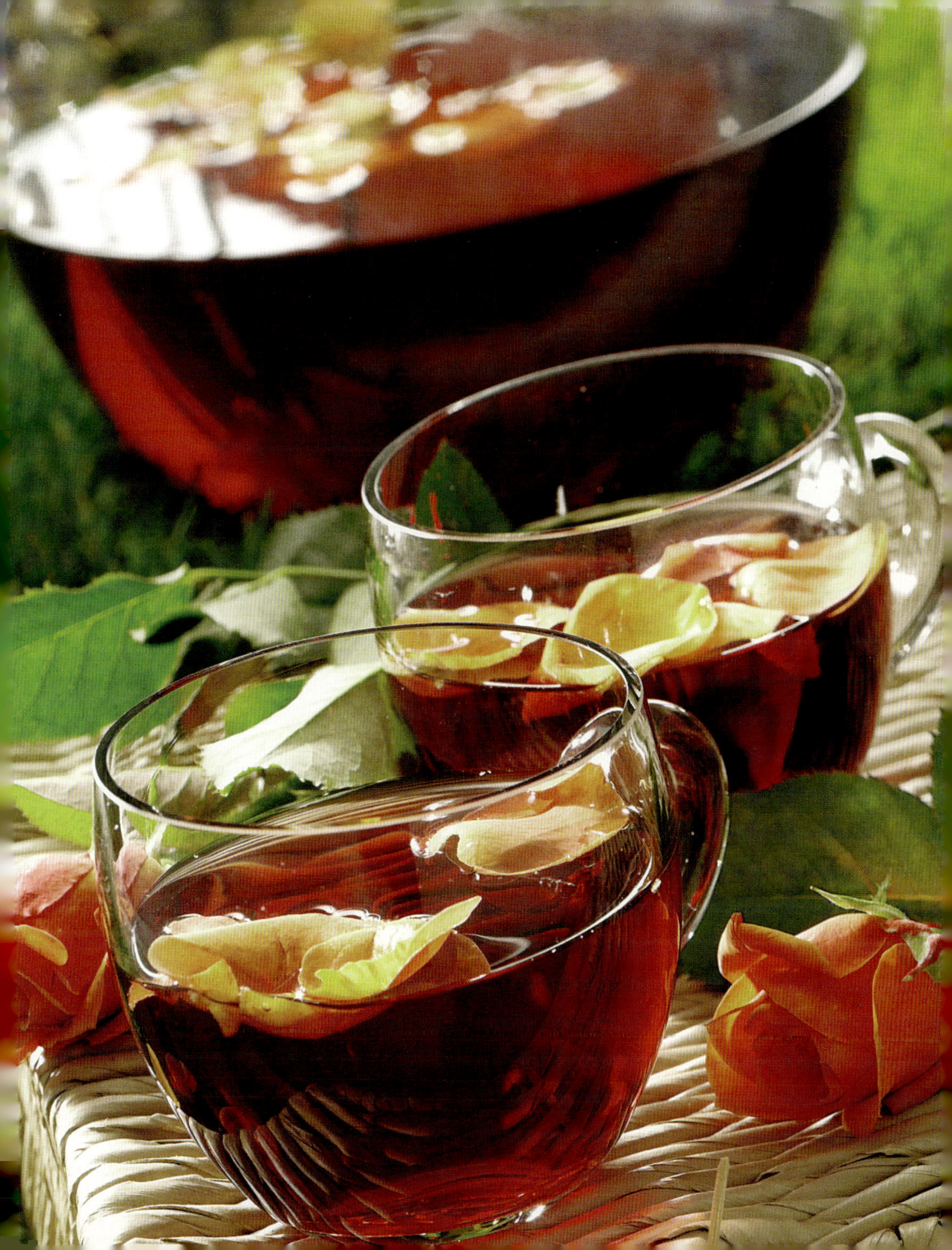

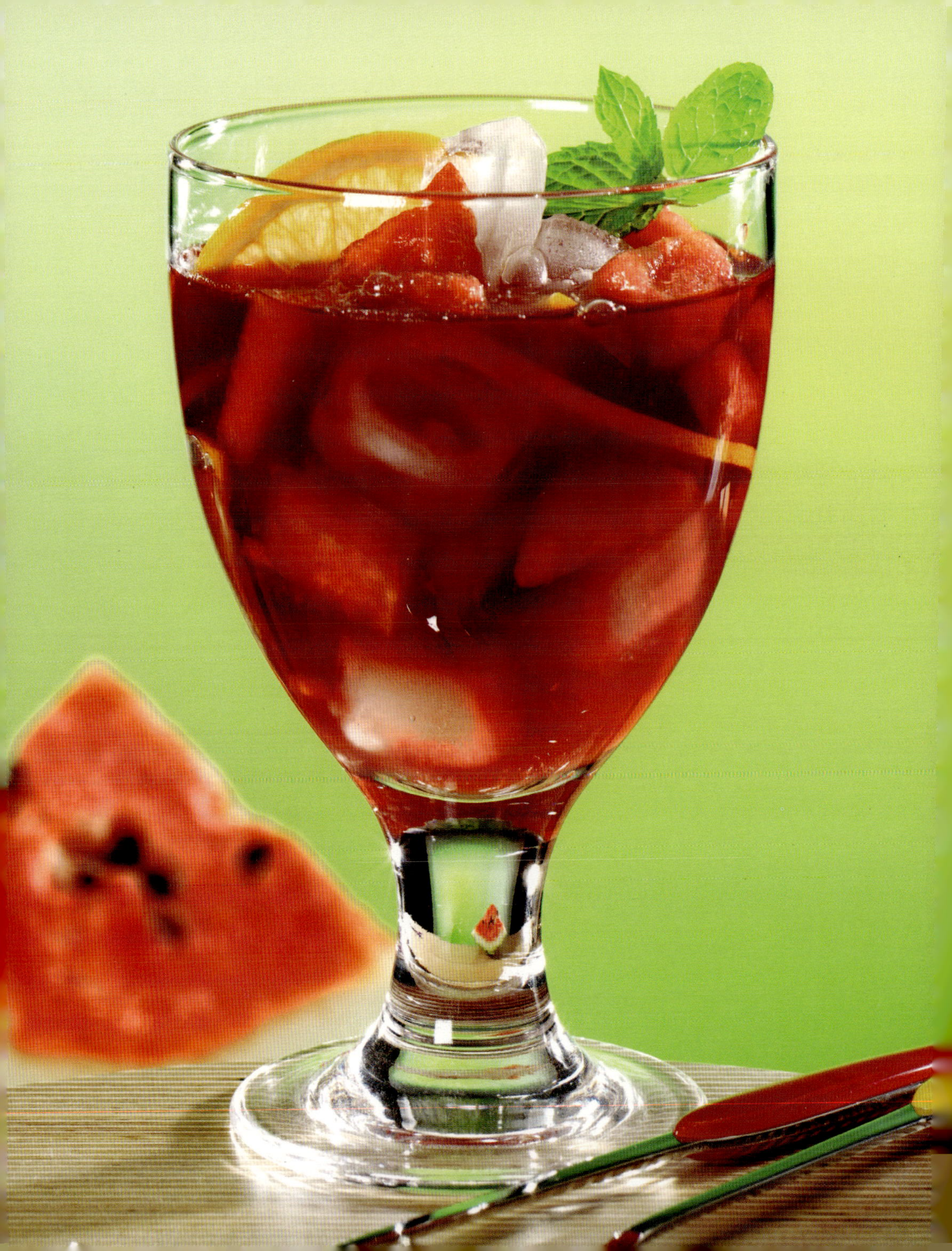

# BOWLE

## SANGRIA

**FÜR 1 BOWLEGEFÄSS**

1 Zuckermelone
2 Orangen
500 ml frisch gepresster Orangensaft
1 l Rotwein
Zucker
Eiswürfel

Das Fruchtfleisch der Melone in Stücke schneiden. Die Orangen in dünne Scheiben schneiden. Zusammen in einen Bowlenkrug geben, Orangensaft und Rotwein hinzufügen, eventuell mit Zucker süßen. Eine Stunde ziehen lassen und mit Eiswürfeln servieren.

Tipp:
Bei der Zubereitung der Sangria sind Ihrer Fantasie keine Grenzen gesetzt. Statt der Melone können Sie auch andere Früchte wie z. B. Pfirsiche oder Aprikosen nehmen. Oder Sie geben einen Schuss Cointreau, Maraschino oder weißen Rum hinzu. Probieren Sie aus, wie Ihnen die Sangria am besten schmeckt!

## MAI-BOWLE

**FÜR 1 BOWLEGEFÄSS**

1 Büschel Waldmeister ohne Blüten
2 Flaschen milder Weißwein
1 Honigmelone
5 EL Crème de Menthe
1 Flasche Sekt

Das Waldmeisterbüschel waschen, trocken tupfen, an einen Holzlöffelstiel binden und in ein Bowlegefäß hängen. Mit dem gut gekühlten Weißwein übergießen. Abgedeckt an einem kühlen Platz etwa eine halbe Stunde ziehen lassen. Die Melone halbieren, entkernen und mit einem Kugelausstecher Kugeln aus dem Fruchtfleisch lösen. Waldmeister aus dem Gefäß nehmen, die Melonenkugeln und den Pfefferminzlikör hineingeben. Mit dem gut gekühlten Sekt auffüllen und umrühren.

BOWLE

# TROPIC-BOWLE

### FÜR 1 BOWLEGEFÄSS

1 Dose Ananasstücke
(Abtropfgewicht 340 g)
1 Dose Mandarinenfilets
(Abtropfgewicht 175 g)
1 Dose Litschies (150 g)
1 Sternfrucht
1 l Mineralwasser
1,5 l Mango- oder Maracujasaft

Ananasstücke und Mandarinenfilets mit Saft in ein Bowlegefäß geben. Litschies abgetropft untermischen. Die Sternfrucht in Scheiben schneiden und hinzufügen. Mit dem gut gekühlten Mineralwasser und dem Saft auffüllen und zugedeckt im Kühlschrank 1 Stunde ziehen lassen.

# APFEL-INGWER-BOWLE

Äpfel waschen, entkernen und in Würfel schneiden. Mit Apfelsaft, Ginger Ale und Ingwer ca. eine Stunde ziehen lassen. Mit Mineralwasser auffüllen.

### FÜR 1 BOWLEGEFÄSS

3 süß-säuerliche Äpfel
250 ml Apfelsaft
500 ml Ginger Ale
1 TL Ingwer (gehackt)
1,5 l Mineralwasser

# APFEL-KIWI-BOWLE

### FÜR 1 BOWLEGEFÄß

1 großer, grüner Apfel
3 Kiwis, 1 Bund Minze
2 EL Puderzucker
Saft von 1 Zitrone
2 Flaschen milder Weißwein
1 Flasche Sekt

Apfel waschen und in dünne Scheiben hobeln. Kiwis schälen und in Stücke schneiden. Minzeblätter fein hacken. Alles in einem Bowlegefäß vermischen. Mit Puderzucker bestäuben und Zitronensaft beträufeln. 30 Minuten durchziehen lassen. Kurz vor dem Servieren mit gekühltem Wein und Sekt auffüllen.

### FÜR 1 BOWLEGEFÄß

1 Wassermelone
10 cl Apfelsaft
2 EL Zucker
2 Flaschen trockener alkoholfreier Weißwein
2 Flaschen alkoholfreier Sekt

# WASSERMELONEN-BOWLE

Die Melone halbieren, die Kerne entfernen und dabei den Saft auffangen. Mit einem Kugelausstecher das Fruchtfleisch herauslösen. Die Melonenkugeln in ein Bowlegefäß geben und Apfelsaft, Zucker und 1 Flasche Wein aufgießen. Etwa 2 Stunden kühl stellen. Anschließend die Bowle mit restlichem Wein und Sekt auffüllen.

BOWLE

## APFEL-BIRNEN-SAFT-BOWLE

### FÜR 1 BOWLEGEFÄß

4 Äpfel
4 Birnen
4 EL Zucker
1 l Apfelsaft
1 l Birnensaft
1,5 l Mineralwasser

Die Äpfel und Birnen schälen, von Stielansatz und Kerngehäuse befreien und in Spalten oder Würfel schneiden. Mit dem Zucker und den beiden Säften in ein Gefäß geben und 30 Minuten ziehen lassen. Anschließend mit Mineralwasser auffüllen.

## KÜRBISBOWLE

Kürbisfleisch entkernen. Mit einem Kugelausstecher das Fruchtfleisch herauslösen und in ein Bowlegefäß geben. Limette in dünne Scheiben schneiden. Die Hälfte der Limettenscheiben auf die Kürbisbällchen geben und den Zucker daraufstreuen. Traubensaft angießen und 2–3 Stunden kühl stellen. Danach mit Mineralwasser und Sekt aufgießen, die restlichen Limettenscheiben zugeben.

### FÜR 1 BOWLEGEFÄß

400 g Kürbisfleisch
1 Limette
1 EL Zucker
750 ml Traubensaft
750 ml Mineralwasser
1 Flasche alkoholfreier Sekt

## BOWLE

# MELONENBOWLE

Melone entkernen, Fruchtfleisch in Würfel schneiden und in ein Bowlegefäß geben. Zitronensaft und 1 Flasche alkoholfreien Weißwein hinzugeben. Im Kühlschrank 3 Stunden ziehen lassen. Die zweite Flasche Wein hinzufügen und kurz vor dem Servieren mit alkoholfreiem Sekt auffüllen. Mit Zitronenspirale servieren.

### FÜR 1 BOWLEGEFÄSS

1 Honigmelone
3 cl Zitronensaft
2 Flaschen alkoholfreier Weißwein
1 Flasche alkoholfreier Sekt
Zitronenspirale

# ERDBEERBOWLE

Erdbeeren in Scheiben schneiden, mit Zucker bestreuen und mit Zitronensaft beträufeln. Mit einem Teil des Apfelsaftes aufgießen, einige Melissenblätter zugeben und 2 Stunden ziehen lassen. Mit restlichem Apfelsaft und Mineralwasser auffüllen und restliche Melissenblätter zugeben. Erdbeerbowle gut gekühlt mit Eiswürfeln servieren.

### FÜR 1 BOWLEGEFÄSS

600–800 g Erdbeeren
50 g Zucker
Saft von 2–3 Zitronen
700 ml klarer Apfelsaft
1 l Mineralwasser
1 Bund Zitronenmelisse
Eiswürfel

BOWLE

## KIBA-BOWLE

**FÜR 1 BOWLEGEFÄSS**

ca. 30 frische Kirschen mit Stiel
(ersatzweise aus dem Glas)
1 l Bananen-Nektar
1 l Kirsch-Nektar
750 ml Mineralwasser
oder Sekt
Kirschen
Limettenscheiben

In jedes Fach eines Eiswürfelbereiters 1 Kirsche legen, mit Bananen-Nektar auffüllen und gefrieren lassen. Eiskalten Kirsch- und den restlichen Bananen-Nektar in ein Bowlegefäß geben und mit Mineralwasser oder Sekt auffüllen. Zum Servieren die Eiswürfel in die Bowle geben und mit einem Löffel servieren. Bowlegefäß mit Kirschen und Limettenscheiben garnieren.

## FRUCHTIGE TEEBOWLE

**FÜR 1 BOWLEGEFÄSS**

1,5 l klarer Birnensaft
1 Bund Zitronenmelisse
5 TL Assam-Teeblätter
3–4 EL Rohrzucker
2 EL Zitronen- oder
Limettensirup
Saft von 2 Zitronen
1,5–2 l Flaschen kohlensäurehaltiges Mineralwasser
250 g frische oder tiefgekühlte Brombeeren

750 ml Flasche eiskalten Birnensaft mit klein geschnittener Zitronenmelisse mischen. In Eiskugelbeutel abfüllen und in den Gefrierschrank legen. Den Tee mit 250 ml siedend heißem Wasser aufgießen und ca. fünf Minuten ziehen lassen. Inzwischen Rohrzucker, Zitronen- oder Limetten-Sirup und Zitronensaft verrühren. Eine Handvoll der Birnensaft-Eiskugeln in ein Sieb geben. Den Tee darüber in die Zuckermischung gießen und gut verrühren. Die Flüssigkeit in ein Bowlegefäß abseihen. Mit restlichem Birnensaft und dem Mineralwasser – beides eiskalt – aufgießen. Die restlichen Birnen-Eiskugeln und die Brombeeren in die Bowle geben. Das Bowlegefäß auf zerstoßenes Eis stellen. Sie können die Bowle auch eben so gut mit Himbeeren oder Birnen aus der Dose zubereiten.

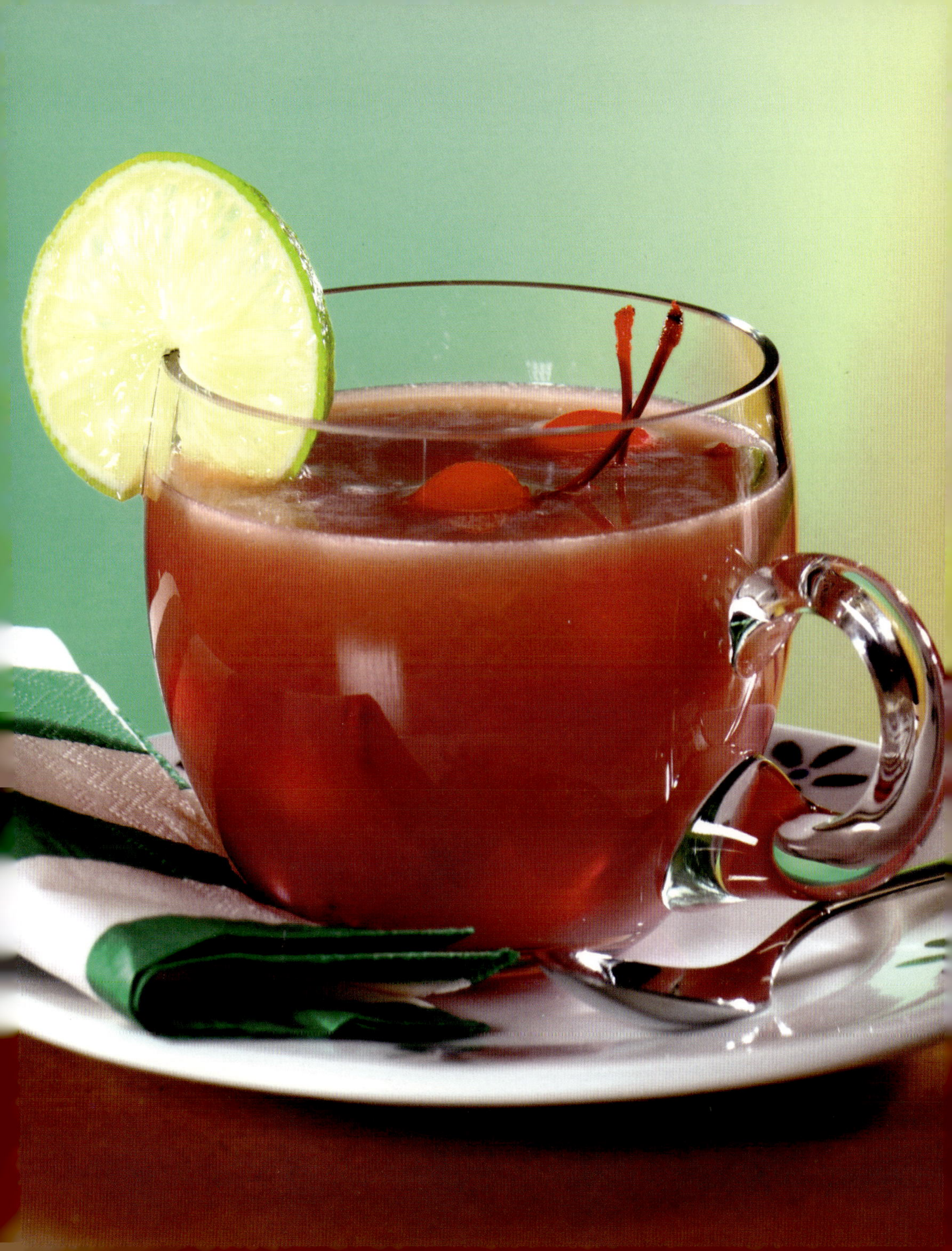

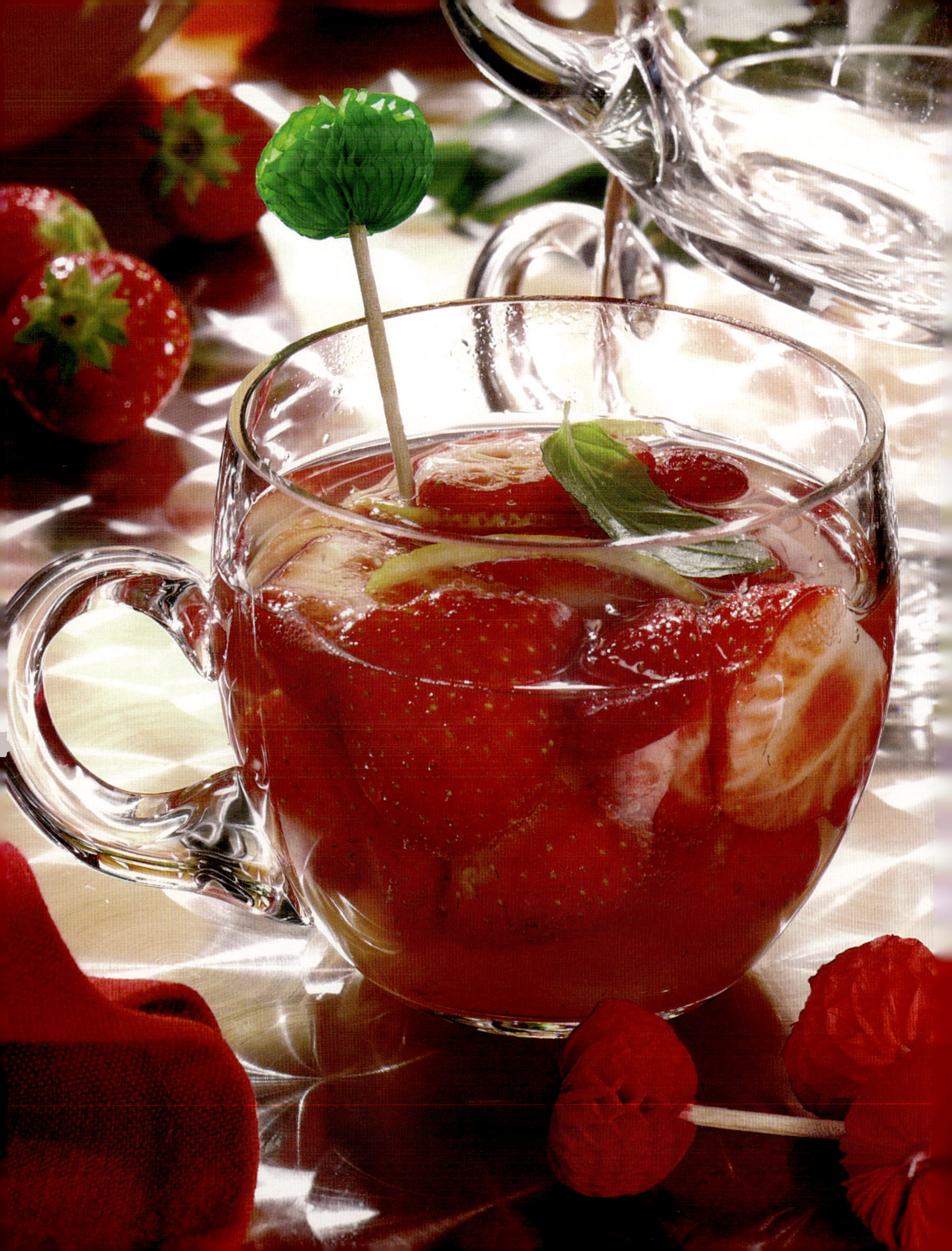

# BOWLE

# ERDBEER-FRUCHTBOWLE

**FÜR 1 BOWLEGEFÄSS**

750 g frische Erdbeeren
75 g Zucker
1 unbehandelte Zitrone
1 unbehandelte Orange
1 Flasche trockener Weißwein
1 Flasche Sekt
1 Zweig Minze

Erdbeeren putzen, waschen, halbieren und mit Zucker in ein Bowlegefäß geben. Zitrone und Orange heiß abwaschen. Schale dünn abschälen und die Hälfte in feine Streifen schneiden, Früchte auspressen. Saft und geschnittene Zitrusschale mit den Erdbeeren mischen und kühl stellen. Nach etwa 2 Stunden den Erdbeersaft abgießen, einmal umrühren, den Wein angießen und 2 Stunden ruhen lassen. Anschließend Sekt zugießen und umrühren. Restliche Zitrusschale dekorativ an den Bowlenrand hängen. Jedes Glas mit Minzeblättchen dekorieren.

# ROSA ZEITEN

**FÜR 1 BOWLEGEFÄSS**

1 kleine Honigmelone (750 g)
1 große Banane
2 cl Rum
2 cl Mandellikör
1 Sternfrucht
1 EL Puderzucker
2 Flaschen Roséwein
1 Flasche Sekt rosé

Melone vierteln, entkernen und Fruchtfleisch von der Schale lösen. In Würfel schneiden oder mit einem Kugelausstecher Kugeln formen. Saft aus den Schalen drücken und darüberträufeln. In ein Bowlegefäß geben. Bananenscheiben hinzugeben. Rum und Mandellikör darüberträufeln. Sternfrucht in Scheiben schneiden, auf Banane und Melone verteilen und Puderzucker darübersieben. 15 Minuten ziehen lassen. Eine Flasche gut gekühlten Roséwein aufgießen und 10 Minuten ziehen lassen. Die zweite Flasche Wein und den ebenfalls gut gekühlten Sekt hinzufügen.

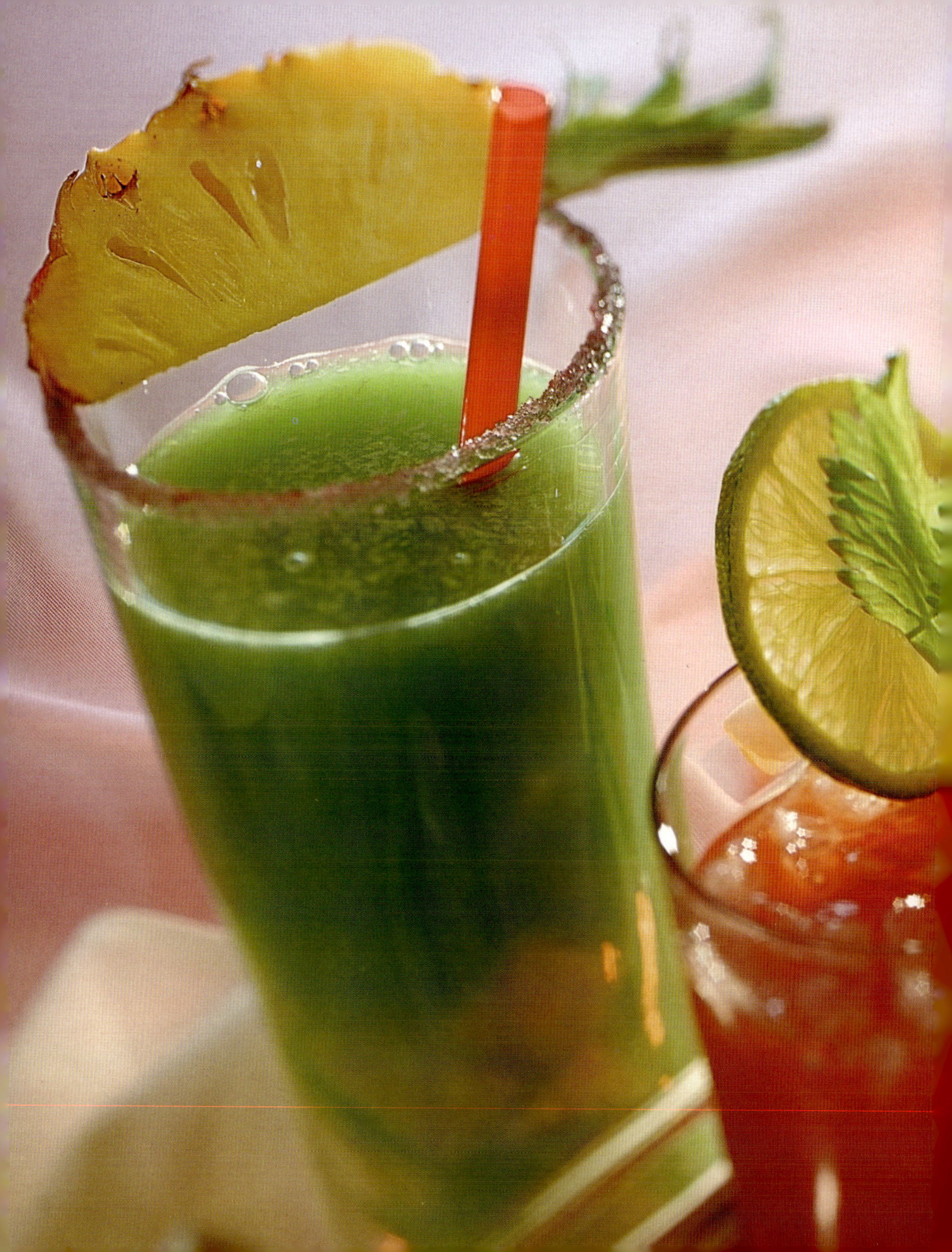

# Fitnessdrinks

Kleiner Energiestoß gefällig?
Vitaminreich und gesund präsentieren
sich diese bunten Muntermacher mit
viel Obst und Gemüse

## FITNESSDRINKS

## SANGRITA

**FÜR 4 GLÄSER**

1 l Tomatensaft
2 Orangen
2 Limetten
1 Zwiebel
1 ½ TL Salz
1 TL Pfeffer
2 TL Zucker
einige Spritzer Tabascosauce

Den Tomatensaft in ein großes Gefäß geben. Orangen und Limetten auspressen und den Saft zu dem Tomatensaft geben. Die Zwiebel schälen und sehr fein hacken. Mit den restlichen Zutaten unter die Säfte rühren. Sangrita bis zum Servieren kühlen. Nach Belieben dekorieren.

## APFEL-MÖHREN-DRINK 1

**FÜR 4 GLÄSER**

500 g Möhren
1 kleiner Apfel
Saft von ½ Zitrone
500 ml Kefir
weißer Pfeffer
Salz
1 Prise Zucker

Möhren waschen, gründlich abbürsten oder schaben und in Scheiben schneiden. Apfel waschen, Kerngehäuse entfernen und würfeln. Möhrenscheiben und Apfelwürfel im Mixer pürieren. Zitronensaft und Kefir hinzugeben, nochmals kräftig durchmixen und mit den Gewürzen abschmecken.

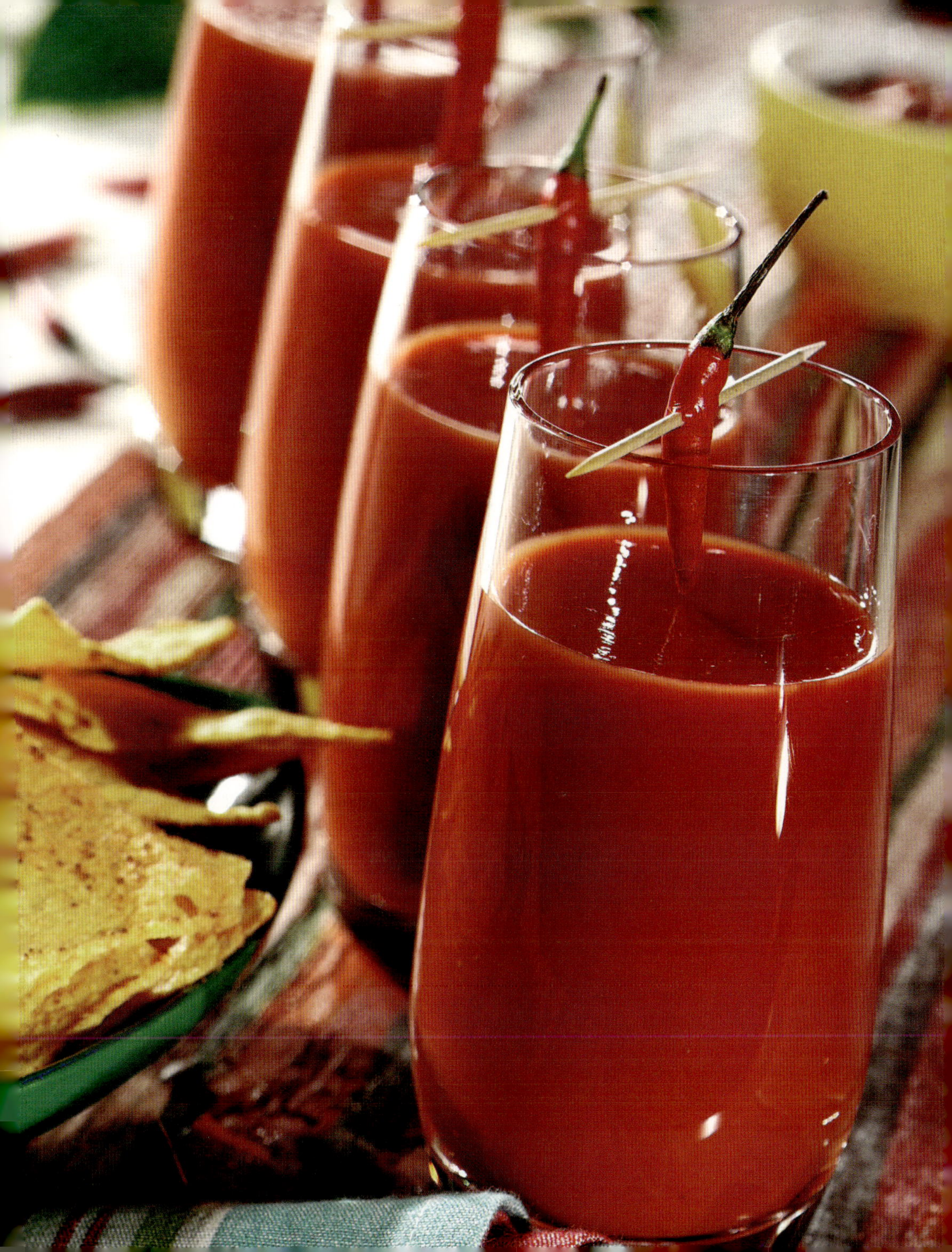

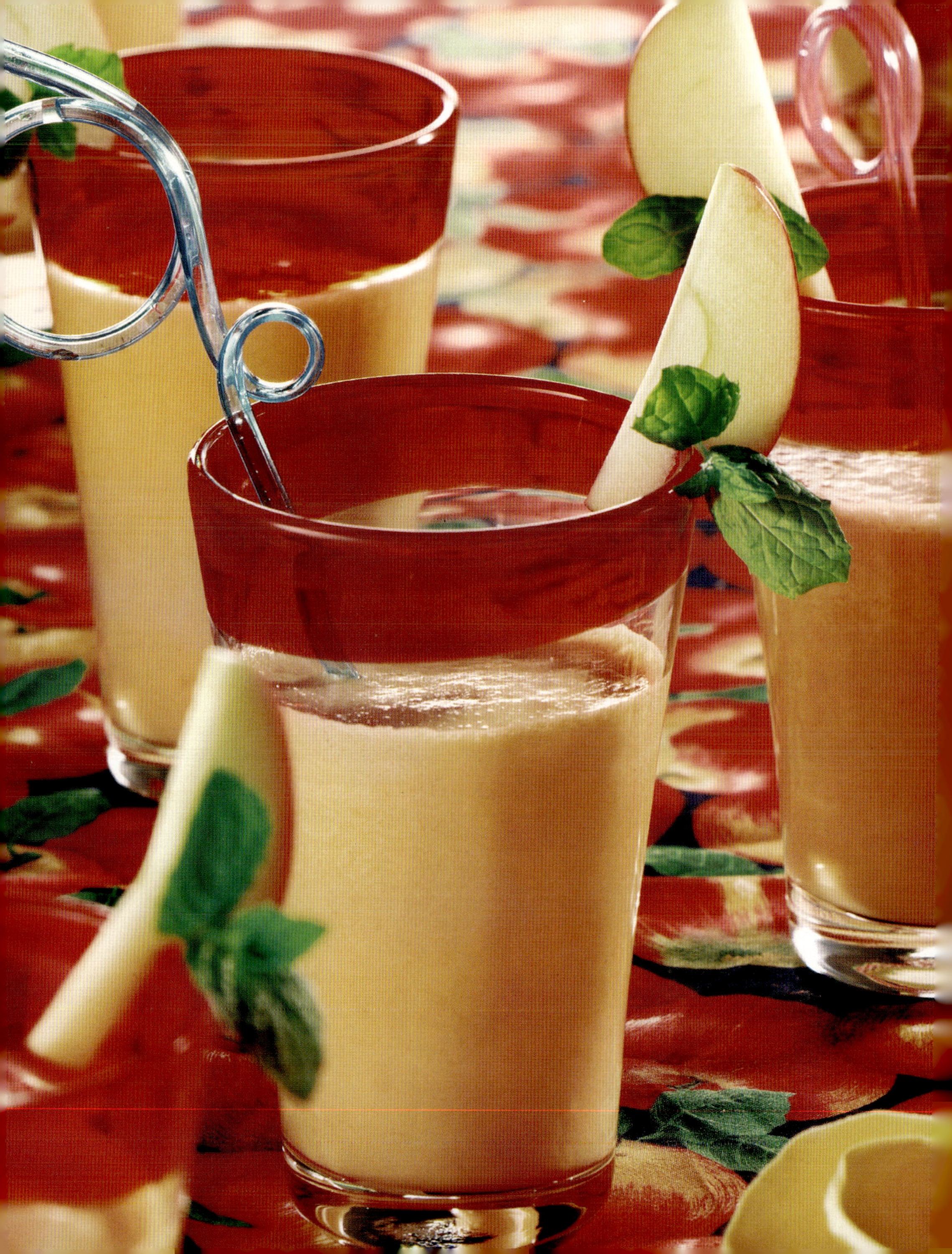

# FITNESSDRINKS

## APFEL-MÖHREN-DRINK 2

**FÜR 4 GLÄSER**

2 Äpfel
600 ml kalte Milch
150 ml Möhrensaft
2 EL Ahornsirup

Die Äpfel schälen, das Kerngehäuse entfernen und die Äpfel in dünne Spalten schneiden. 4 Apfelspalten beiseitelegen. Restliche Apfelspalten und Milch in den Mixer geben und pürieren. Möhrensaft und Ahornsirup zur Apfelmilch geben und alles nochmals gut durchmixen. Die Drinks auf vier Gläser verteilen und mit Apfelspalten dekorieren. Mit Trinkhalm servieren.

## APPLE SOUR

**FÜR 4 GLÄSER**

250 ml Sauerkrautsaft
2 EL Zitronensaft
60 ml Apfelsaft
1 Eiweiß
kohlensäurehaltiges Mineralwasser
4 Apfelspalten
Kümmel

Die Säfte in einen Rührbecher geben, das Eiweiß hinzufügen und alles mit dem Handmixer oder Schneebesen schaumig schlagen. Auf vier Gläser verteilen und mit Mineralwasser aufgießen. Mit Kümmel bestreuen und je eine Apfelspalte auf den Glasrand stecken.

# FITNESSDRINKS

## MELONEN-DRINK

**FÜR 2 GLÄSER**

1 Orange
1 rosa Grapefruit
¼ Honigmelone
1 kleine Banane
1 Msp. Zimt
1 Prise geriebene Muskatnuss
1 Zweig Zitronenmelisse

Orange und Grapefruit halbieren und den Saft auspressen. Die Melone schälen, die Kerne entfernen, das Fruchtfleisch in Würfel schneiden. Die Banane schälen und klein schneiden. Melonenwürfel und Bananenstücke im Mixer pürieren. Dann den Orangen- und Grapefruitsaft hinzufügen und alles gut vermischen. Den Melonen-Drink mit den Gewürzen abschmecken, in zwei Longdrinkgläser füllen und mit Zitronenmelisse garniert servieren.

## GEMÜSEDRINK

Säfte im Shaker mit Eiswürfeln gut schütteln, in ein Longdrinkglas abseihen und mit Mineralwasser auffüllen.

**FÜR 1 GLAS**

60 ml Tomatensaft
80 ml Möhrensaft
Eiswürfel
Mineralwasser zum Auffüllen

## FITNESSDRINKS

## KRÄUTER-COCKTAIL

### FÜR 1 GLAS

Kräuter nach Belieben
(z. B. Schnittlauch,
Petersilie, Dill)
1 Eigelb
100 ml Milch
1 TL Zitronensaft
Salz, Pfeffer
2 TL Crème fraîche
2 EL Naturjoghurt
Eiswürfel

Die fein geschnittenen Kräuter mit den übrigen Zutaten im Mixer mit 2 Eiswürfeln durchmixen. In ein vorgekühltes Glas gießen und mit Kräutern dekorieren.

### FÜR 1 GLAS

1 Eigelb
175 ml Dickmilch
1 Prise Safran
2 EL Zitronensaft
3 EL Schnittlauch
1 EL Sauerampfer
schwarzer Pfeffer, Salz
Schnittlauch

## SCHNITTLAUCH-DRINK

Eigelb cremig rühren und mit Dickmilch verquirlen. Safran, Zitronensaft und die fein gewiegten Kräuter untermischen. Mit Pfeffer und Salz abschmecken und verrühren. Mit Schnittlauchröllchen bestreuen. Statt Sauerampfer können Sie auch Zitronenmelisse, Liebstöckel oder Petersilie verwenden.

## FITNESSDRINKS

# TOMATEN-KEFIR

**FÜR 1 GLAS**

150 ml Kefir
100 g pürierte Tomaten
1 TL Zitronensaft
1 Msp. Knoblauchpulver
Pfeffer
1 Prise Salz
1 EL Schnittlauchröllchen
Cocktailtomate

Kefir mit Tomaten, Zitronensaft und Gewürzen im Mixer gut durchmixen. Nochmals abschmecken, in ein Glas füllen und eine Cocktailtomate an den Glasrand stecken.

# HERBIE

**FÜR 2 GLÄSER**

250 ml Buttermilch
100 ml Karottensaft
2 EL Zitronensaft
4 EL Tomatenketchup
2 EL Dill
1 EL Schnittlauchröllchen
weißer Pfeffer
Selleriesalz
Tabasco
Dillzweige

Buttermilch, Säfte, Ketchup, fein gewiegten Dill sowie Schnittlauchröllchen gut verquirlen. Mit den Gewürzen pikant abschmecken und nochmals verrühren. In zwei Gläser füllen und mit Dillzweigen dekorieren.

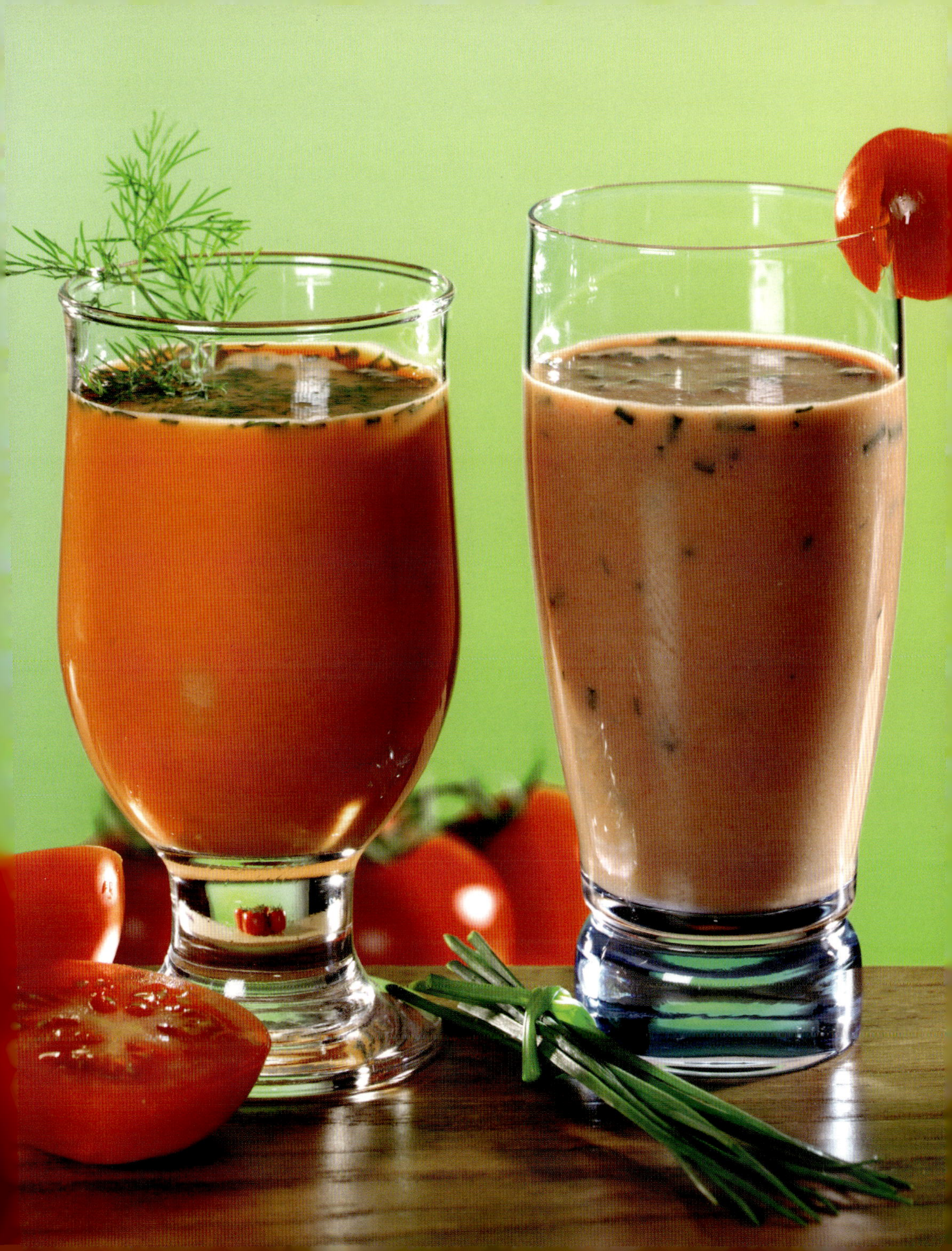

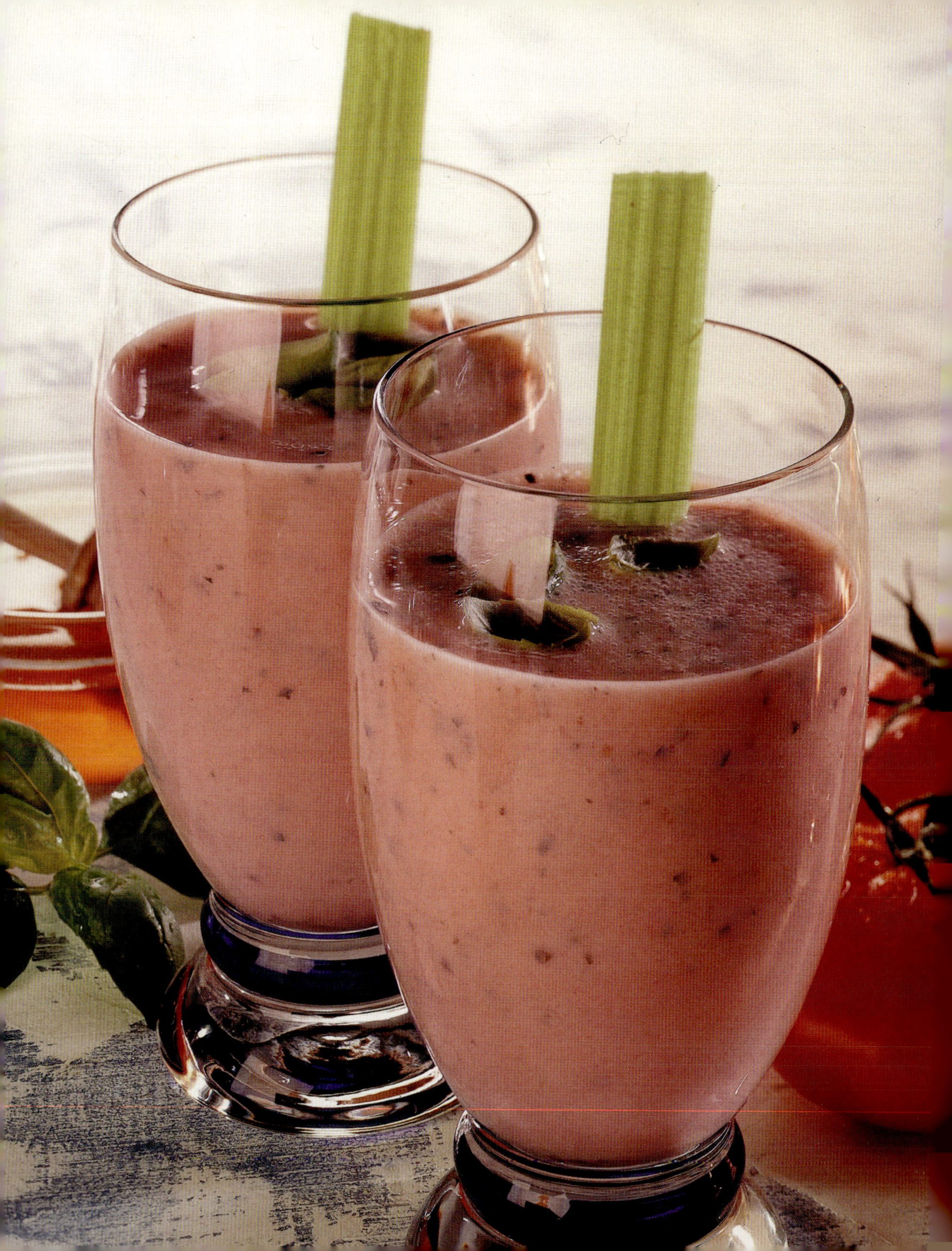

# FITNESSDRINKS

## BUTTERMILCH-SHAKE

**FÜR 4 GLÄSER**

1 l Buttermilch
250 g exotische Obstmischung (frisch oder tiefgekühlt)
2–3 EL Honig, 2–3 EL Sahne
2–3 EL fein gewiegte Küchenkräuter
2–3 EL Tomatensaft
2–3 EL Crème fraîche
1 EL Sahnemeerrettich
4 Stücke Staudensellerie

Die Buttermilch mit den etwas angetauten Früchten, dem Honig und der Sahne im Mixer fein pürieren. Kräuter, Tomatensaft, Crème fraîche und Meerrettich unter die Buttermilch heben. Den Shake in vier Gläsern anrichten und mit den Selleriestangen garniert servieren.

## KÜRBIS-FITNESS-SAFT

**FÜR 2 GLÄSER**

300 g Kürbisfleisch
2 Äpfel
2 Karotten
1 Kiwi

Kürbisfleisch schälen, Kerne und Innenfasern entfernen und das Kürbisfruchtfleisch grob würfeln. Äpfel schälen, Kerngehäuse entfernen und in große Stücke schneiden. Karotten putzen, schälen und in Stücke schneiden. Die Kiwi schälen und klein schneiden. Äpfel und Karottenstücke in einen Entsafter geben und entsaften. Kürbis und Kiwi im Mixer pürieren. Püree zum Saft in den Mixer geben und gut mischen. In Gläser füllen und servieren.

Tipp:
Nehmen Sie für diesen Fitness-Saft eine Kürbissorte, die nicht zu faserig ist, wie zum Beispiel Butternut- oder Muskatkürbis.

## FITNESSDRINKS

## LASSI

FÜR 4 GLÄSER

400 g exotische Obstmischung (tiefgekühlt)
½ TL Safranpulver
½ EL Kardamompulver
½ EL Nelkenpulver
2–3 EL brauner Zucker
750 g Naturjoghurt
500–750 ml Buttermilch
Crushed Ice
Honigmelonenspalten

Die Obstmischung zusammen mit den restlichen Zutaten im Mixer pürieren. Zerstoßenes Eis je zur Hälfte in hohe Gläser füllen und mit der Lassi-Mischung auffüllen. Mit Honigmelonenspalten garnieren.

## APFEL-KAROTTEN-EISDRINK

Kalten Apfel- und Karottensaft, Limettensaft, Ahornsirup sowie das Ananaseis in einen Shaker geben, gut durchmixen und in ein Glas gießen. Mit Zitronenscheibe und Melisse garnieren.

FÜR 2 GLÄSER

150 ml naturtrüber Apfelsaft
50 ml Karottensaft
Saft von ½ Limette
1–2 TL Ahornsirup
1 Kugel Ananaseis
Zitronenscheibe
1 Zweig Melisse

## FITNESSDRINKS

# REFRESHER

Alle Zutaten zusammen im Rührglas mit Eiswürfeln verrühren und in ein Cocktailglas seihen. Die Fruchtscheiben als Garnierung an den Glasrand stecken.

### FÜR 1 GLAS

4 cl Birnensaft
4 cl Aprikosensaft
4 cl Kiwisaft
4 cl Orangensaft
Eiswürfel
Kiwischeibe
Physalis
Orangenscheibe

# TROPENFRUCHT-COCKTAIL

Die Säfte mit Crushed Ice im Shaker mixen und in ein Longdrinkglas gießen. Mit Sodawasser auffüllen. Das Glas mit Ananas und Orangenscheibe dekorieren.

### FÜR 1 GLAS

4 cl Ananassaft
3 cl Papayasaft
2 cl Orangensaft
1 cl Limettensaft
Crushed Ice
1/2 Ananasscheibe
Orangenscheibe
Sodawasser

# FITNESSDRINKS

## VIRGIN MARY

**FÜR 1 GLAS**

200 ml Tomatensaft
1 Spritzer Zitronensaft
Salz
Pfeffer
Worcestersauce
Tabasco
Eiswürfel
1 Stück Staudensellerie

Tomatensaft mit Zitronensaft und Gewürzen abschmecken und gut verrühren. In einen Tumbler 2–3 Eiswürfel geben und die Virgin Mary darübergießen. Mit Sellerie dekorieren.

## POWER-TRUNK

**FÜR 4 GLÄSER**

500 ml Gemüsesaft
125 ml Brennnesselsaft
125 ml Artischockensaft
4 Artischockenböden
(aus dem Glas)
1 Bund Brunnenkresse
Zitronenpfeffer
2–3 EL Walnussöl
2–3 EL gehobelte Haselnüsse

Den Gemüsesaft mit Brennnesselsaft und Artischockensaft in einen Mixer geben. Die Artischockenböden gut abtropfen lassen und dazugeben. Die Brunnenkresse waschen, trocknen, die Blätter von den Stielen zupfen und in feine Streifen schneiden. Die Brunnenkresse mit etwas Zitronenpfeffer und Öl zu den restlichen Zutaten in den Mixer geben. Alles zusammen pürieren und auf vier Gläser verteilen. Mit den Haselnüssen bestreut kalt servieren.

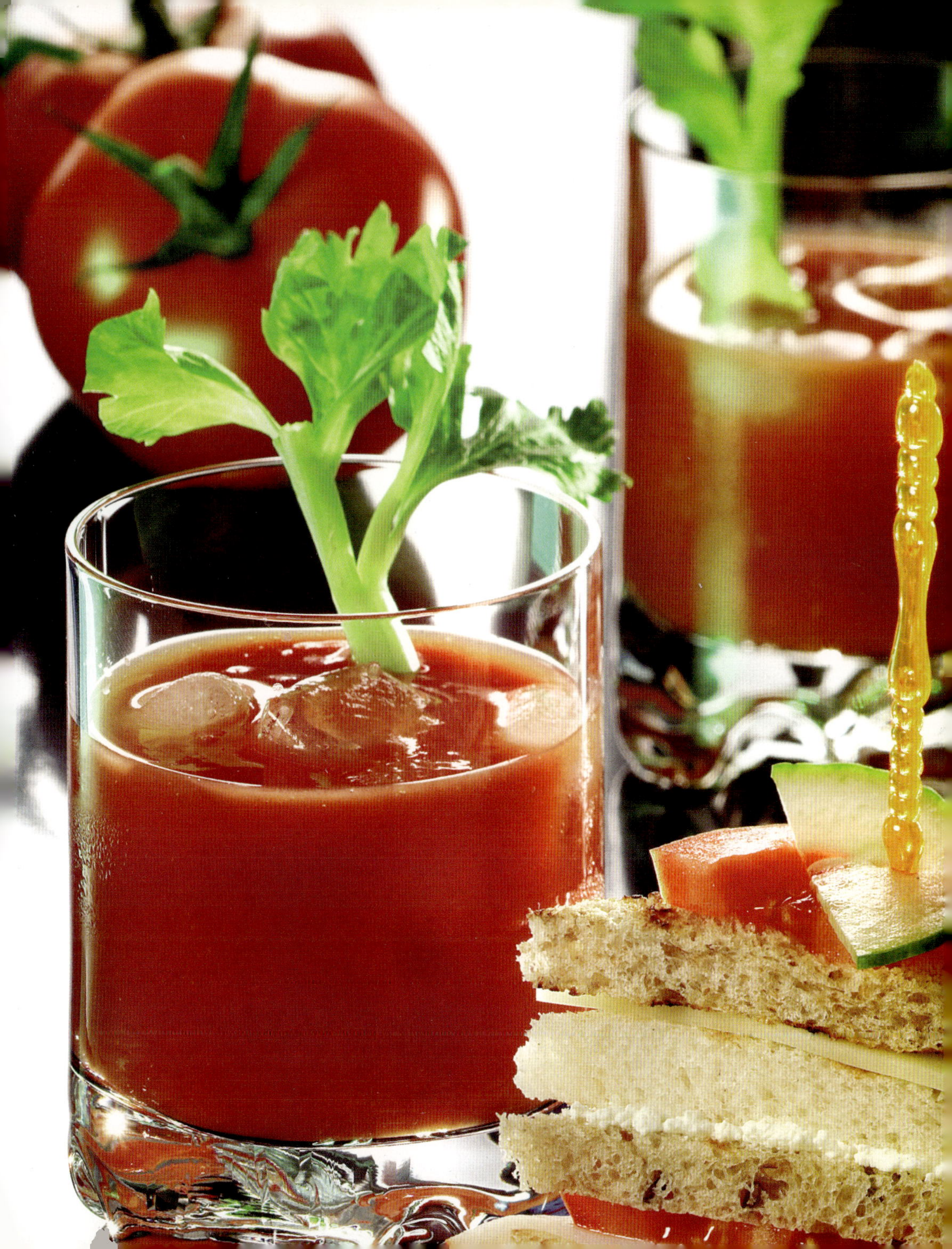

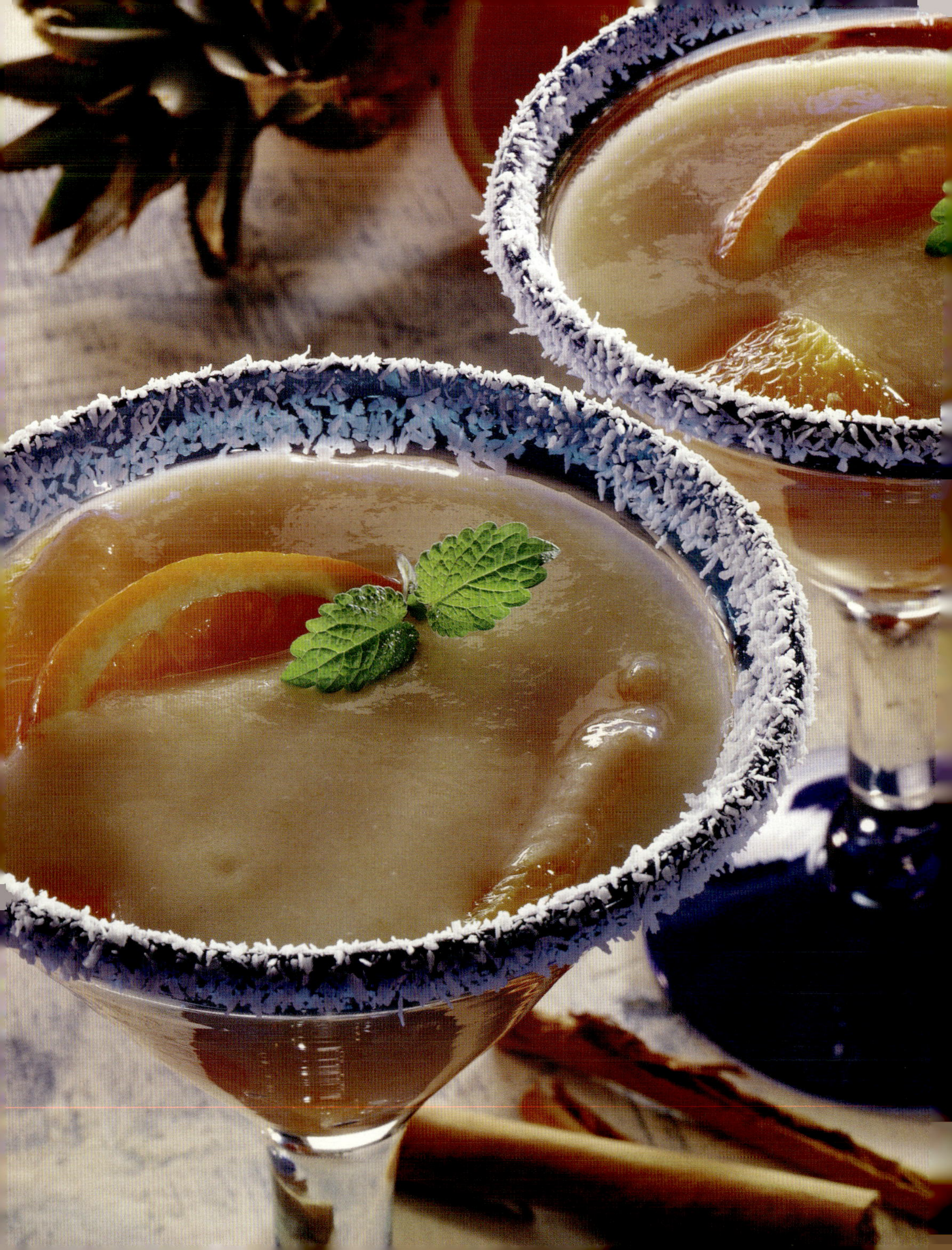

# Milch-Mix

Leicht, lecker und reich an Eiweiß und Kalzium – Milch ist die ideale Mixbasis für Kinder und Gesundheitsbewusste. Eis und Sahne liefern das gewisse Extra.

## MILCH-MIX

# SHAKING HELENE

**FÜR 2 GLÄSER**

100 g weiche Butterbirnen
1 Prise Nelkenpulver
250 ml Milch
80 g Schokoladensirup
2 Kugeln Sahneeis
1 Birne
2 EL Schokospäne

Birnen schälen und mit dem Nelkenpulver und der Milch im Mixer vermixen. Die Sahneeiskugeln in zwei Gläser füllen, Schokosirup daraufgießen. Mit der Birnenmilch vorsichtig bis 1 cm unter den Rand auffüllen. Mit Schokospänen garnieren. Aus der Birne Schnitze schneiden und auf die Glasränder setzen.

# AFTER HOURS

**FÜR 2 GLÄSER**

100 g frische Erdbeeren
200 ml Milch
150 ml Kefir
200 g gefrorene Erdbeeren
1 TL Zucker
2 Kugeln Schokoladeneis
2 EL Schokospäne
1 Zweig Zitronenmelisse

Die frischen Erdbeeren waschen und je nach Größe vierteln oder halbieren. Auf zwei Gläser verteilen. Die Milch mit dem Kefir, den gefrorenen Erdbeeren und dem Zucker im Mixer schaumig mixen. Auf die Erdbeeren gießen. Das Schokoladeneis auf die Erdbeermilch setzen. Mit Schokospänen und Zitronenmelisse garnieren.

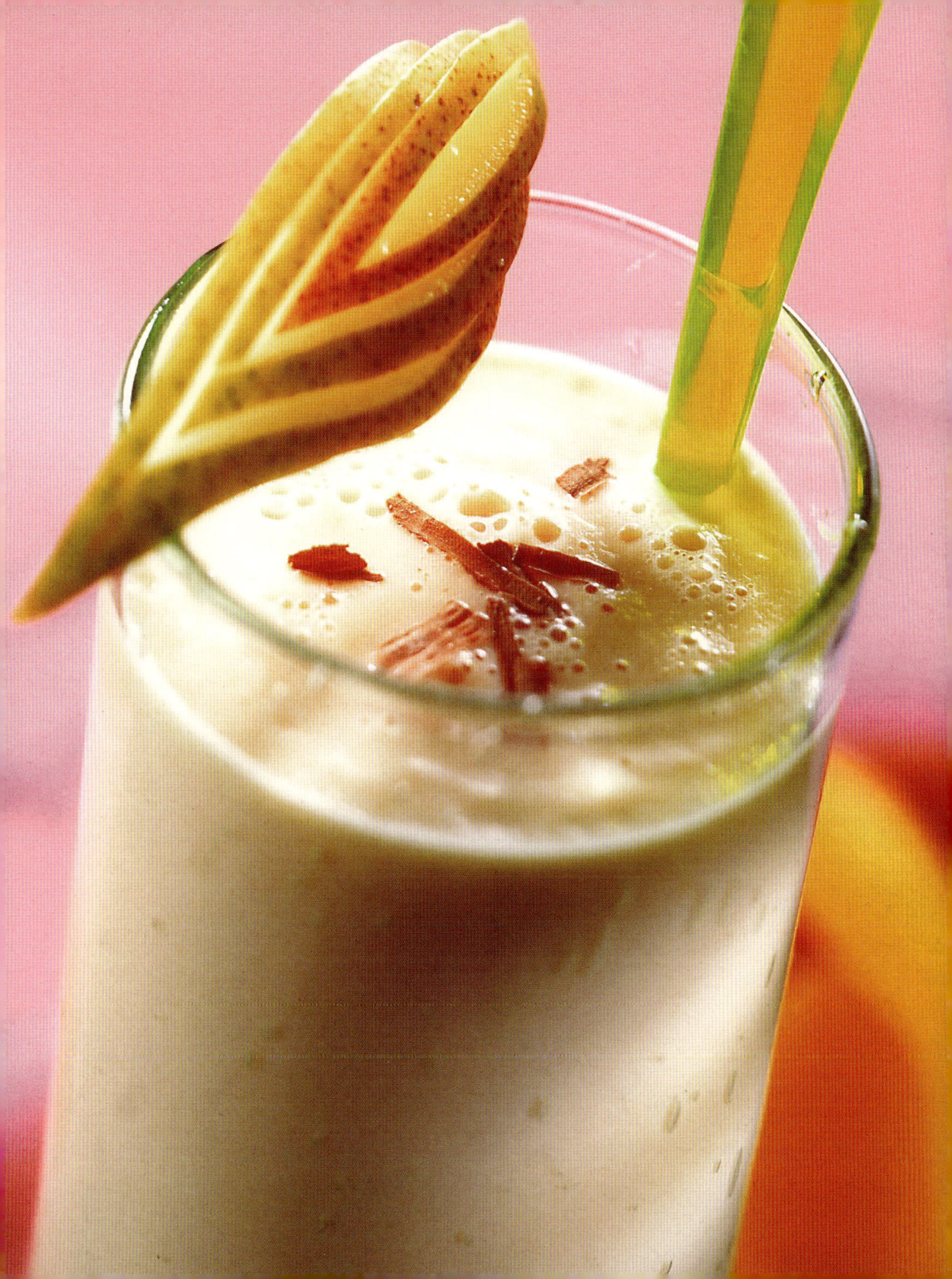

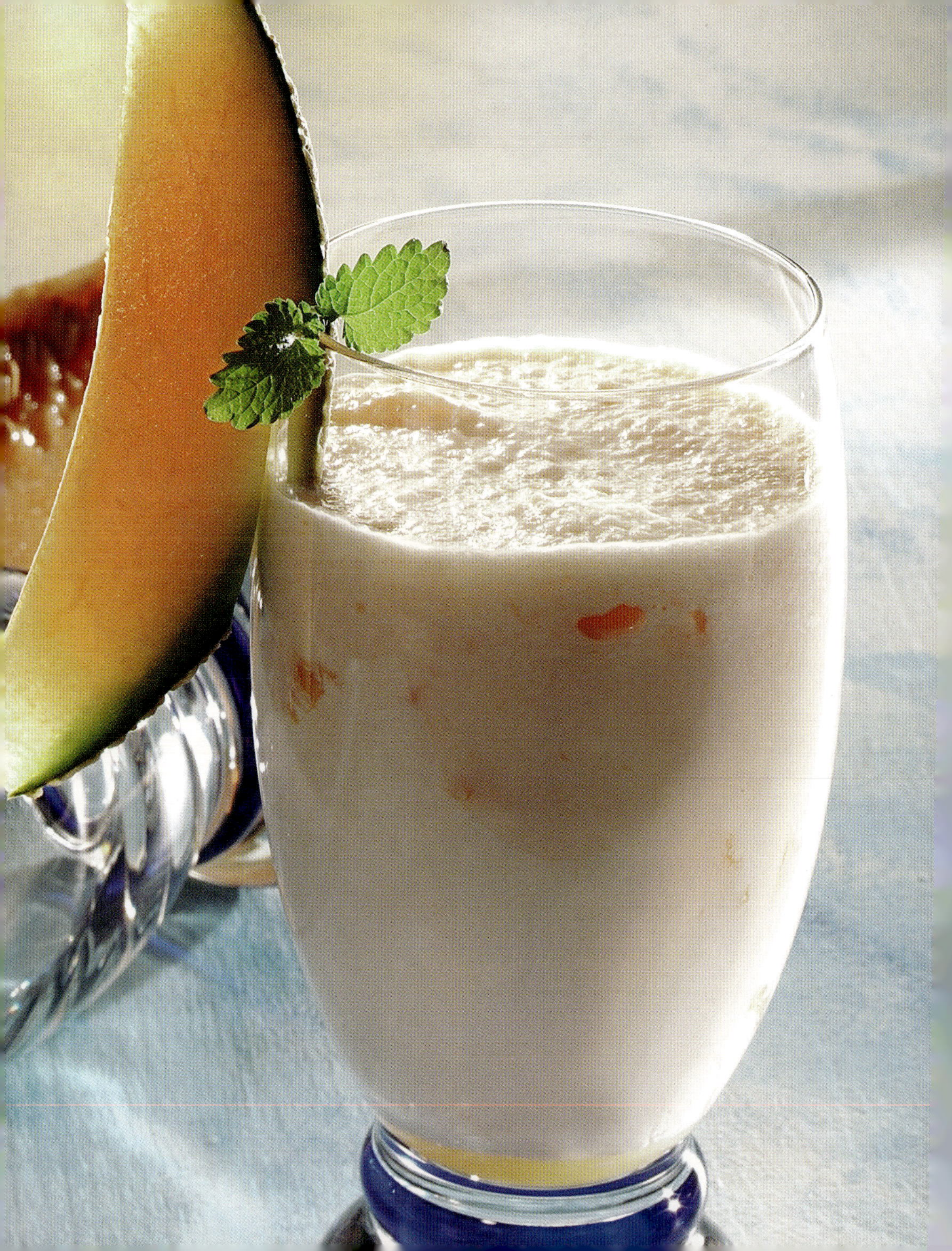

## MILCH-MIX

# MELONENMILCH

**FÜR 2 GLÄSER**

½ reife Galia-Melone
2 El Zitronensaft
4 cl Orangensaft
300 ml kalte Vollmilch
2 EL Orangenstückchen
1 Minzezweig

Die Melone schälen und die Kerne mit einem Löffel herauslösen. Das Fruchtfleisch klein schneiden, einige Stückchen beiseitelegen, das restliche Fruchtfleisch mit dem Pürierstab pürieren. Den Zitronensaft unter das Püree rühren. Das Melonenpüree in den Mixer füllen und mit Milch und Orangensaft auffüllen. Die Orangenstückchen dazugeben. Alles noch einmal gut durchmixen. Die Melonenmilch in zwei Longdrinkgläser füllen, mit Melonenspalten und Minzezweigen garniert servieren.

# TWO STEP

**FÜR 4 GLÄSER**

150 g gemischte Beeren
(frisch oder tiefgekühlt)
200 g Joghurt
40 g Zucker
4 Kugeln Vanilleeis
150 ml Milch
Johannisbeerrispe

Die Beeren mit dem Joghurt und dem Zucker im Mixglas mixen und bis zur Hälfte in vier Wassergläser füllen. Den Mixer kurz ausspülen. Vanilleeis mit der Milch schaumig mixen und vorsichtig auf den Beerenjoghurt gießen, sodass ein zweifarbiger Shake entsteht. Mit Johannisbeerrispen garnieren.

## MILCH-MIX

# GESPRITZTE ERDBEERMILCH

**FÜR 1 GLAS**

100 g Erdbeeren
125 ml Milch
1 Spritzer Zitronensaft
1 EL Zucker
Mineralwasser

Erdbeeren waschen, klein schneiden und im Mixer pürieren. Früchte mit Milch, Zitronensaft und Zucker schaumig schlagen. Die Erdbeermilch in ein hohes Glas geben und mit eisgekühltem Wasser auffüllen.

# BANANEN-KEFIR

Banane schälen und in grobe Stücke schneiden. Mit Kefir, Mineralwasser und Säften im Elektromixer auf höchster Stufe verquirlen. In ein Longdrinkglas füllen und mit Minzeblättchen dekorieren.

**FÜR 1 GLAS**

1 mittelgroße Banane
200 ml Kefir
50 ml Mineralwasser
1–2 EL Sanddornsaft (ungesüßt)
1–2 EL Zitronen- oder Limettensaft
1 Zweig Minze

# MILCH-MIX

## TROPICAL HIT

### FÜR 4 GLÄSER

400 ml Buttermilch
250 ml Maracujasaft
250 ml Birnensaft
Crushed Ice

Buttermilch und Säfte mit dem Handmixer gut verrühren. Crushed Ice hinzugeben und nochmals kurz mixen. Eiskalt in hohen Gläsern mit Trinkhalmen servieren.

### FÜR 4 GLÄSER

5 EL Quittenmus oder
4 EL Quittengelee
600 ml Buttermilch
2 EL Puderzucker
1 Msp. Piment

## QUITTEN-TRUNK

Quittenmus oder -gelee in etwas Buttermilch auflösen. Puderzucker und restliche Buttermilch hinzufügen. Mit dem Handmixer oder Schneebesen kräftig verquirlen und zum Schluß mit gemahlenem Piment aromatisieren.

MILCH-MIX

## DREI-FRUCHT-SHAKE MIT KOKOS

FÜR 4 GLÄSER

2 Mangos
2 Orangen
1 Baby-Ananas
1 l Buttermilch
3 EL Kokoscreme
Ingwer-, Zimt- und Kardamompulver
1 Zweig Zitronenmelisse

Die Mangos schälen und das Fruchtfleisch in Würfel schneiden. Die Orangen bis auf die weiße Innenhaut schälen und die Filets heraustrennen. Die Ananas schälen und in Stücke schneiden. Jeweils die Hälfte der Früchte mit dem Pürierstab pürieren. Die Buttermilch mit der Kokoscreme und den Gewürzen verrühren und das Fruchtpüree dazugeben. Die restlichen Früchte unterrühren. Alles in vier hohe Gläser füllen und mit der Zitronenmelisse garniert servieren.

## ORANGEN-BUTTERMILCH-SHAKE

FÜR 4 GLÄSER

500 ml Buttermilch
Saft von 4 Orangen
Saft von 2 Grapefruits
1 Päckchen Vanillinzucker
50–75 g Zucker
1 Orange
8 Cocktailkirschen

Gut gekühlte Buttermilch, Säfte und Zucker im Mixer verquirlen und in vier Gläser füllen. Orange in Scheiben schneiden, vierteln und mit jeweils zwei Cocktailkirschen auf Spieße stecken. Auf die Gläser legen und sofort servieren.

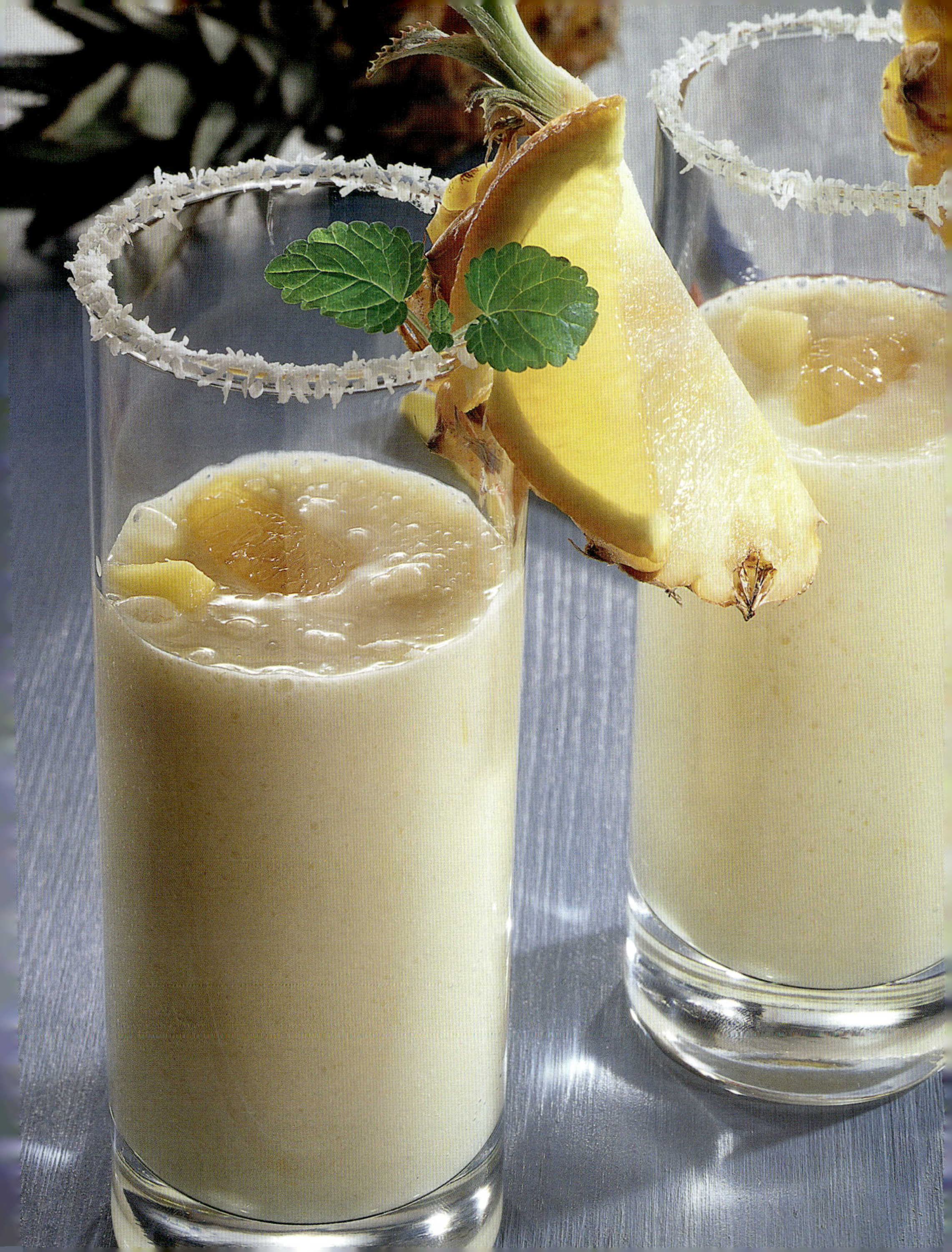

## MILCH-MIX

## ADAMS TRAUM

### FÜR 4 GLÄSER

300 g rote Äpfel
30 g Zucker
1 Stück Zimtstange
3 Gewürznelken
300 ml Milch
100 ml Sahne

Äpfel waschen, entkernen, klein schneiden. Mit Zucker, Zimtstange und Nelken ca. 8 Minuten weich schmoren. Zimtstange und Nelken entfernen. Apfelmasse zum Abkühlen in den Gefrierschrank stellen, dann mit Milch und Sahne schaumig mixen. Den Shake in vorgekühlte Gläser geben und nach Belieben dekorieren.

## APRIKOSEN-ORANGEN-MIX

### FÜR 4 GLÄSER

Saft von 4 Orangen
1 kleine Dose Aprikosen
500 ml Milch
125 ml Schlagsahne
4 Orangenscheiben

Orangensaft und Aprikosen mit Saft im Mixer pürieren. Die gut gekühlte Milch unterschlagen. In vier Gläser füllen. Die Sahne steif schlagen und auf jeden Drink eine Sahnehaube setzen. Mit Orangenscheiben dekoriert servieren.

## MILCH-MIX

# SOMMERFRISCHE

Teebeutel mit 750 ml siedendem Wasser aufgießen, süßen und ca. 5 Minuten ziehen lassen. Beutel herausnehmen und den Tee kalt stellen. Eis auf vier Gläser verteilen, klein geschnittene Früchte hinzugeben und mit dem kalten Tee auffüllen.

### FÜR 4 GLÄSER

4 Beutel Früchtetee
Zucker
4 Kugeln Vanille- oder Zitroneneis
frische Früchte nach Wahl

# HIMBEER BLUES

Die Butterkekse mit Honig und Buttermilch im Mixer schaumig mixen. Zu einem Drittel in zwei Gläser füllen. Sahne mit Kakao steif schlagen und auf die Keksmilch verteilen. Himbeeren mit Sirup und Milch mixen und auf die Schokosahne gießen. Shakes mit Himbeeren garnieren.

### FÜR 2 GLÄSER

4 Butterkekse
200 ml Buttermilch
1 EL Honig, 1 TL Kakao
100 ml Sahne, 100 ml Milch
100 g Himbeeren
1 EL Himbeersirup
10 Himbeeren

## MILCH-MIX

# SCHLUMMERTRUNK

**FÜR 2 GLÄSER**

250 ml Vollmilch
2 TL Honig
1 TL brauner Zucker
Crushed Ice
30 g Schokoladenraspel
1 Prise frisch geriebene Muskatnuss
Zimtstangen

Die Milch in einen Topf geben, leicht erwärmen, Honig und Zucker darin auflösen. Alles abkühlen lassen. Crushed Ice in einen Shaker geben und die kalte Milch damit aufschütteln. In Cocktailgläser verteilen. Die Schokoladenraspel dazugeben. Den Schlummertrunk mit Muskat und Zimtstangen garniert servieren.

# APFEL-MANGO-BUTTERMILCH

Kalten Apfelsaft, Buttermilch, Honig, Zitronenschale, Ingwer und Mangosirup in einen Shaker mit 2–3 Eiswürfeln geben. Gut durchmixen und ohne Eis in ein Longdrinkglas abgießen. Nach Belieben garnieren.

**FÜR 1 GLAS**

100 ml Apfelsaft
100 ml Buttermilch
1 TL Honig
1 Msp. abgeriebene Zitronenschale
1 Prise gemahlener Ingwer
1 EL Mangosirup
Eiswürfel

## MILCH-MIX

# MARACUJA-OASE

### FÜR 2 GLÄSER

375 ml Milch
125 ml Maracujasaft
Saft von ½ Zitrone
1 Schuss Aprikosensirup
2 Kugeln Zitronensorbet
Sternfruchtscheiben
Zitronenmelisse

Milch, Säfte und Sirup verrühren. Zitronensorbet auf zwei Gläser verteilen. Maracujamilch vorsichtig dazugießen. Mit Sternfruchtscheiben und Zitronenmelisse verzieren.

# BIRNEN-MÖHREN-COCKTAIL

### FÜR 2 GLÄSER

2 Möhren
3 Birnen
4 TL Kokosraspel
250 ml Buttermilch
250 g Vollmilchjoghurt
1 EL Kokoscreme
Eiswürfel
2 TL geschlagene Sahne

Möhren schälen, im elektrischen Entsafter entsaften, Birnen halbieren und entkernen, mit Möhrensaft, 2 TL Kokosraspeln, Buttermilch, Joghurt, Kokoscreme und 2–3 Eiswürfeln im Mixer pürieren. Auf zwei mit Eiswürfeln gefüllte Gläser verteilen. 2 TL Kokosraspel ohne Fett hellbraun rösten, mit der Sahne zu den Drinks geben.

MILCH-MIX

# ERDBEER-MELONEN-SHAKE

**FÜR 4 GLÄSER**

1 kg Cantaloup-Melone
160 g Erdbeeren
4 Minzezweige
500 g Naturjoghurt
4 EL Honig
Eiswürfel

Die Melone schälen, die Kerne entfernen, das Fruchtfleisch in Würfel schneiden. Die Erdbeeren putzen, waschen, trocknen und halbieren. Die Minze waschen und gut trocken schütteln. Einige Minzeblättchen abzupfen. Melonenwürfel und Erdbeeren (einige Stücke für die Dekoration zurückbehalten) im Mixer pürieren. Joghurt und Honig unterrühren und nochmals gut durchrühren. Den Shake in große Gläser füllen und mit einem Fruchtspieß aus Erdbeer-, Melonestücken und Minze garnieren. Nach Belieben Eiswürfel dazugeben.

# HIMBEER-BANANEN-SHAKE

**FÜR 4 GLÄSER**

750 g Himbeeren
2 Bananen
500 g Naturjoghurt
4 EL Honig
Crushed Ice
1 Zweig Minze

Die Himbeeren verlesen, waschen und in einem Sieb gut abtropfen lassen. Die Bananen schälen und in Scheiben schneiden. 4 Himbeeren und 4 Bananenscheiben beiseitelegen. Restliche Himbeeren und Bananenscheiben in einen Mixer geben und pürieren. Joghurt und Honig hinzufügen und alles nochmals gut durchmixen. Den Himbeer-Bananen-Shake in Gläser füllen. Nach Belieben Crushed Ice zugeben. Je Glas eine Himbeere und eine Bananenscheibe auf einen Cocktailspieß stecken. Mit Minze dekorieren, den Spieß über die Gläser legen und servieren.

Tipp:
Statt mit Himbeeren können Sie diesen fruchtigen Good-Morning-Shake auch mit Kirschen zubereiten. Dafür die Kirschen waschen, entsteinen und mit den Bananen im Mixer pürieren.

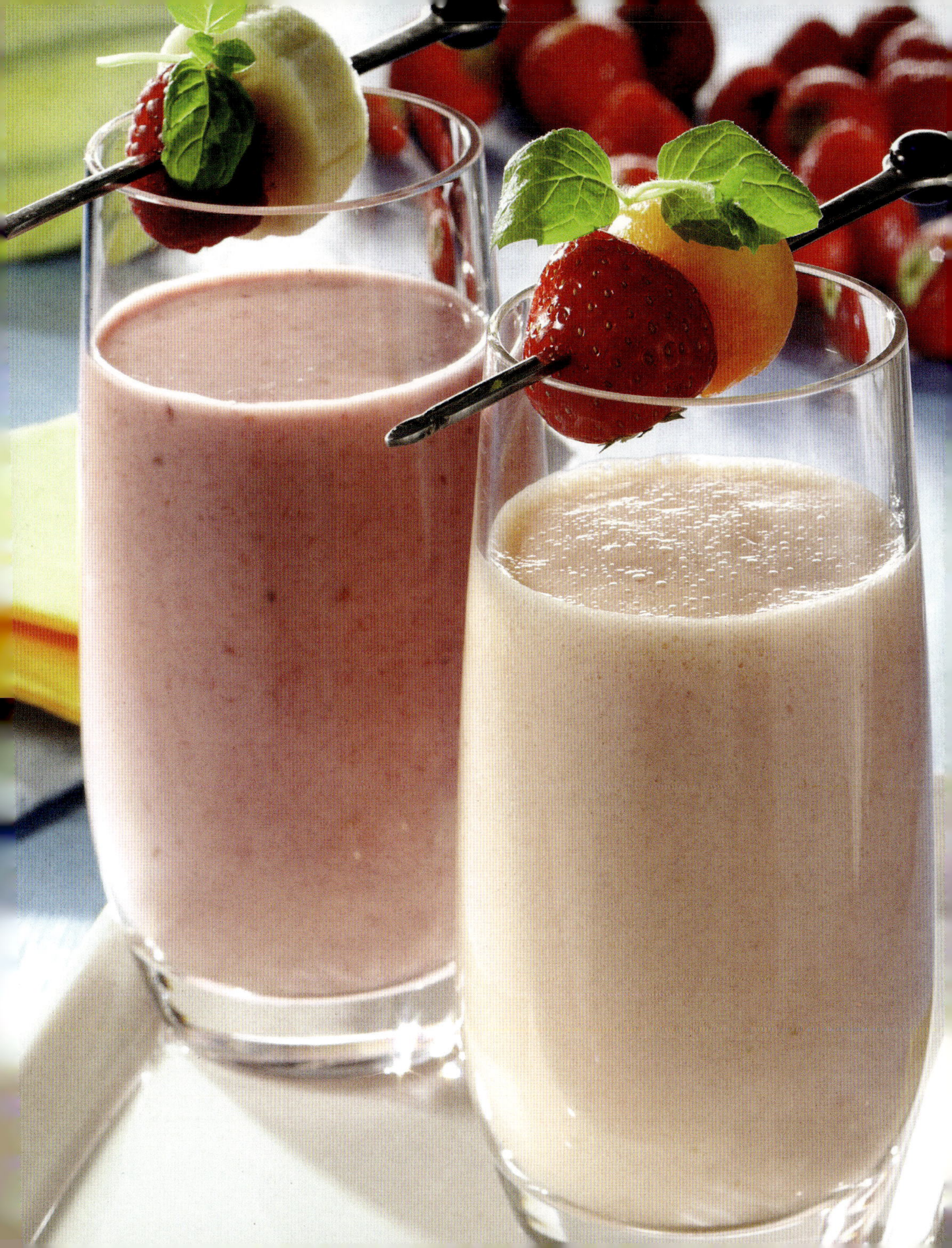

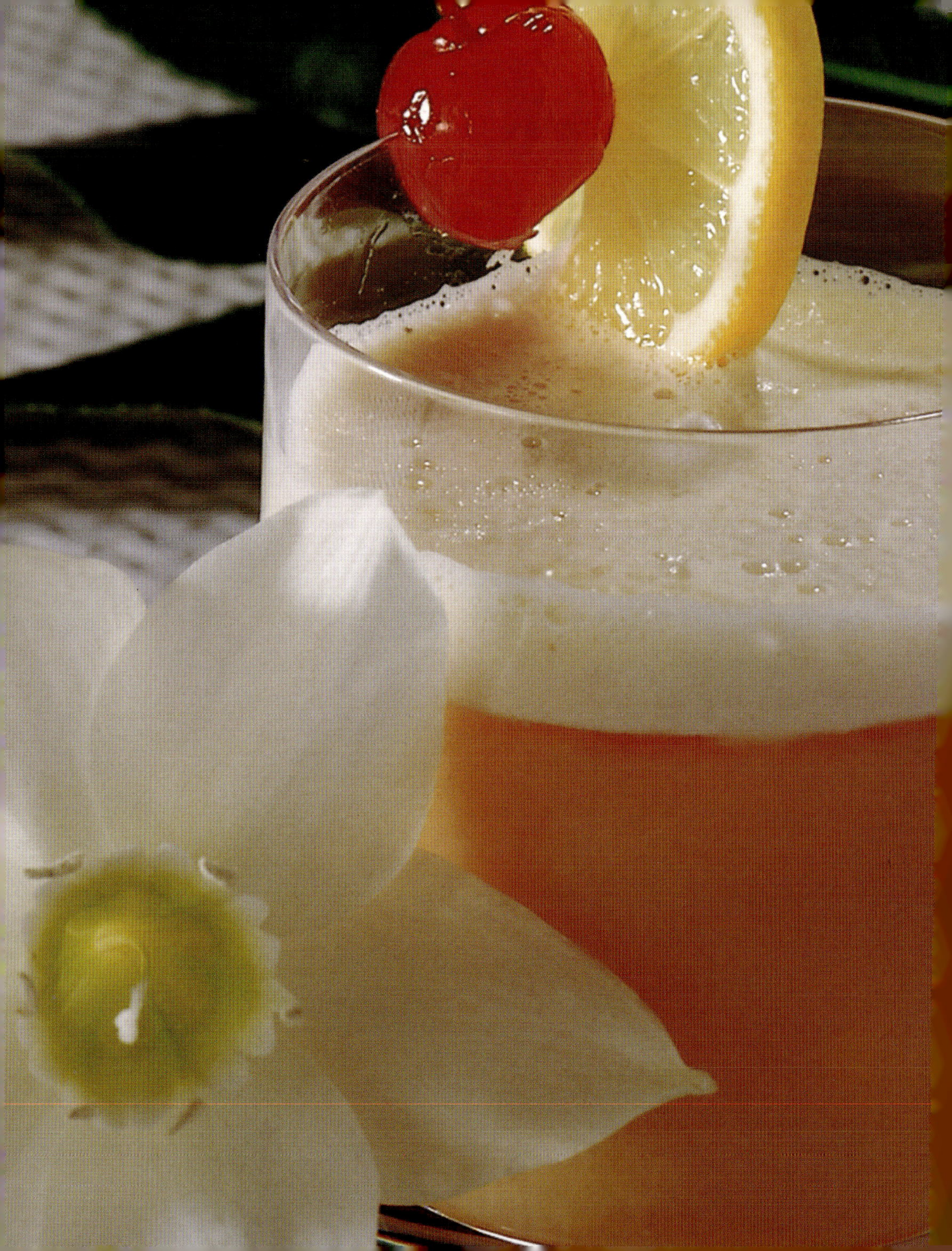

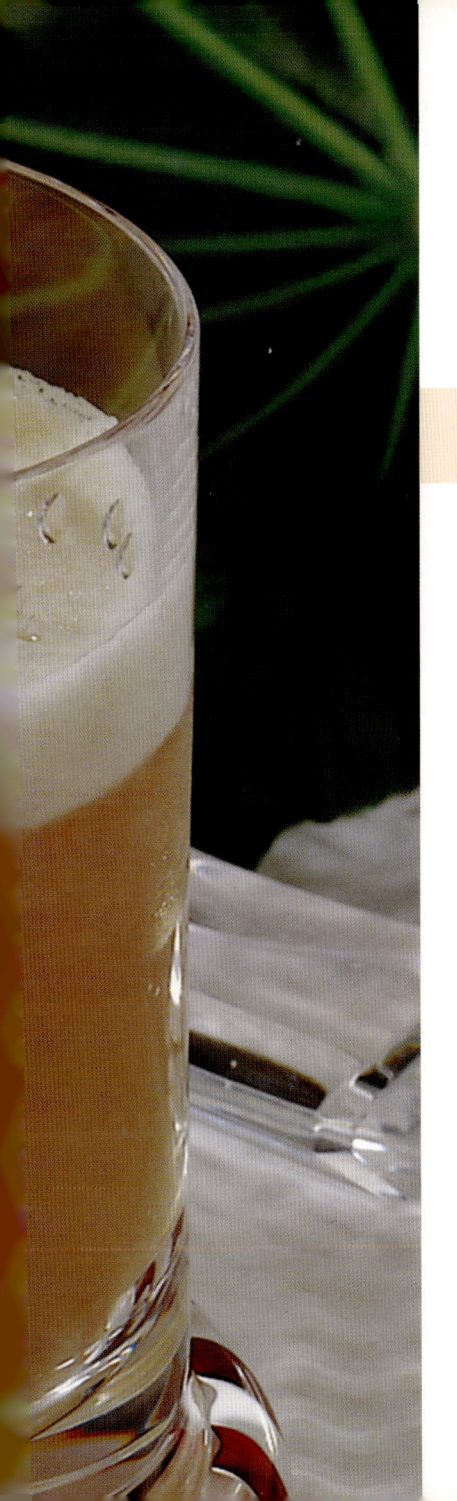

# Flips

Schaumig, frech und leicht –
ein Flip bringt zu jeder Tageszeit
neuen Schwung!

FLIPS

## JOGGING FLIP

**FÜR 1 GLAS**

6 cl frisch gepresster Orangensaft
4 cl frisch gepresster Grapefruitsaft
2 cl frisch gepresster Zitronensaft
1 TL Grenadine
1 Eigelb
Eiswürfel

Zutaten mit Eiswürfeln im Shaker gut mixen und in ein Longdrinkglas geben.

## FRÜCHTE FLIP

**FÜR 2 GLÄSER**

200 ml Kirschsaft
100 ml Traubensaft
1 Eigelb
Mineralwasser
Eiswürfel
1 EL entsteinte Kirschen

Kirschsaft und Traubensaft zusammengießen, das Eigelb dazu geben und alles miteinander vermengen. Eiswürfel auf zwei Gläser verteilen. Das Getränk in die Gläser eingießen, mit Mineralwasser auffüllen und die entsteinten Kirschen hineingeben.

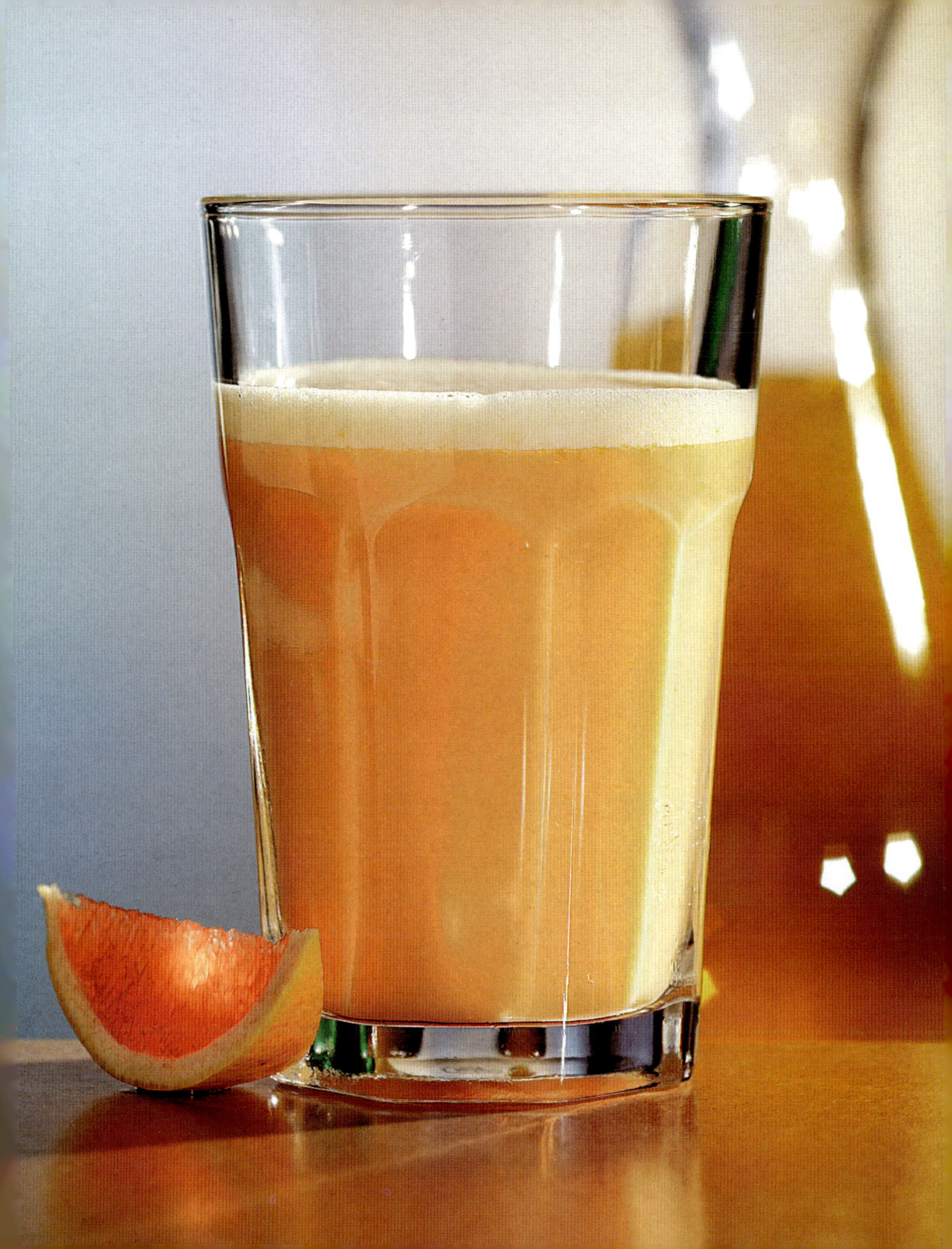

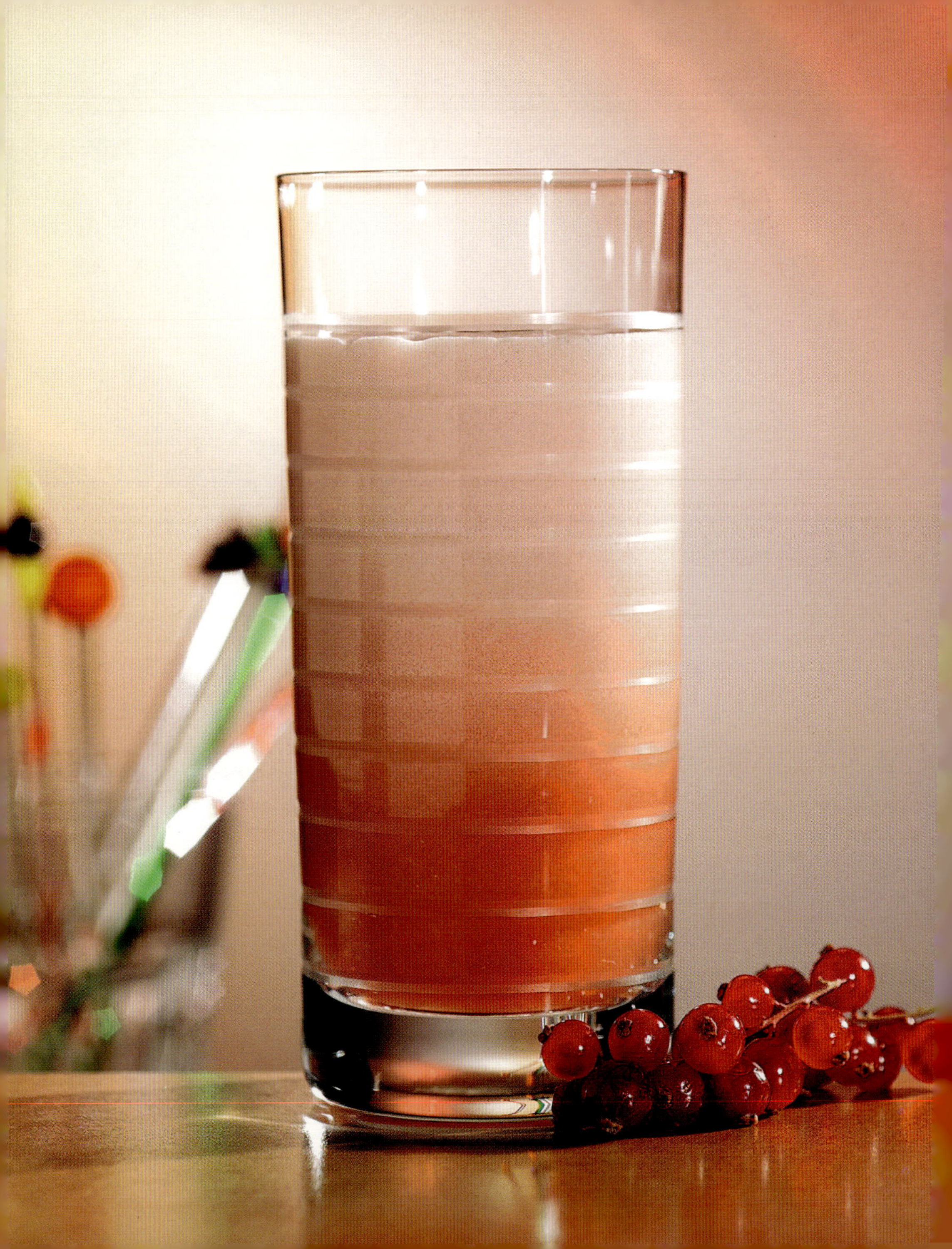

**FLIPS**

# NOTHING

**FÜR 1 GLAS**

6 cl Johannisbeernektar
4 cl Maracujanektar
2 cl Orangensaft
1 EL geschlagenes Eiweiß
Mineralwasser

Säfte und Eiweiß im Shaker gut mixen, in ein Longdrinkglas abseihen und mit Mineralwasser auffüllen.

# EGG NOG

**FÜR 4 GLÄSER**

500 ml Milch
2 EL Zucker
2 Eigelbe
geriebene Schokolade
Fruchtsaft nach Geschmack

Milch mit den mit Zucker verquirlten Eigelben verrühren. Mit dem Schneebesen schlagen, in Gläsern anrichten und mit geriebener Schokolade bestreuen. Man kann auch nach Geschmack etwas Fruchtsaft beimengen.

## FLIPS

## MULTIFLIP

**FÜR 1 GLAS**

1 cl Mandelsirup
1 cl Sahne
1 Eigelb
3 cl Ananassaft
3 cl Orangensaft
3 cl Pfirsichsaft
2 cl Bananensaft
Eiswürfel
Cocktailkirsche

Die Zutaten im Shaker auf Eis kräftig schütteln, in ein Longdrinkglas auf Eiswürfel abseihen und mit einer Kirsche garnieren.

## EIERPUNSCH

Säfte, Ei und Grenadine im Shaker mit mehreren Eiswürfeln gut schütteln und in ein Glas auf Crushed Ice abseihen. Nach Belieben dekorieren.

**FÜR 1 GLAS**

2 cl frisch gepresster Zitronensaft
8 cl frisch gepresster Orangensaft
12 cl Ananassaft
1 Ei, 0,5 cl Grenadine
Eiswürfel
Crushed Ice

FLIPS

# SURFERTRAUM

FÜR 1 GLAS

4 cl weißer Traubensaft
6 cl Kiwisaft
4 cl Bananensaft
1 Eigelb
4 cl Schlagsahne
Eiswürfel
einige Mangostückchen
4 cl Mineralwasser

Alle Zutaten außer dem Mineralwasser kräftig im Shaker schütteln und über Eis in ein Ballonglas abseihen. Mit Mangostückchen und Mineralwasser auffüllen und nach Belieben garnieren.

FÜR 1 GLAS

8 cl Ananassaft
6 cl naturtrüber Apfelsaft
1 Eigelb
1 cl Kokoscreme
1 cl Blue Curaçao alkoholfrei
Eiswürfel
Maraschinokirsche
Crushed Ice

# GREEN COCONUT

Säfte, Eigelb, Kokoscreme und alkoholfreien Curaçao im Shaker auf Eis gut schütteln. In ein zu einem Drittel mit gestoßenem Eis gefülltes Glas geben. Mit Maraschinokirsche und Trinkhalm servieren.

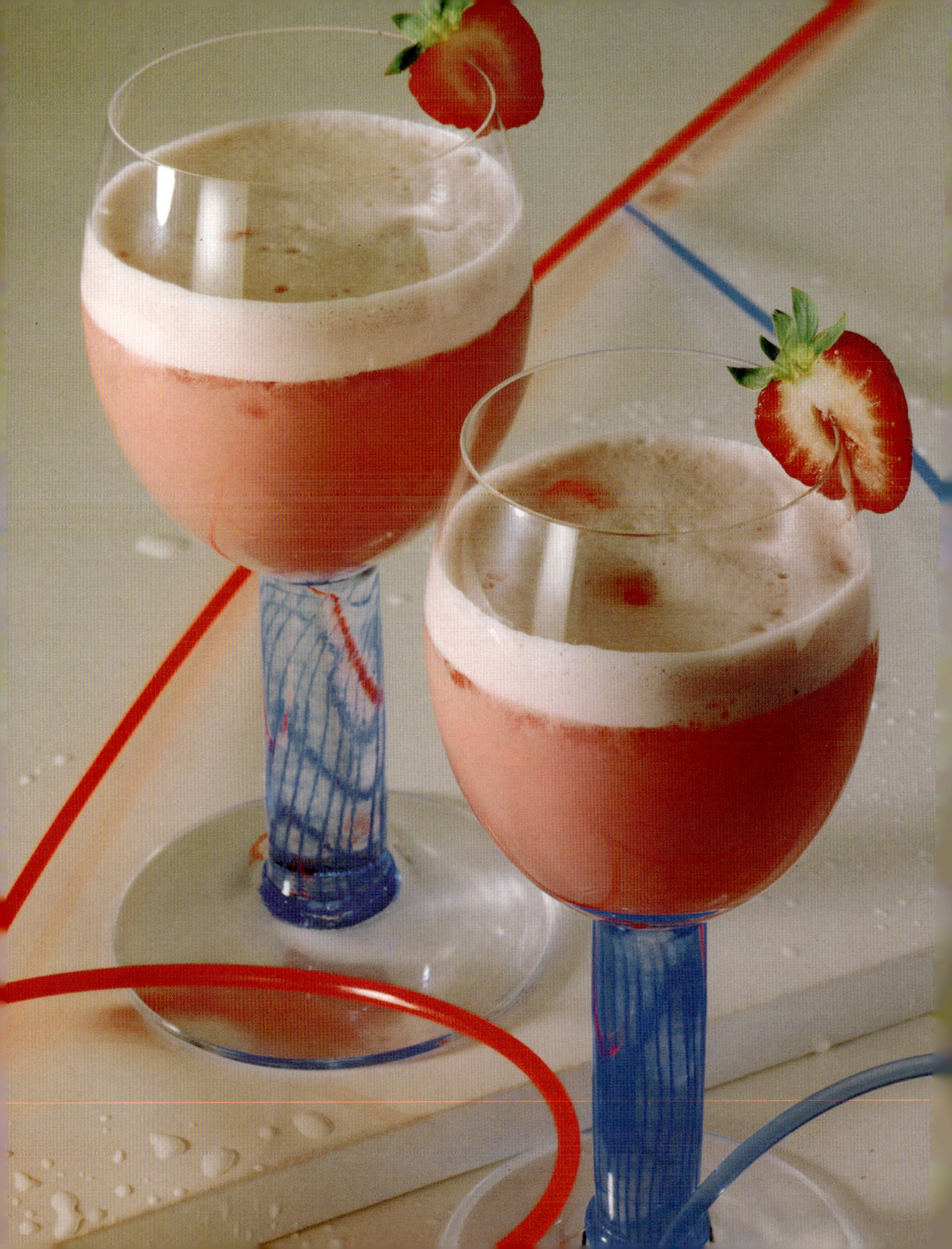

# FLIPS

## FLIP FLOP

**FÜR 1 GLAS**

12 cl Ananassaft
4 cl frisch gepresster Grapefruitsaft
1 Ei
1 cl Erdbeersirup
Eiswürfel
Erdbeere

Säfte, Ei und Sirup im Shaker mit 6–7 Eiswürfeln schütteln und in ein zu einem Drittel mit Eiswürfeln gefülltes Glas abseihen. Eine halbe Erdbeere auf den Glasrand stecken und mit Trinkhalm servieren.

## EIER-FLIP FÜR SCHOKOFANS

**FÜR 2 GLÄSER**

3 Eier
60 g Kakaopulver
60 g Zucker
350 ml Milch
Waffelröllchen

Die Eier trennen, die Eigelb in einer Schüssel mit dem Handrührgerät schaumig schlagen. Das Kakaopulver mit 40 g Zucker in die Milch rühren und alles in einen Topf geben. Den Eischaum darunter heben. Unter Rühren und bei geringer Temperatur die Masse einkochen. Dann vom Herd nehmen und für etwa 30 Minuten kalt stellen. Die Eiweiß mit dem restlichen Zucker steif schlagen. Mit etwas Schokomasse mischen, dann vollständig unter die Schokoladenmasse heben. Den Eier-Flip in Gläser füllen und mit Waffelröllchen servieren. Sehr hübsch sieht es aus, wenn Sie vor dem Einfüllen den Glasrand anfeuchten und in Zimtzucker drehen.

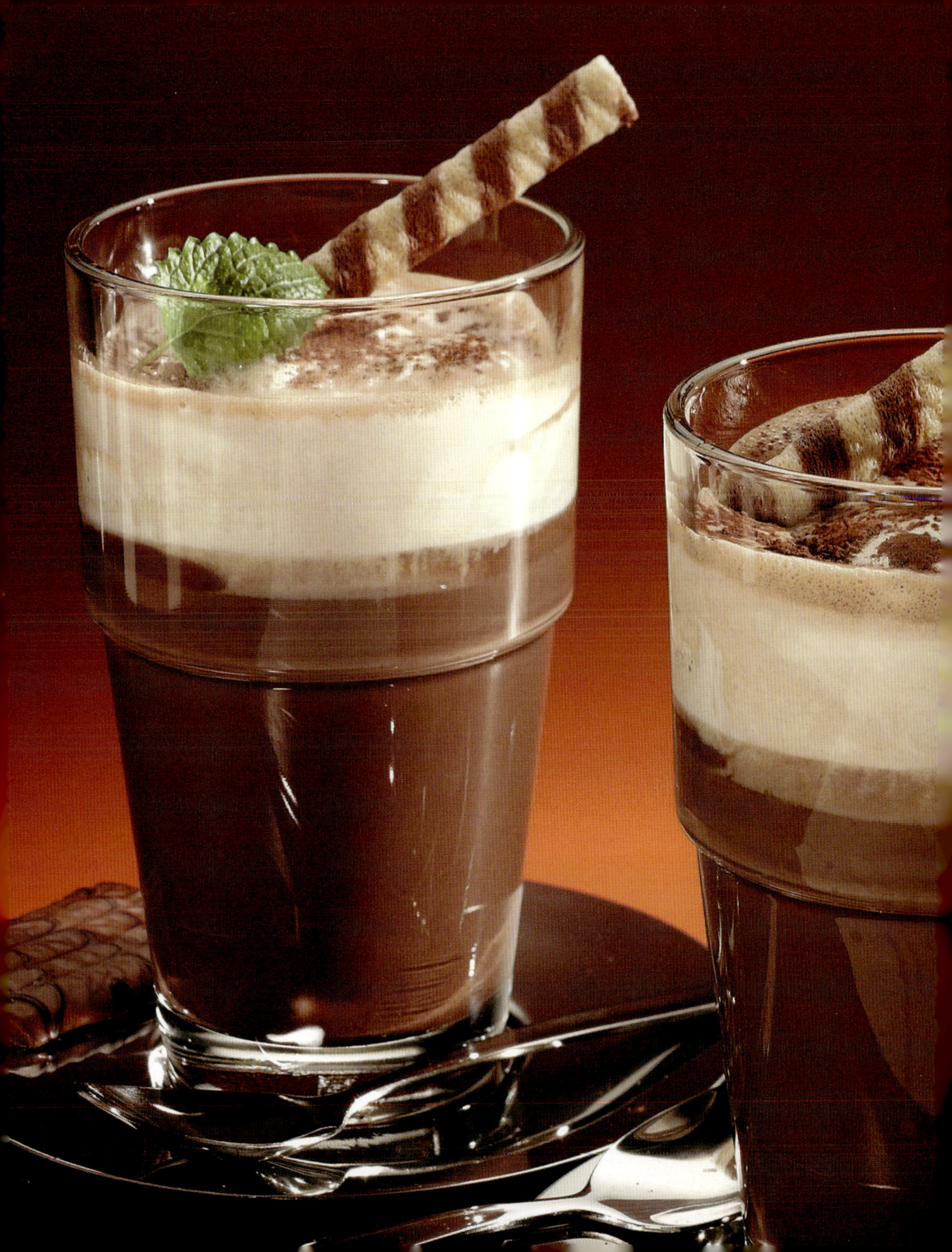

# Kaffee, Tee & Co.

Ob heiß oder eiskgekühlt, ob mit Likör, Sahne oder Fruchtsaft verfeinert – entdecken Sie die Highlights der Tee- und Kaffeespezialitäten!

KAFFEE

## CAFÉ CAPRICCIO

**FÜR 2 GLÄSER**

1 ½ Tassen starker, heißer Kaffee
4 cl Cointreau
1 TL Vanillezucker
100 ml Schlagsahne

Heißen Kaffee auf zwei Tassen verteilen. Cointreau hinzugeben und die mit Vanillezucker geschlagene Sahne obenauf spritzen.

## BLACK MOZART

Heißen Kaffee und heiße Schokolade in ein hohes Glas füllen. Den Mozartlikör hinzugeben und umrühren. Mit einer Sahnehaube garnieren.

**FÜR 1 GLAS**

½ Tasse starker, heißer Kaffee
½ Tasse heiße Schokolade
2 cl Mozartlikör
2 EL Schlagsahne

# KAFFEE

## CASABLANCA

### FÜR 1 GLAS

4–6 cl Mokkalikör
1–2 EL geschlagene Sahne
Kaffee- und Kakaopulver

Mokkalikör in ein Likörglas geben und im Wasserbad oder in der Mikrowelle bei 600 Watt (ca. ½ Minute) erhitzen. Anschließend die Sahne daraufgeben und mit Kaffee- und Kakaopulver bestäuben.

### FÜR 2 GLÄSER

2 Tassen starker, heißer Kaffee
4 cl Portwein
4 cl Rum
2 TL zerstoßener Kandiszucker
2 EL Sahne

## CAFÉ PORT

Den Kaffee mit dem Portwein und dem Rum in einen Topf geben und den Kandis dazugeben. So lange sieden lassen, bis der Kandis sich aufgelöst hat. Das Getränk in dekorative hitzeverträgliche Gläser füllen und die flüssige Schlagsahne darübergeben.

# KAFFEE

## HOT MARIA

### FÜR 1 GLAS

4 cl Milch
6 cl Tia Maria
1 TL Kaffeepulver

Die Milch erhitzen, aufschäumen und auf den Kaffeelikör in ein Glas geben. Mit Kaffeepulver bestreuen.

## SCHWARZWALD-KAFFEE

Heißen Kaffee in vorgewärmte Tassen füllen. Mit je einem Teelöffel Zucker süßen. Das Kirschwasser dazugießen und heiß trinken.

### FÜR 4 GLÄSER

500 ml starker Kaffee
4 TL Zucker
8 cl Schwarzwälder Kirschwasser oder Obstler

## KAFFEE

## MARNISSIMO

Grand Marnier und Kaffee in einem feuerfesten Glas mischen, je nach Geschmack süßen und eine Krone aus halb flüssiger Sahne aufsetzen.

### FÜR 1 GLAS

3 cl Grand Marnier
1 Tasse heißer Kaffee
10 g Zucker
2 EL halb flüssige Sahne

## COFFEE WESTINDIA

Kaffee mit Zucker, Gewürznelke, abgeriebener Orangenschale und Rumaroma mischen. Mit einer Haube aus Schlagsahne krönen. Die Zimtstange ersetzt den Löffel zum Umrühren.

### FÜR 1 GLAS

1 Tasse starker, heißer Kaffee
2 TL Zucker
1 Gewürznelke
½ TL abgeriebene Orangenschale
3 Tropfen Rumaroma
2 EL Schlagsahne
Zimtstange

## KAFFEE

## DOMENICO-PUNSCH

**FÜR 4 GLÄSER**

4 Portionsbeutel löslicher Cappuccino
8 cl Wodka
8 cl Kräuterlikör
1 TL Zucker
200 ml Schlagsahne
4 Schokoladenblätter
4 Cocktailkirschen

Den Cappuccino zubereiten. Wodka und Likör mit dem Zucker erwärmen, anzünden und brennend in den Cappuccino gießen. In vier Gläsern mit geschlagener Sahne, je einem Schokoladenblatt und einer Kirsche servieren.

## SCHOKO-GROG

**FÜR 4 GLÄSER**

100 g Zucker
3 EL Kakaopulver
2 Zimtstangen
250 ml Milch
2 cl Rum
200 ml Schlagsahne
Zimt
Für den Crustarand:
Zitronensaft
Zucker

Vier Gläser am Rand in Zitronensaft und dann in Zucker tauchen. 100 g Zucker mit 250 ml Wasser zu einer sirupartigen Masse aufkochen. Den Kakao, die Zimtstangen und die Milch hinzugeben. 5 Minuten zugedeckt ziehen lassen. Nochmals kurz erwärmen und den Rum hinzugeben. Sofort in die vorbereiteten Gläser füllen und mit geschlagener Sahne und Zimt servieren.

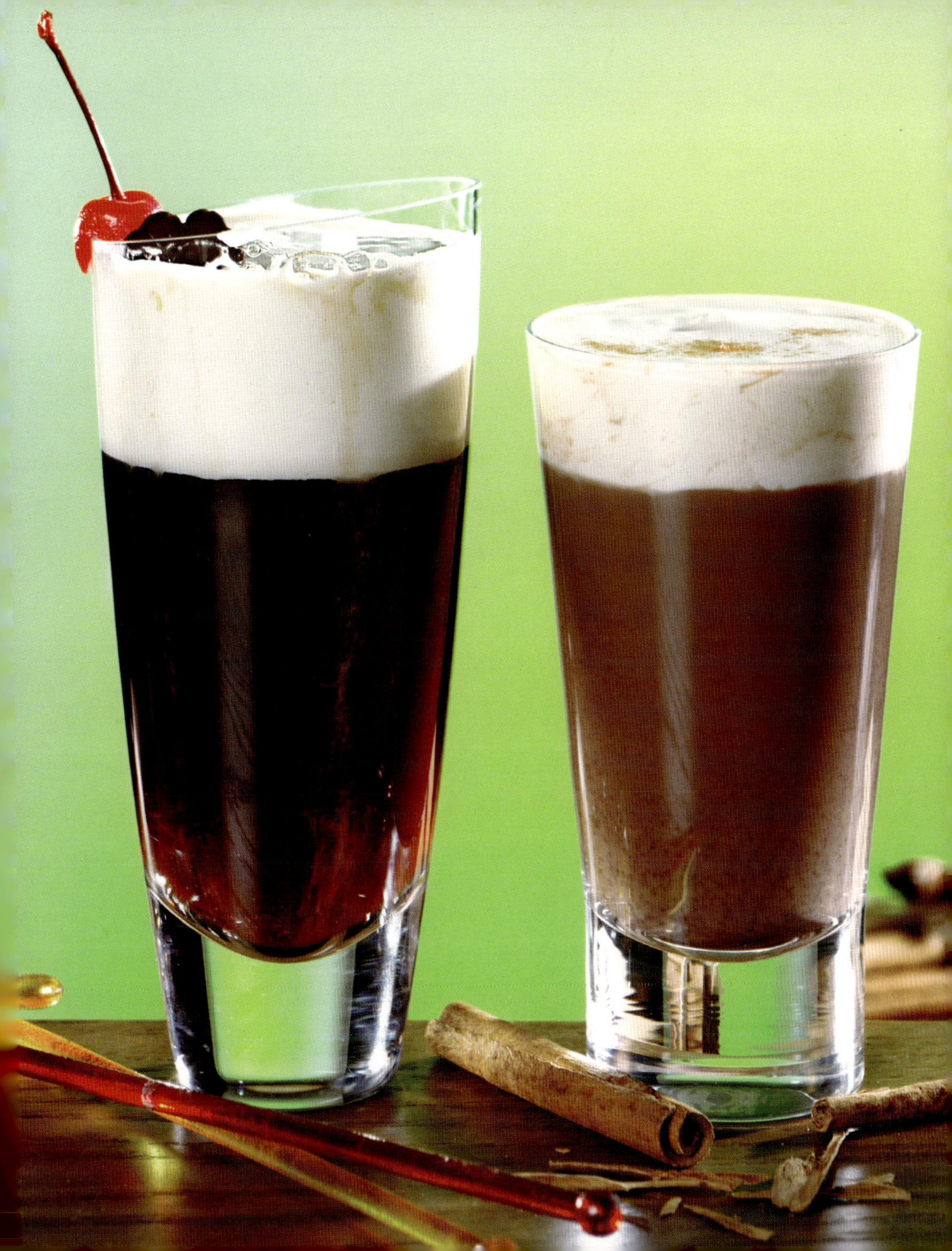

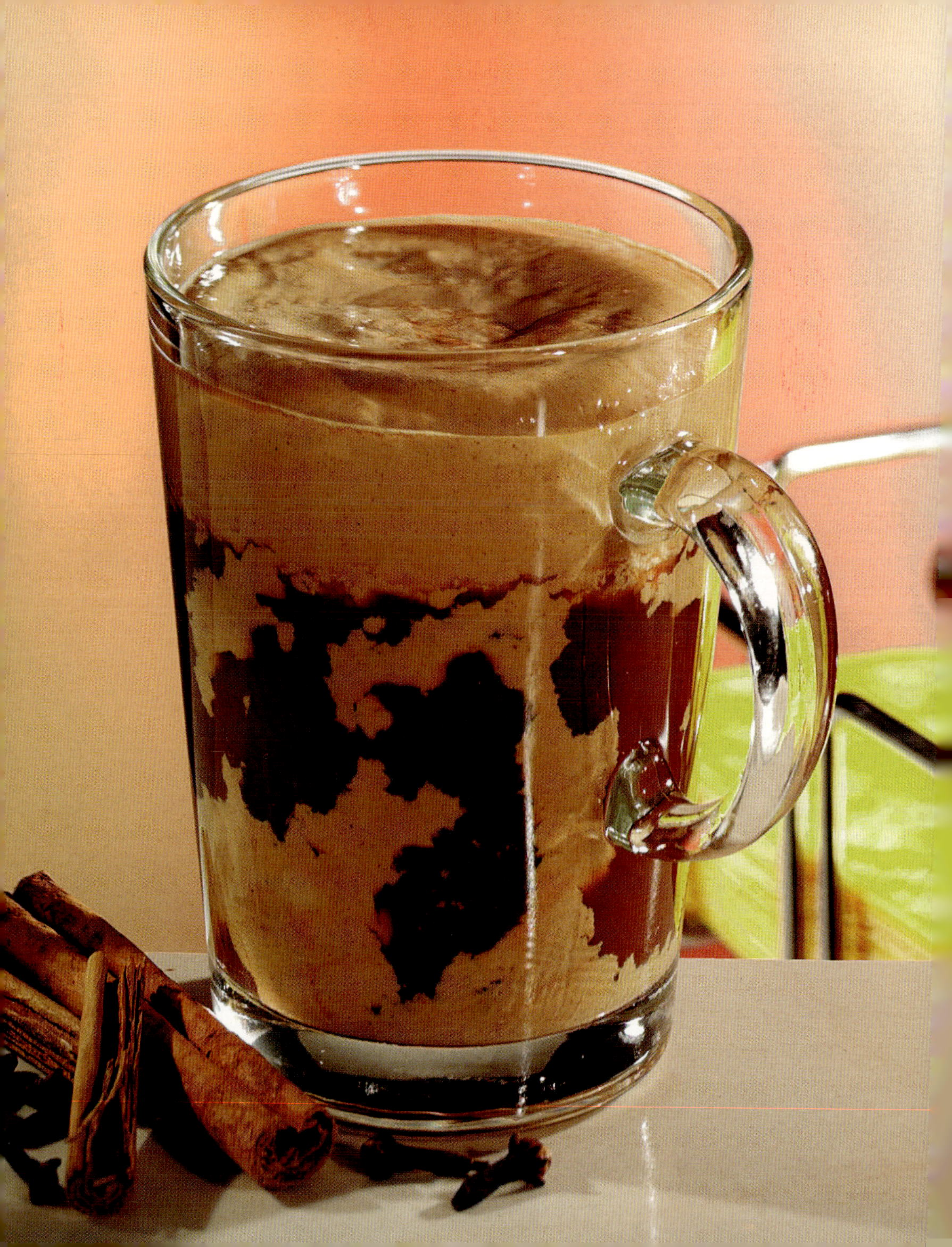

## KAFFEE

# CAFÉ MEXICAIN

**FÜR 2 GLÄSER**

2 EL löslicher Kaffee
2 EL Zucker
2 gestoßene Nelken
1 Msp. Zimt
1 Msp. Ingwer
200 ml Schlagsahne
2 Tassen heißer Kaffee
2 Schuss Tequila

Den löslichen Kaffee mit dem Zucker und 1–2 EL kaltem Wasser schaumig rühren. Nelken, Zimt, Ingwer und die angeschlagene Sahne hinzugeben und wieder kräftig schaumig rühren. Auf zwei Gläser verteilen und mit dem heißen Kaffee auffüllen. In jede Tasse einen kräftigen Schuss Tequila geben.

# AMARETTO-PUNSCH

**FÜR 4 GLÄSER**

4 Eigelb
2 EL Honig
4 Portionsbeutel löslicher Cappuccino
16 cl Amaretto
1–2 EL Kakao

Eigelb mit dem Honig schaumig schlagen. Den löslichen Cappuccino, 250 ml Wasser und den Amaretto zugießen und im Wasserbad so lange schlagen, bis die Mischung heiß ist. Nicht kochen, da dann das Eigelb ausflockt. In vier Gläser füllen, mit Kakao bestreuen und sofort servieren.

# KAFFEE

## KAKTUSBLÜTE EISKAFFEE

**FÜR 2 GLÄSER**

100 g Honigmelonenfleisch
1 kleine Banane
2 EL Zucker
5 cl Kirschwasser
2 Tassen kalter Kaffee
2 Kugeln Vanilleeis
2 EL Mandelstifte
2 Feigen
2 rote Zuckerblumen

Honigmelone und Banane im Mixer pürieren. Mit Zucker, Kirschwasser und Kaffee verrühren. In zwei Cocktailschalen füllen und kühl stellen. Je eine Kugel Vanilleeis daraufgeben. Die Feigen mit Mandelstiften spicken und als Dekoration auf den Glasrand stecken. Zuckerblume auf das Eis legen.

## CAFÉ ACAPULCO

**FÜR 1 GLAS**

1 gehäufter TL löslicher Kaffee
40 g Puderzucker
2 cl Rum
1 Spritzer Zitronensaft
Eiswürfel
Zitronenscheibe

Den löslichen Kaffee und den Puderzucker in 250 ml kaltem Wasser auflösen. Mit Rum und Zitronensaft abschmecken. In ein Longdrinkglas auf Eiswürfel gießen, Zitronenscheibe auf den Glasrand stecken und mit Trinkhalm eiskalt servieren.

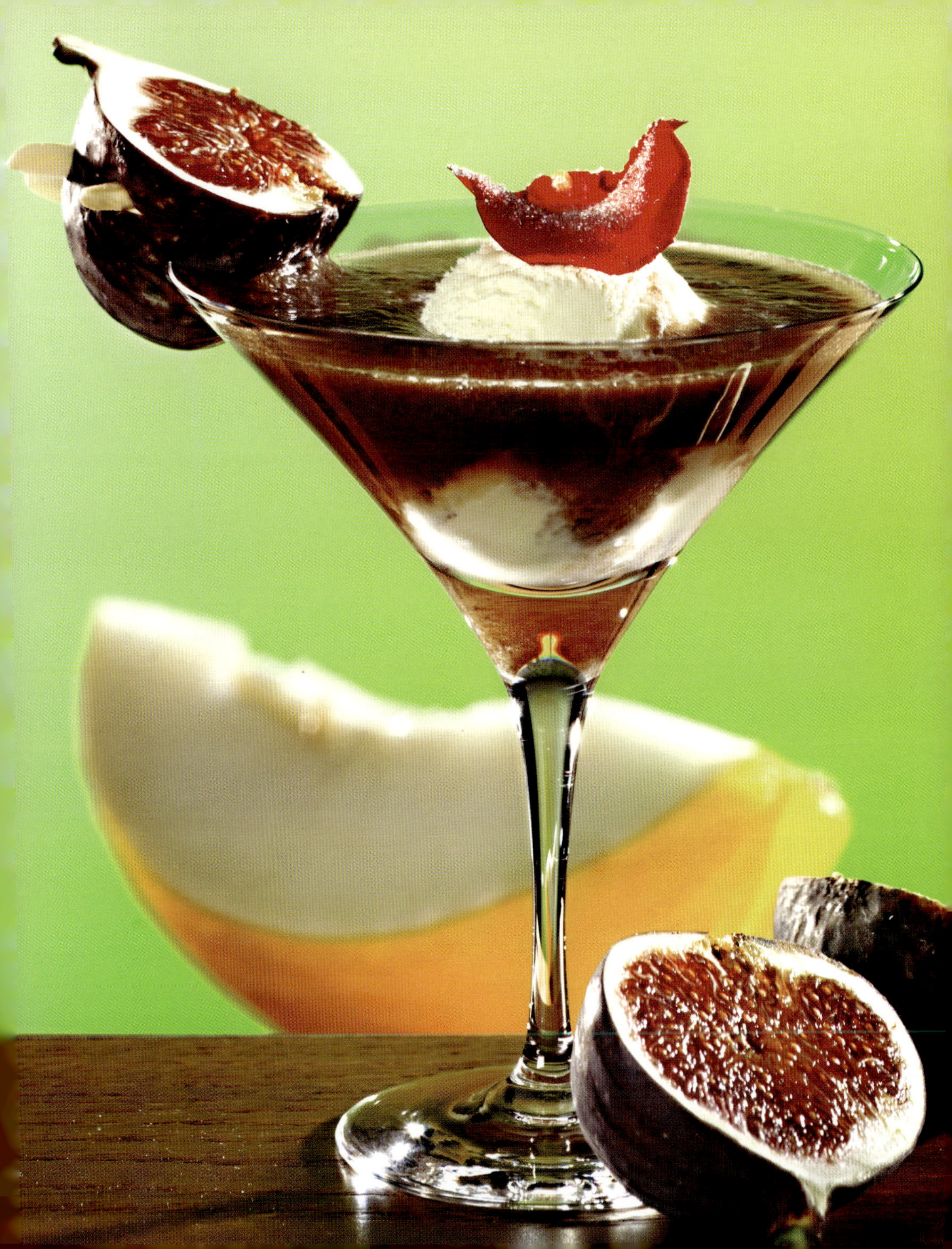

KAFFEE

## BACARDI FIRESIDE

### FÜR 1 GLAS

1 TL Zucker oder Kandis
1 Zitronenscheibe
2–4 cl weißer Rum
1 Tasse schwarzer, heißer Tee
1 Zimtstange

Zucker und Zitronenscheibe in ein großes Tee- oder Grogglas geben. Den Rum zufügen und mit dem heißen Tee auffüllen. Zimtstange hineingeben und servieren.

## ORIENT SPEZIAL

Kaffee mit wenig heißem Wasser zubereiten und abkühlen lassen. Milch mit Sahne, Zucker und Likör gut verquirlen. Den Kaffee hinzugeben. In Likörgläschen kalt servieren.

### FÜR 4 GLÄSER

5 EL starker Kaffee (Mokka)
250 ml Vollmilch
2 EL Sahne
10 cl Mokkalikör
1 gehäufter EL Zucker

KAFFEE

# PASO DOBLE

Starken, aromareichen Kaffee aufgießen und nach Belieben süßen. Abkühlen lassen und in den Kühlschrank stellen. Den gut gekühlten Kaffee zusammen mit dem Tequila auf Eis in ein Longdrinkglas gießen.

### FÜR 1 GLAS

1 Tasse starker, aromatischer Kaffee
Zucker
4 cl Tequila

# ZITRONEN-TEE-PUNSCH

Den schwarzen Tee mit der Zimtstange aufkochen. Limettensaft hinzufügen und bei Bedarf mit Zucker süßen. Den Punsch mit einer Limettenspirale garnieren.

### FÜR 1 GLAS

1 Tasse starker schwarzer Tee
Zimtstange
2 cl Limettensaft
Zucker
Limettenschale

# KAFFEE

## LEICHTER FRIESE

**FÜR 4 GLÄSER**

4 TL schwarzer Tee
75 g weißer Kandis
75 ml roter Johannisbeernektar
75 ml alkoholfreier Rotwein
2 Zimtstangen
Sternfrucht

Tee mit 500 ml kochendem Wasser aufgießen und 3 Minuten ziehen lassen. Durch ein Sieb gießen und die Teeblätter dabei auffangen. Kandis und Johannisbeernektar, alkoholfreien Rotwein und Zimtstangen erwärmen. Heißen Tee unter die Saft-Wein-Mischung rühren. Zimtstangen entfernen, Punsch in Gläser füllen und mit Sternfruchtscheiben garnieren.

## CAFÉ BRÛLOT LIGHT

**FÜR 4 GLÄSER**

Schale von 1 Zitrone
1 Zimtstange
16 Stück Würfelzucker
3 EL Mandelsirup
6 Tassen starker, heißer Kaffee

Zitronenschale, Zimtstange und Würfelzucker mit dem Mandelsirup erhitzen. Nach einigen Minuten den heißen Kaffee darübergeben. In hohen Tassen oder Gläsern servieren.

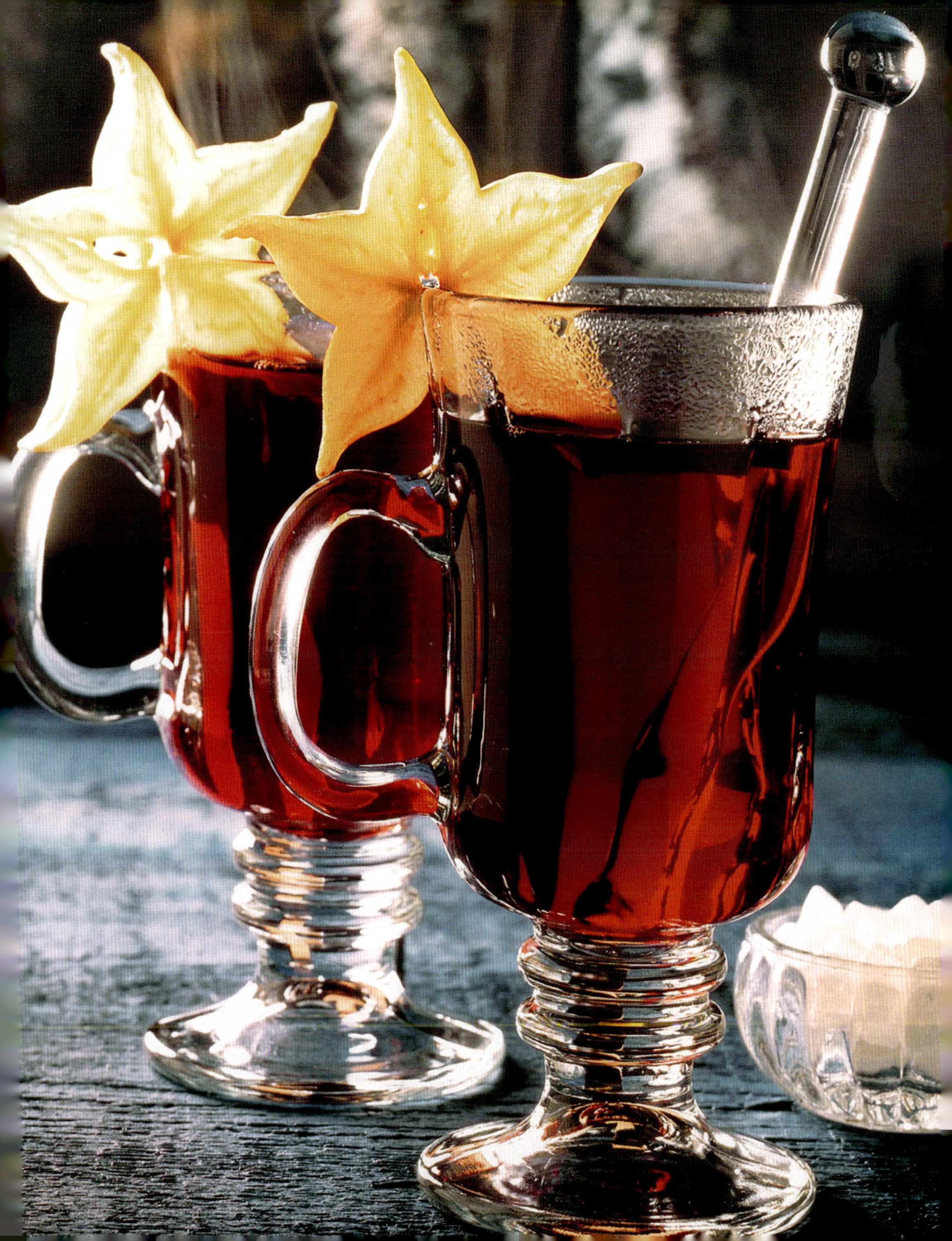

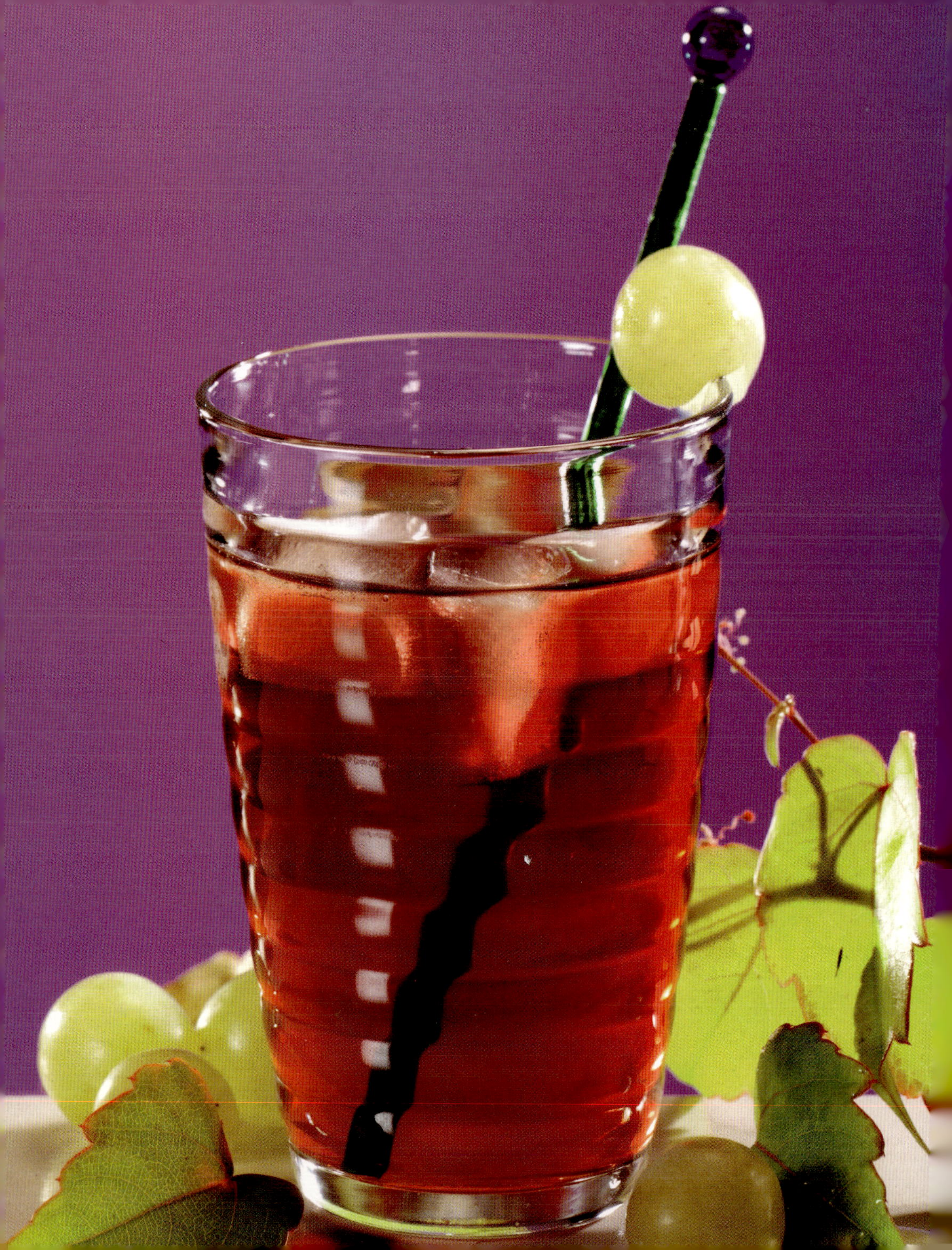

KAFFEE

## TRAUBEN-EISTEE

**FÜR 4 GLÄSER**

4 EL loser Früchtetee aus roten Früchten
1 l roter Traubensaft
250 ml weißer Traubensaft

Den Früchtetee mit 1 l Wasser aufbrühen, mit dem roten Traubensaft auffüllen und kalt stellen. Aus weißem Traubensaft Eiswürfel bereiten. Der Eistee hält sich im Kühlschrank mehrere Tage und kann bei Bedarf mit Traubensaft-Eiswürfeln portionsweise serviert werden.

## MARACUJA-GRANAT

**FÜR 4 GLÄSER**

10 TL Maracuja-Tee
8 EL Grenadine
250 g Maracuja-Eis

Den Maracuja-Tee mit 750 ml Wasser kochendem Wasser aufgießen, ca. 5 Minuten ziehen lassen, abgießen und kalt stellen. Den kalten Tee mit dem Sirup verrühren und auf Eis in Gläsern servieren.

## KAFFEE

## MOHREN-KAFFEE

**FÜR 4 GLÄSER**

4 Riegel bittere Schokolade
500 ml Kaffee
250 ml Schlagsahne
Kaffeepulver zum Bestäuben

Die Schokolade im Wasserbad schmelzen lassen, den heißen Kaffee dazugießen und mit der Schokolade verrühren. In vorgewärmte Tassen füllen, mit einer Sahnehaube bedecken und mit Kaffeepulver bestäuben.

## CAFÉ-CHOCOLAT FLIP

**FÜR 1 GLAS**

3–4 Msp. löslicher Kaffee
2 EL löslicher Kakao
1 Ei
4 cl Maraschinolikör
4 cl Zitronen- oder Orangenlikör
2 TL Puderzucker
1 EL Schlagsahne
Maraschinokirsche

Alle Zutaten in einen Mixbecher geben und gut schaumig schlagen. In einen Sektkelch geben und mit Schlagsahne und Kirsche verzieren.

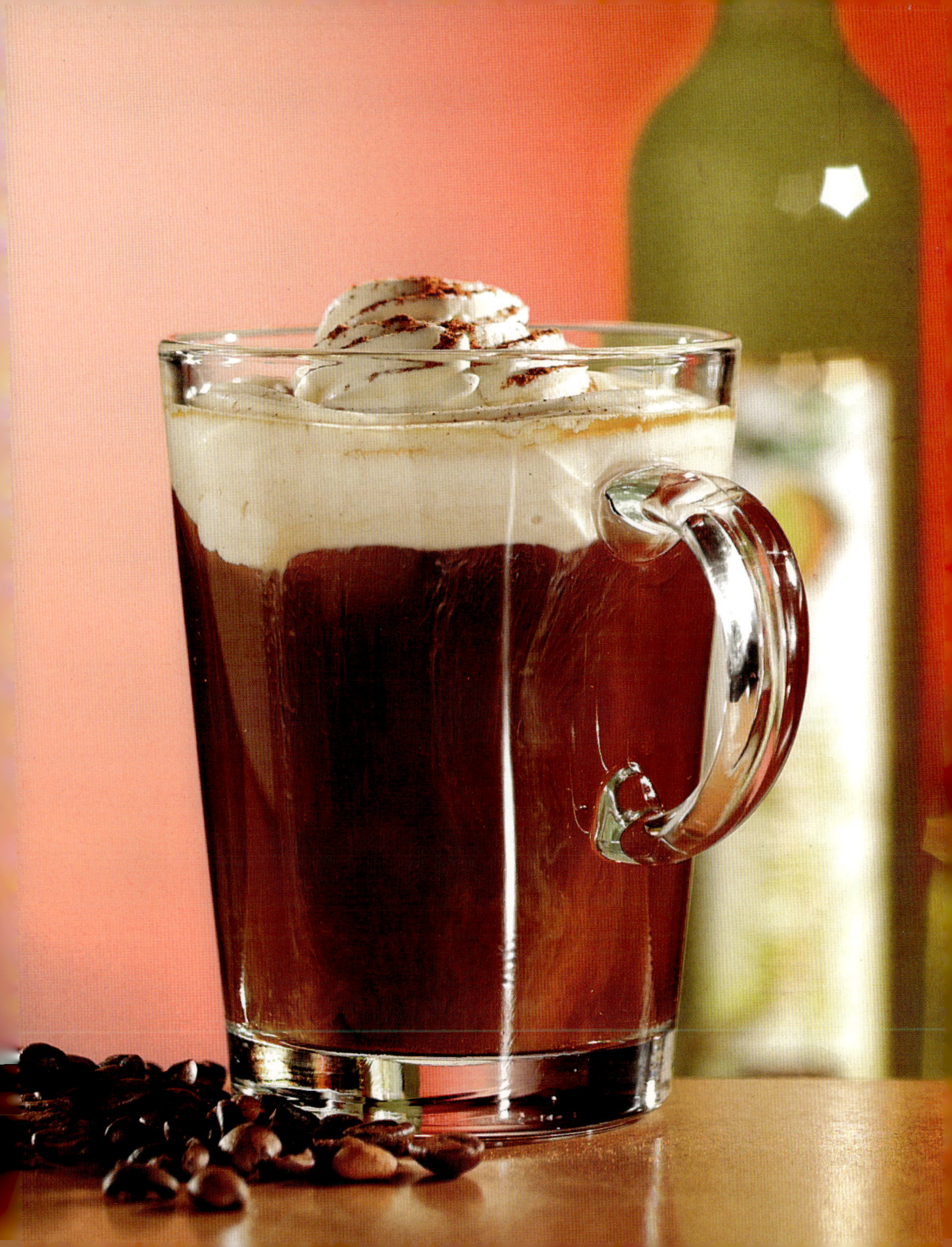

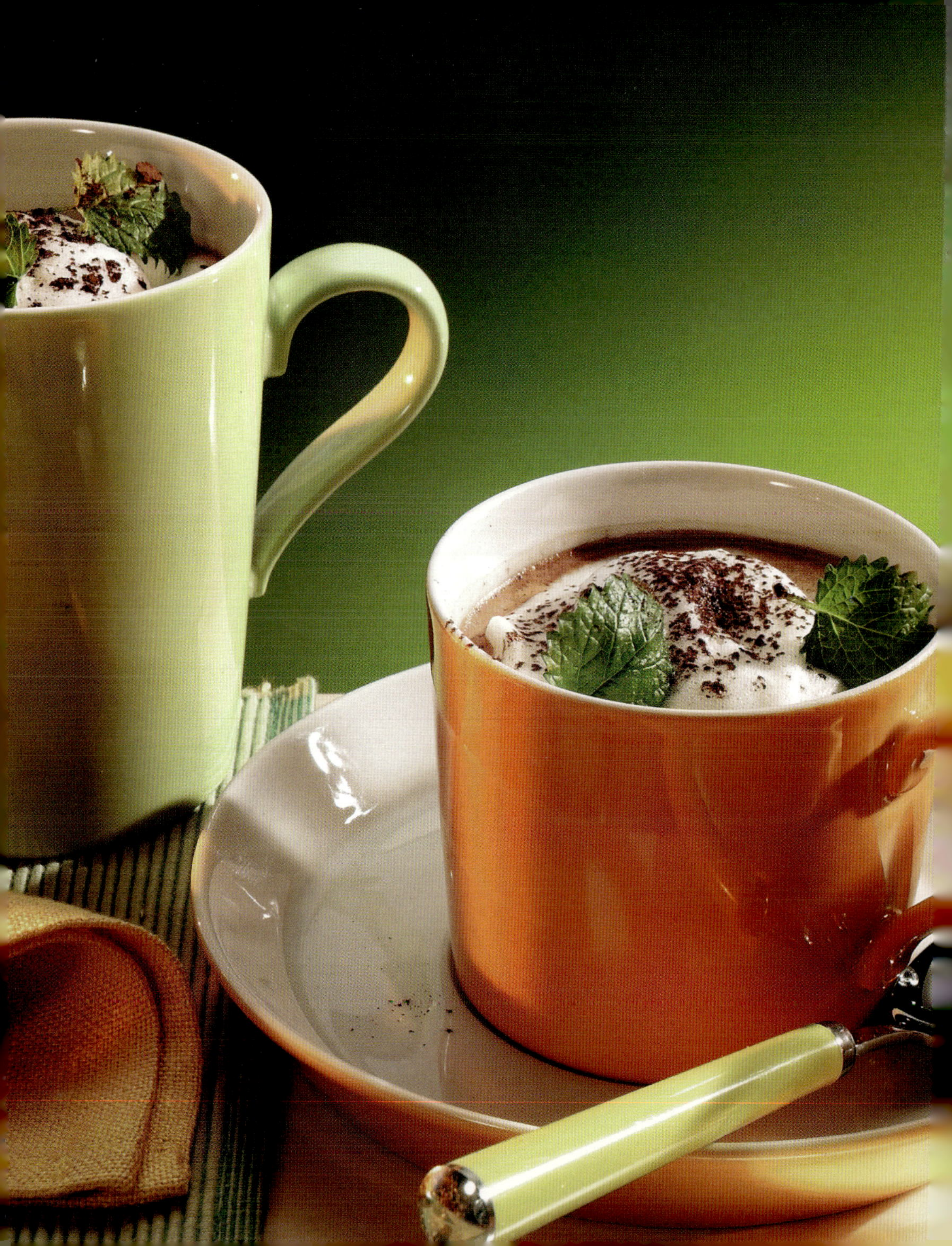

KAFFEE

## SCHOKOLADEN-MINZ-DRINK

**FÜR 4 GLÄSER**

60 g Zartbitterschokolade
50 ml Zuckersirup
1 EL Pfefferminzsirup
250 g Crème double
750 ml Milch
1 Zweig frische Pfefferminze

Schokolade fein hacken und im Wasserbad schmelzen. Zucker- und Pfefferminzsirup unterrühren. Masse in eine Schüssel füllen und für 40 Minuten in den Gefrierschrank stellen. Crème double sehr steif schlagen, vorsichtig unter die fast gefrorene Schokolade heben. Milch erhitzen, Schokoladenmischung auf große Tassen verteilen und mit heißer Milch auffüllen. Mit Minzeblättern garnieren.

## SCHOKOTRAUM

**FÜR 1 GLAS**

4 Tropfen Rumaroma
2 cl Grenadine
1 Tasse heiße Schokolade
2 EL geschlagene Sahne
1 EL Schokoladenraspel

Rumaroma und Grenadine in ein vorgewärmtes Glas geben, mit heißer Schokolade auffüllen und eine Sahnehaube daraufsetzen. Mit Schokoraspeln garnieren.

# REGISTER

## A
Aacapulco 115, 168
Ace 62
Adams Traum 216
After Hours 208
Amaretto-Punsch 241
Amazonas 171
Ananasminze 144
Apfel-Birnensaft-Bowle 184
Apfel-Bowle 178
Apfel-Ingwer-Bowle 182
Apfel-Karotten-Eisdrink 202
Apfel-Kiwi-Bowle 183
Apfel-Mango-Buttermilch 218
Apfel-Möhren-Drink 1 192
Apfel-Möhren-Drink 2 195
Apple Sour 195
Applecream 125
Apricot Fizz 152
Aprikosen-Orangen-Mix 216

## B
B and P 51
Babylove 154
Bacardi Cocktail 34
Bacardi Fireside 244
Bahia 36
Banana Summer 146
Bananen-Kefir 212
Bay Breeze 91
Bellini 137
Birnen-Möhren-Cocktail 219
Black Mozart 234
Block and Fall 52
Bloody Mary 86
Blue Day 88
Blue Lagoon 91
Blue Shark 140
Bourbon Sour 105
Brandy Alexander 45
Bronx 79
Bulldog Cooler 68
Buttermilch-Shake 201

## C
Café Acapulco 242
Café Brûlot Light 246
Café Capriccio 234
Café Mexicain 241
Café Port 235
Café-Chocolat Flip 250
Caipirinha 28
Campari Wodka 88
Caribbean Cherry 45
Caribbean Night 39
Casablanca 235
Casino 75
Champagner Cocktail 133
Chérie 47
Cherry Brandy Flip 123
Cherry King 173
Chicos Dream 151
Cinderella 171
Claridge 73
Coffee Westindia 237
Cognac Cocktail 44
Cognac Collins 42
Cognac Orange 51
Cognac Sour 55
Cognac Tropical 48
Cold Coffee 109
Colonel Collins 98
Country Glory 140

## D
Daiquiri 36
Daiquiri Key West 31
Derby Fizz 94
Domenico-Punsch 238
Double Apple 100
Drei-Frucht-Shake mit Kokos 214

## E
Egg Nog 227
Eier-Flip für Schokofans 231
Eierpunsch 228
Eldorado 117
Erdbeerbowle 185
Erdbeer-Feigen-Drink 144
Erdbeer-Fruchtbowle 189
Erdbeer-Margarita 112
Erdbeer-Melonen-Shake 220
Exotic Blue 122

## F
Fireball 67
Flip Flop 231

# REGISTER

| | | | | | |
|---|---|---|---|---|---|
| Flying | 131 | Himbeer Blues | 217 | Manhattan Dry | 101 |
| French 75 | 128 | Himbeer-Bananen- | | Manhattan Sweet | 102 |
| French Cocktail | 63 | Shake | 220 | Maracuja-Granat | 249 |
| Fresh up Exotisch | 153 | Hot Maria | 236 | Maracuja-Oase | 219 |
| Friends | 62 | | | Margarita | 116 |
| Froggy | 172 | **I** | | Marnissimo | 237 |
| Frozen Bellini | 132 | Irish Whisky Fizz | 108 | Martini Medium | 61 |
| Frozen Margarita | 120 | | | Martini Trocken | 73 |
| Früchte Flip | 224 | **J** | | Melonenbowle | 185 |
| Früchtedrink | 149 | Jack Daniels Sour | 97 | Melonen-Daiquiri | 154 |
| Fruchtige Teebowle | 186 | Jack Rose | 123 | Melonen-Drink | 196 |
| Funny Winter | 163 | Jamaica Inn | 34 | Melonenmilch | 211 |
| | | James Bond | 132 | Memphis Delight | 98 |
| **G** | | Joe Collins | 83 | Messicano | 72 |
| Gemüsedrink | 196 | Jogger | 150 | Mexican Snowball | 117 |
| Gespritzte Erdbeer- | | Jogging Flip | 224 | Mint Julep | 97 |
| milch | 212 | | | Mint Tonic | 174 |
| Gin Alexander | 58 | **K** | | Mohren-Kaffee | 250 |
| Gin Fizz | 70 | Kaktusblüte Eiskaffee | 242 | Mojito | 28 |
| Gin Old Fashioned | 68 | Kiba-Bowle | 186 | Mr. Bear | 105 |
| Gin Sour | 61 | Kir Royal | 133 | Multiflip | 228 |
| Gin Tonic | 75 | Kiwi-Mint | 149 | | |
| Ginger Grape | 52 | Kiwi-Traum | 152 | | |
| Golden Dawn | 71 | Kräuter-Cocktail | 197 | | |
| Golden Globe | 47 | Kürbisbowle | 184 | | |
| Goldtaler | 141 | Kürbis-Fitness-Saft | 201 | | |
| Great Britain | 71 | | | | |
| Green Angelwings | 160 | **L** | | | |
| Green Banana | 33, 167 | Lady in Red | 167 | | |
| Green Cat | 173 | Lassi | 202 | | |
| Green Coconut | 229 | Latin Lover | 115 | | |
| Green Devil | 70 | Leichter Friese | 246 | | |
| Green Morning | 79 | London Fever | 67 | | |
| Greenland | 150 | Long Red | 162 | | |
| Grüne Witwe | 125 | Los Angeles | 84 | | |
| Grüner Nebel | 157 | | | | |
| Gulf Stream | 136 | **M** | | **N** | |
| | | Mai Tai | 37 | Negroni | 63 |
| **H** | | Mai-Bowle | 181 | New Orleans | 76 |
| Happy Mother | 50 | Malibu | 161 | New Orleans Fizz | 72 |
| Harvey Wallbanger | 86 | Mandarinenshake | 160 | Nothing | 227 |
| Herbie | 198 | Mango Tequila | 118 | | |
| Highball | 108 | Manhattan | 99 | | |

255

# REGISTER

**O**
| | |
|---|---|
| Old Fashioned | 99 |
| Orange Fresh | 162 |
| Orange-Muskat | 151 |
| Orangen-Buttermilch-Shake | 214 |
| Orangen-Mandel-Drink | 153 |
| Orient Spezial | 244 |

**P**
| | |
|---|---|
| Paso Doble | 245 |
| Peach Orange | 147 |
| Picadilly | 160 |
| Piña Colada | 174 |
| Pink Elephant | 39 |
| Pink Lady | 76 |
| Pink Panther | 58 |
| Pink Peach | 139 |
| Pistolero | 168 |
| Planter's Punch | 37 |
| Playmate | 55 |
| Power-Trunk | 204 |
| Prickelnde Grapefruit | 121 |
| Prince of Wales | 141 |
| Private Lover | 44 |

**Q**
| | |
|---|---|
| Quitten-Trunk | 213 |

**R**
| | |
|---|---|
| Racing Cup | 102 |
| Red Moon | 131 |
| Red Moonlight | 157 |
| Refresher | 203 |
| Ritz Cocktail | 139 |
| Rob Roy | 109 |
| Rosa Zeiten | 189 |
| Rosen-Bowle | 178 |
| Rote Früchtchen | 158 |
| Royal Currant | 122 |
| Rum Collins | 32 |
| Rum Crusta | 32 |
| Rum Orange | 31 |
| Rusty Nail | 94 |

**S**
| | |
|---|---|
| Sangria | 181 |
| Sangrita | 192 |
| Scarlett Dream | 164 |
| Schlummertrunk | 218 |
| Schnittlauch-Drink | 197 |
| Schoko-Grog | 238 |
| Schokoladen-Minz-Drink | 253 |
| Schokotraum | 253 |
| Schwarzwald-Kaffee | 236 |
| Scotch Cherry | 101 |
| Scotch Fix | 106 |
| Scotsman | 134 |
| Screwdriver | 89 |
| Sea of Love | 137 |
| Sex on the Beach | 85, 147 |
| Shaking Helene | 208 |
| Sidecar | 50 |
| Silver Bullet | 116 |
| Singapore Fizz | 128 |
| Singapore Sling | 64 |
| Smith & Wesson | 121 |
| Smoothing Sassy | 136 |
| Sommerfrische | 217 |
| Sommernachtstraum | 164 |
| Sommerwind | 82 |
| Southern Mama | 33 |
| Sternstunde | 134 |
| Strawberry | 48 |
| Strawberry Fields | 158 |
| Sunset | 42 |
| Surfer | 64 |
| Surfertraum | 229 |

**T**
| | |
|---|---|
| Tapico | 118 |
| Tequila Sunrise | 112, 120 |
| Tomaten-Kefir | 198 |
| Torero | 163 |
| Touch Down | 85 |
| Trauben-Eistee | 249 |
| Tropenfrucht-Cocktail | 203 |
| Tropical Cooler | 146 |
| Tropical Hit | 213 |
| Tropical Love | 172 |
| Tropic-Bowle | 182 |
| Two Step | 211 |

**V**
| | |
|---|---|
| Virgin Mary | 204 |
| Vodkatini | 84 |
| Vulcano | 83 |

**W**
| | |
|---|---|
| Wassermelonen-Bowle | 183 |
| Whisky Flip | 100 |
| Whisky Sour | 106 |
| White Russian | 82 |
| Wodka Tonic | 89 |

**Z**
| | |
|---|---|
| Zitronen-Tee-Punsch | 245 |